河南省高等院校公共数学统编教材

JINGJI SHUXUE JICHU
经济数学基础
（上册）

主　编　张秀英
副主编　贺　欣　李　静　李海燕　纪素娟

河南大学出版社
HENAN UNIVERSITY PRESS
·郑州·

图书在版编目(CIP)数据

经济数学基础.上册/张秀英主编.—郑州:河南大学出版社,2015.4(2016.8 重印)
ISBN 978-7-5649-1960-3

Ⅰ.①经… Ⅱ.①张… Ⅲ.①经济数学—高等职业教育—教材 Ⅳ.①F224.0

中国版本图书馆 CIP 数据核字(2015)第 086398 号

责任编辑 张雪彩
责任校对 李 蕾
装帧设计 郭 灿

出版发行　河南大学出版社
　　　　　地址:郑州市郑东新区商务外环中华大厦 2401 号　　邮编:450046
　　　　　电话:0371-86059701(营销部)　　网址:www.hupress.com
排　　版　河南金河印务有限公司
印　　刷　新乡市凤泉印务有限公司
版　　次　2015 年 8 月第 1 版
印　　次　2016 年 8 月第 2 次印刷
开　　本　787mm×1092mm　1/16
印　　张　11.25
字　　数　267 千字
定　　价　28.00 元

(本书如有印装质量问题,请与河南大学出版社营销部联系调换)

前　言

本书依照教育部制定的高职高专数学教学基本要求而编写.本书共两册,上册的主要内容包括函数和极限、导数与微分、导数的应用、一元函数的积分学、多元函数的微分学、数学软件 Matlab 简介共 6 章.

为适应高职高专数学教学改革的要求,全面推进素质教育,培养创新人才,适应高职高专教育的发展趋势,我们组织了多年从事一线教学的老师,经过深入探讨并征求经济学相关专家的意见和建议,为高职高专经济管理类专业学生量身定制了这本教材.

在编写的过程中,我们一方面注重经济体系完整、框架结构合理、内容编选丰富,教与学结合、学与用呼应,另一方面以掌握概念、强化应用、培养技能为重点,深入浅出,以满足学生的学习需求.

本教材在编写中突出了以下特色:

(1)对以应用为主的经济管理类专业的高职高专学生来讲,学习经济数学的主要目的是将数学用于解决各自专业领域内的相关问题.基于这一点,适当地弱化了高等数学的学科性和理论严密性,并结合实际背景叙述有关概念和主要结论.

(2)侧重于基本方法的掌握和概念的解释,概念的把握和基本方法的正确运用是解决实际问题的关键,例题与习题的设置也突出这一特点.

(3)用实例或几何解释引出数学概念,并用通俗简洁的语言,深入浅出地阐述概念的内涵和实质,着力表现解决问题的基本步骤和思想方法.

(4)贯穿了以数学思想为核心、以经济应用为主线的理念,体现了数学教学的应用性、知识案例的一体化,使"教、学、用"合为一体.

(5)重视基本计算.例题、习题难易程度层次分明,便于学生学习和教师讲授.每章后配有复习题,书末附有答案,便于学生进行巩固练习.

本书由张秀英策划和组织实施.本册编者的具体分工如下:第 1 章,徐宝林、郭静;第 2 章、第 3 章,郑州财经学院纪素娟;第 4 章,李静、王峥;第 5 章,张秀英、贺欣;第 6 章,李海燕.本书由周素静主审.

在编写此书的过程中,许多同行和专家提出了很多宝贵意见和建议,付出了极为辛勤的劳动,我们谨于此致以谢意.

受我们的水平所限,书中难免会有缺点和错误,真诚欢迎读者批评指正.

编　者

2015 年 3 月

目　录

第 1 章　函数和极限 …………………………………………………… (1)
　§1.1　函数 …………………………………………………………… (1)
　　　习题 1-1 ……………………………………………………… (5)
　§1.2　经济学中的常用函数 ………………………………………… (5)
　　　习题 1-2 ……………………………………………………… (8)
　§1.3　极限的概念 …………………………………………………… (9)
　　　习题 1-3 ……………………………………………………… (14)
　§1.4　极限的运算和两个重要极限 ………………………………… (15)
　　　习题 1-4 ……………………………………………………… (19)
　§1.5　函数的连续性 ………………………………………………… (20)
　　　习题 1-5 ……………………………………………………… (24)
　复习题 1 ………………………………………………………………… (25)

第 2 章　导数与微分 …………………………………………………… (27)
　§2.1　导数的概念 …………………………………………………… (27)
　　　习题 2-1 ……………………………………………………… (31)
　§2.2　导数的计算 …………………………………………………… (32)
　　　习题 2-2 ……………………………………………………… (36)
　§2.3　高阶导数 ……………………………………………………… (36)
　　　习题 2-3 ……………………………………………………… (37)
　§2.4　函数的微分 …………………………………………………… (38)
　　　习题 2-4 ……………………………………………………… (40)
　复习题 2 ………………………………………………………………… (41)

第 3 章　导数的应用 …………………………………………………… (43)
　§3.1　函数的单调性 ………………………………………………… (43)
　　　习题 3-1 ……………………………………………………… (45)
　§3.2　函数的极值与最值 …………………………………………… (46)
　　　习题 3-2 ……………………………………………………… (50)
　§3.3　导数在经济分析中的应用 …………………………………… (50)
　　　习题 3-3 ……………………………………………………… (57)
　复习题 3 ………………………………………………………………… (59)

第4章　一元函数的积分学 (62)

§4.1　不定积分的概念与性质 (62)
习题 4-1 (66)

§4.2　不定积分的计算方法 (67)
习题 4-2 (73)

§4.3　定积分的概念与性质 (74)
习题 4-3 (80)

§4.4　微积分基本公式 (81)
习题 4-4 (84)

§4.5　无限区间上的广义积分 (85)
习题 4-5 (87)

§4.6　积分的应用 (87)
习题 4-6 (92)

复习题 4 (93)

第5章　多元函数的微分学 (96)

§5.1　空间直角坐标系简介 (96)
习题 5-1 (99)

§5.2　多元函数　二元函数的极限 (100)
习题 5-2 (103)

§5.3　偏导数 (104)
习题 5-3 (107)

§5.4　复合函数与隐函数求导法 (108)
习题 5-4 (110)

§5.5　多元函数的极值与最值 (111)
习题 5-5 (115)

§5.6　偏导数在经济分析中的应用 (116)
习题 5-6 (120)

复习题 5 (121)

第6章　数学软件 Matlab 简介 (123)

§6.1　基本操作与基本运算 (123)
§6.2　数组与矩阵 (129)
§6.3　Matlab 程序和 M 文件 (134)
§6.4　函数作图 (139)
§6.5　求极限、导数和积分运算 (148)
§6.6　解方程和求最值运算 (152)

复习题 6 (154)

习题答案与提示 (155)

参考文献 (171)

第1章 函数和极限

函数是微积分研究的基本对象,极限是研究微积分的基本概念和重要工具.经济类高等数学的核心是微积分及其在经济方面的应用,因此,在本章我们将重点学习初等函数、极限和连续的相关知识并介绍一些经济学常用函数.

§1.1 函　　数

一、函数的概念

1. 函数的定义

某一变化过程中可以取不同数值的量叫变量,而始终保持相同数值的量叫常量.

在某个变化过程中,如果有两个变量,其中一个变量的变化会引起另一个变量随之发生变化,那么这两个量之间就有了函数关系.

例如,某空调厂生产一批某型号空调的固定成本为8800元,每生产一台空调成本增加800元,那么生产这批空调的总成本 y 与产量 x 之间的关系可以表示为

$$y = 800x + 8800.$$

又如利息和存期的关系,个人所得税的纳税额和收入的关系等,这里每一个问题中的两个变量之间都有着函数关系.

> **定义 1.1** 设 x,y 是两个变量, D 是一个非空数集. 若对于 D 中的每一个 x 值,按照某一对应规则 f,都有唯一确定的 y 值与之对应,则称变量 y 为变量 x 的**函数**,记作 $y = f(x)$. 这里 x 称为**自变量**, y 称为**因变量**或**函数**, D 称为函数的**定义域**,与 x 值相对应的 y 值的集合叫作**函数的值域**.

当 $x_0 \in D$ 时,函数 $f(x)$ 在点 x_0 处的函数值记作 $f(x_0)$ 或 $y\big|_{x=x_0}$.

函数除用 $f(x)$ 表示外,还常用 $F(x),G(x),q(p),S(p),L(q),C(q)$ 等记号来表示.

2. 函数的表示法

函数的表示方法常用的有三种,即**公式法**(又称**解析法**)、**表格法**和**图像法**.

例如: $y = 2x^3 - 3\sin x$ 就是用公式法表示的函数;我们的成绩单、财务报表以及统计报表等都是用表格法来表示的;反映一天内温度随时间变化的曲线,心电图机从体表记录心

脏每一心动周期所产生的电活动变化的图形等函数关系是通过图像法表示出来的.

例 1 已知函数 $f(x) = \dfrac{1+x}{\sqrt{1-x}}$,求:

(1) $f(x)$ 的定义域; (2) $f(-3), f(x-1)$.

解 (1) 要使函数有意义,需满足 $1-x > 0$,即 $x < 1$,因此函数 $f(x)$ 的定义域为 $(-\infty, 1)$.

(2) $f(-3) = -1, f(x-1) = \dfrac{x}{\sqrt{2-x}}$.

3. 分段函数

在定义域的不同范围内,由不同公式表示的函数关系叫作**分段函数**.

例如,绝对值函数

$$y = |x| = \begin{cases} x, & x \geq 0; \\ -x, & x < 0 \end{cases}$$

是分段函数,它的图像如图 1-1 所示.

再如,某网络运营商的 4G 手机上网流量包每月 30 元,包 500 M 国内流量,超出 500 M 后按 0.29 元/M 收费. 如果用 t 表示每月上网使用的流量(单位:M), $f(t)$ 表示上网费用,那么有

$$f(t) = \begin{cases} 30, & 0 \leq t \leq 500; \\ 30 + 0.29(t-500), & t > 500. \end{cases}$$

这个函数的图像如图 1-2 所示.

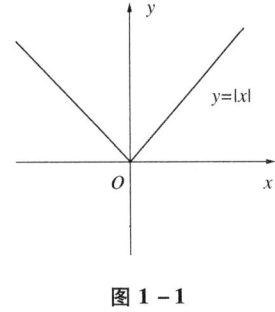

图 1-1

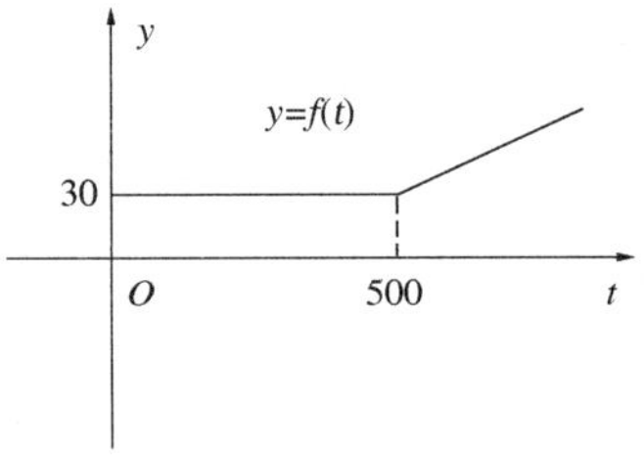

图 1-2

二、函数的几个基本性质

函数的单调性、奇偶性、周期性这三种特性在中学已有详细描述,此处不再介绍,下面说明有界性.

设函数 $y = f(x)$ 在数集 D 上有定义,如果存在一个正数 M,使得对 D 中的任一 x,其相应的函数值 $f(x)$ 都满足 $|f(x)| \leq M$,那么称函数 $f(x)$ 在 D 上是**有界的**,也说 $f(x)$ 是 D 上的**有界函数**;若不存在这样的正数 M,则称函数 $f(x)$ 在 D 上是**无界的**,也说 $f(x)$ 是 D 上的**无界函数**.

例如,对任意的 $x \in \mathbf{R}$ 有 $|\sin x| \leq 1, \left|\dfrac{2}{x^2+1}\right| \leq 2$,所以 $y = \sin x, y = \dfrac{2}{x^2+1}$ 在它们的定义域

$(-\infty, +\infty)$ 上都是有界的,而函数 $y = x^3 + x$ 在它的定义域 $(-\infty, +\infty)$ 上是无界的.

当函数 $y = f(x)$ 在数集 D 上有界时,它在 D 上的图像一定在两条平行线 $y = M$ 和 $y = -M$ 之间.

三、初等函数

1. 基本初等函数

常值函数 $y = C$(C 为常数),幂函数 $y = x^{\alpha}$,指数函数 $y = a^x$,对数函数 $y = \log_a x$,三角函数 $y = \sin x, \cdots, y = \csc x$ 以及反三角函数 $y = \arcsin x, \cdots, y = \arctan x$,这六大类函数称为**基本初等函数**.

在此给出三个常用反三角函数的图像及性质(见表 1-1),其他几类基本初等函数的图像及特性不再一一列出.

表 1-1 三个常用反三角函数的图像及性质

函数及其定义域、值域	图像	性质
$y = \arcsin x$ 定义域:$[-1, 1]$ 值域:$\left[-\dfrac{\pi}{2}, \dfrac{\pi}{2}\right]$		奇函数 单调增加 有界
$y = \arccos x$ 定义域:$[-1, 1]$ 值域:$[0, \pi]$		单调减少 有界
$y = \arctan x$ 定义域:$(-\infty, +\infty)$ 值域:$\left(-\dfrac{\pi}{2}, \dfrac{\pi}{2}\right)$		奇函数 单调增加 有界

2. 复合函数

在现实经济生活中,生产成本 C 是产量 q 的函数($C=f(q)$),而产量 q 又是时间 t 的函数($q=g(t)$),时间 t 通过产量 q 间接影响生产成本 C. 我们称函数 $C=f[g(t)]$ 是由函数 $C=f(q)$ 与 $q=g(t)$ "复合"而成的函数. 下面给出复合函数的定义.

> **定义 1.2** 设 y 是 u 的函数,$y=f(u)$,其定义域为 A. u 又是 x 的函数,$u=\varphi(x)$,其值域为 B. 如果 $B\subseteq A$,那么称以 x 为自变量的函数 $y=f[\varphi(x)]$ 是由 $y=f(u)$ 和 $u=\varphi(x)$ 复合而成的**复合函数**,x 是自变量,u 称为中间变量.

例如,称函数 $y=\sin\sqrt{x}$ 是由函数 $y=\sin u$ 和 $u=\sqrt{x}$ 复合而成的,其中 u 为中间变量.

必须注意,不是任意两个函数都可复合成一个复合函数的. 例如,函数 $y=\arcsin u$ 和 $u=2+x^2$ 就不能复合成 $y=\arcsin(2+x^2)$,因为函数 $y=\arcsin u$ 的定义域 $A=[-1,1]$,而函数 $u=2+x^2$ 的值域 $B=[2,+\infty)$,不符合条件 $B\subseteq A$.

复合函数的概念可以推广到三个或更多个函数复合的情形. 例如,函数 $y=2^{\sqrt{x-1}}$ 是由 $y=2^u$,$u=\sqrt{v}$,$v=x-1$ 这三个函数复合而成的,其中 u,v 都是中间变量,x 为自变量. 复合函数 $y=2^{\sqrt{x-1}}$ 的定义域为 $[1,+\infty)$.

研究复合函数时,有时需要把几个函数复合成为一个函数,有时又要弄清一个复合函数是由哪几个简单函数复合而成的. 这里说的简单函数是指基本初等函数以及由它们的和、差、积、商所构成的函数.

例 2 说出下列复合函数是由哪些简单函数复合而成的,并说出其定义域.

(1) $y=\sin(e^{\sqrt{x}})$; (2) $y=\arctan\sqrt{x^2-2x}$.

解 (1) 函数 $y=\sin(e^{\sqrt{x}})$ 可以看成是由简单函数 $y=\sin u$,$u=e^v$ 和 $v=\sqrt{x}$ 复合而成的,定义域为 $[0,+\infty)$.

(2) 函数 $y=\arctan\sqrt{x^2-2x}$ 可以看成是由简单函数 $y=\arctan u$,$u=\sqrt{v}$ 和 $v=x^2-2x$ 复合而成的,定义域为 $(-\infty,0]\cup[2,+\infty)$.

注意:求复合函数的定义域时要考虑其复合过程中各简单函数的定义域.

3. 初等函数

由基本初等函数经过有限次四则运算以及有限次复合步骤而构成,并能用一个数学式子表示的函数叫作**初等函数**.

例如,复合函数 $y=\sqrt{\lg(\cos^3 x)}$,多项式函数 $y=a_n x^n+a_{n-1}x^{n-1}+\cdots+a_1 x+a_0$,有理函数 $y=\dfrac{a_n x^n+a_{n-1}x^{n-1}+\cdots+a_1 x+a_0}{b_m x^m+b_{m-1}x^{m-1}+\cdots+b_1 x+b_0}$ 等都是初等函数,而

$$f(t)=\begin{cases}30, & 0\leq t\leq 500;\\ 30+0.29(t-500), & t>500\end{cases}$$

不能用一个式子表示,不是初等函数.

习题 1-1

1. 求下列函数的定义域：

(1) $y = \sqrt{2-x}$ ；

(2) $y = \sqrt{\lg(x-4)}$ ；

(3) $y = \dfrac{x^2-4}{x-2}$ ；

(4) $y = (3-x)^{\frac{1}{4}} + \dfrac{1}{\sqrt{x^2-9}}$ ；

(5) $y = \dfrac{x-4}{x^2+2x-8}$ ；

(6) $y = \dfrac{\ln(x^2-1)}{5-x}$ ；

(7) $y = \sqrt{3^x-1}$ ；

(8) $y = \sqrt{\sin x}$ ；

(9) $y = \arcsin(x+2)$．

2. 设 $f(x) = \begin{cases} 2, & x<0; \\ x^2-1, & 0 \leqslant x<1; \\ 1-x, & x \geqslant 1. \end{cases}$ 画出函数 $y=f(x)$ 的图像，并求 $f(-3), f(0), f(3)$, $f[f(0.5)]$ 和 $f[f(-1)]$ 的值．

3. 判断下列函数是奇函数、偶函数，还是非奇非偶函数：

(1) $f(x) = \dfrac{|x-2|}{x}$ ；

(2) $f(x) = e^x - e^{-x}$ ；

(3) $f(x) = x^3 \arctan x$ ；

(4) $f(x) = \lg(\sqrt{1+x^2} + x)$ ；

(5) $f(x) = \dfrac{\sin^2 x}{1+\cos x}$ ；

(6) $f(x) = \ln \dfrac{1-x}{1+x}$．

4. 说出下列函数是由哪些简单函数复合而成的：

(1) $y = \cos^3 x$ ；

(2) $y = e^{\tan^3 x}$ ；

(3) $y = \sqrt[3]{3x^2+1}$ ；

(4) $y = \sin\left(\ln \dfrac{x-1}{x+1}\right)$ ；

(5) $y = \arcsin \sqrt{x-1}$ ；

(6) $y = \ln(\arctan \sqrt{x})$．

5. 求解应用题：

(1) 一个矩形窗户，它的周长是 8 m，试将窗户的面积 A 表示为宽 x 的函数．

(2) 王某 2014 年的总收入为 10 万元，如果年增长 8%，那么求 t 年后他的年总收入 R 的函数关系 $R = R(t)$，并计算出 2020 年他的年总收入．

§1.2 经济学中的常用函数

在用数学方法解决经济问题时，往往需要找出经济变量之间的函数关系，建立数学模型．下面介绍几种常用的经济函数．

一、需求函数与供给函数

1. 需求函数

一种商品的市场需求量 q 与商品的价格 p 有着密切的关系．通常降低商品的价格会使需求量增加,而提高商品的价格会使需求量减少. 如果不考虑其他因素的影响,需求量 q 可以看成是价格 p 的一元函数,称为**需求函数**,记作

$$q = q(p).$$

一般来说,需求函数 $q = q(p)$ 为单调减函数. 常见的需求函数有以下几种类型:

(1) 线性需求函数: $q = a - bp (a > 0, b > 0)$;

(2) 二次需求函数: $q = a - bp - cp^2 (a > 0, b > 0, c > 0)$;

(3) 指数需求函数: $q = ae^{-bp} (a > 0, b > 0)$.

需求函数 $q = q(p)$ 的反函数就是**价格函数**,记作 $p = p(q)$,也反映商品的需求量与价格的关系.

2. 供给函数

某种商品的市场供给量 S 与商品的价格 p 有着密切的关系. 通常价格上涨将刺激生产者向市场提供更多的商品;反之,价格下跌将使生产者向市场提供的商品量减少. 如果不考虑其他因素的影响,供给量 S 可以看成是价格 p 的一元函数,称为**供给函数**,记作

$$S = S(p).$$

供给函数为价格 p 的单调递增函数. 线性供给函数常表示为

$$S = -c + dp (c > 0, d > 0).$$

3. 市场均衡

当某种商品的市场需求量 q 与市场的供给量 S 相等时,就称**市场均衡**,这时商品的市场价格 p_0 就称为均衡价格. 当市场价格 p 大于均衡价格 p_0 时,供给量将增加,需求量将相应地减少,此时出现"供大于求"的现象;反之,当市场价格 p 低于均衡价格 p_0 时,供给量将减少,需求量将相应增加,此时出现"供不应求"的现象.

例1 当鸡蛋收购价格为 4.5 元/kg 时,某收购站每月能收购 5000 kg. 若收购价提高 0.1 元/kg,则收购量可增加 400 kg. 求鸡蛋的线性供给函数.

解 设鸡蛋的线性供给函数为 $S = -c + dp$. 由题意可得

$$\begin{cases} 5000 = -c + 4.5d, \\ 5400 = -c + 4.6d, \end{cases}$$

解得 $d = 4000, c = 13000$. 因此所求供给函数为 $S = -13000 + 4000p$.

例2 已知某商品的需求函数为 $q = 14.5 - 1.5p$,供给函数为 $S = -7.5 + 4p$,求该商品的均衡价格 p_0.

解 由市场均衡知 $q = S$,即

$$14.5 - 1.5p_0 = -7.5 + 4p_0,$$

解得均衡价格 $p_0 = 4$.

二、成本函数

1. 总成本函数

生产某特定产量的产品所需的成本总额叫总成本,通常用 C 表示. 显然,C 与产量 q 有关,构成的函数关系就是总成本函数,记为 $C = C(q)$.

总成本 C 由固定成本 C_0 和可变成本 $C_1(q)$ 两部分组成. 固定成本 C_0 与产量 q 无关,如设备维修费、企业管理费等;可变成本 $C_1(q)$ 随产量 q 的增加而增加,如原材料费、动力费等. 即

$$C(q) = C_0 + C_1(q).$$

总成本函数 $C(q)$ 是产量 q 的单调增函数.

2. 平均成本函数

生产 q 件产品时,单位产品的总成本称为**平均成本函数**,记作 $\overline{C}(q)$,则

$$\overline{C}(q) = \frac{C(q)}{q}.$$

例3 已知生产 q 个单位某种产品时的总成本函数为

$$C(q) = 2000 + \frac{q^2}{8},$$

求生产 200 个单位产品时的总成本和平均成本(单位:元).

解 由题意,产量为 200 个单位时,总成本为

$$C(200) = 2000 + \frac{200^2}{8} = 7000(元),$$

平均成本为

$$\overline{C}(200) = \frac{7000}{200} = 35(元/单位).$$

三、收入函数

产品售出后应收到的金额称为收入,通常用 R 表示. 显然,R 与销售量 q 有关,如果产品的单位售价为 p,销售量为 q,那么**收入函数**为

$$R(q) = q \cdot p(q).$$

销售单位商品的总收入称为**平均收入函数**,用 $\overline{R}(q)$ 表示,即

$$\overline{R}(q) = \frac{R(q)}{q}.$$

四、利润函数

利润是收入扣除成本后的剩余部分,它是销售量 q 的函数,称为**利润函数**,记为 $L(q)$,即

$$L(q) = R(q) - C(q).$$

由上式可以将利润函数分三种情况讨论:

(1) 当 $R(q) > C(q)$ 时,$L(q) > 0$,此时企业盈利;

(2) 当 $R(q) = C(q)$ 时,$L(q) = 0$,此时企业既不盈利也不亏损,即收支相抵,我们将满足 $L(q) = 0$ 的点 q_0 称为**盈亏平衡点**(又称为保本点);

(3) 当 $R(q) < C(q)$ 时,$L(q) < 0$,此时企业将发生亏损.

又由 $L(q) = [R(q) - C_1(q)] - C_0$ 可知, $R(q) - C_1(q)$ 为总收入减去变动成本, 称为**毛利润**(简称毛利), 如果再减去固定成本 C_0, 就是**纯利润**(简称纯利).

单位产品的利润称为**平均利润**, 平均利润函数为 $\bar{L}(q) = \dfrac{L(q)}{q}$.

例 4 某手表厂生产一只手表的可变成本为 15 元, 每天的固定成本是 2000 元. 如果每只手表的出厂价为 20 元, 那么为了不亏本, 该厂每天至少应生产多少只手表? 如果要盈利 1000 元, 那么需要生产多少只手表?

解 设售价为 p(单位:元), 产量为 q(单位:只), 则由题意得利润为
$$L(q) = R(q) - C(q) = 20q - 15q - 2000.$$
为了不亏本, 应满足
$$L(q) = 20q - 15q - 2000 \geq 0,$$
解得
$$q \geq 400.$$
要盈利 1000 元, 即有 $L(q) = 20q - 15q - 2000 = 1000$, 解得 $q = 600$.

因此为了不亏本, 该厂每天至少应生产 400 只手表; 如果要盈利 1000 元, 那么需要生产 600 只手表.

习 题 1 - 2

1. 设某商品的销售收入 R 是销售量 q 的二次函数. 已知 $q = 0, 2, 4$ 时, 相应的收入 $R = 0, 6, 8$. 试确定 R 与 q 的函数关系.

2. 已知需求函数 $q = \dfrac{100}{3} - \dfrac{2}{3}p$, 供给函数 $S = -20 + 10p$, 求市场均衡价格 p_0.

3. 某厂生产 1000 吨产品, 定价为 130 元/吨. 当销售量不超过 700 吨时, 按原定价出售; 超过 700 吨部分按原价的九折出售. 试将销售收入 R 表示为销量 q 的函数.

4. 某种机器每台售价 500 元时, 每月可销售 2000 台, 每台售价 450 元时, 每月可多销售 400 台. 试求该机器的线性需求函数.

5. 某玩具厂每天生产 60 个玩具的总成本为 300 元, 每天生产 80 个玩具的总成本为 340 元. 求线性成本函数.

6. 某洗衣机厂生产一台洗衣机的成本为 800 元, 每天的固定成本是 30000 元. 如果每台洗衣机的出厂价为 1000 元, 问:

(1) 每天生产多少台洗衣机才能保证工厂不亏本?

(2) 每天要生产多少台洗衣机, 才能使工厂盈利 10000 元?

§1.3 极限的概念

极限是高等数学中非常重要的概念,它是学习和研究微积分的重要工具. 极限有两大类:一类是数列极限,另一类是函数的极限. 下面我们将分别对它们进行讨论.

一、数列的极限

1. 数列

按一定顺序排列的无穷多个数 $x_1, x_2, \cdots, x_n, \cdots$ 称为**无穷数列**,简记作 $\{x_n\}$,其中 x_1 叫作数列的第 1 项(也称为首项),x_2 叫作数列的第 2 项,$\cdots\cdots$,x_n 叫作数列的第 n 项,又称**通项**或**一般项**. 例如:

(1) $1, \dfrac{1}{2^3}, \dfrac{1}{3^3}, \dfrac{1}{4^3}, \cdots, \dfrac{1}{n^3}, \cdots$;

(2) $1, -\dfrac{1}{2}, \dfrac{1}{2^2}, -\dfrac{1}{2^3}, \cdots, (-1)^{n-1}\dfrac{1}{2^{n-1}}, \cdots$;

(3) $\dfrac{1}{2}, \dfrac{2}{3}, \dfrac{3}{4}, \cdots, \dfrac{n}{n+1}, \cdots$.

它们都是数列.

2. 数列的极限

数列可以看作是定义在正整数集合上的函数. n 取正整数且无限增大时,记作 $n \to \infty$,读作"n 趋向于无穷大".

> **定义 1.3** 设 $\{x_n\}$ 是一个无穷数列,如果当 $n \to \infty$ 时,x_n 无限趋近于一个常数 A,那么称当 n 趋向于无穷大时,**数列** $\{x_n\}$ **的极限为** A,记作
> $$\lim_{n \to \infty} x_n = A \text{ 或 } x_n \to A (n \to \infty).$$

数列有极限时,称它收敛,否则称它发散.

$$\lim_{n \to \infty} q^n = 0 \ (q \text{ 为常数},且 |q| < 1), \quad \lim_{n \to \infty} \dfrac{1}{n^\alpha} = 0 \ (\alpha \text{ 是正常数}).$$

例如,$\lim\limits_{n \to \infty} \left(\dfrac{2}{3}\right)^n = 0, \lim\limits_{n \to \infty} \dfrac{1}{\sqrt{n}} = 0$.

二、函数的极限

1. $x \to \infty$ 时 $f(x)$ 的极限

$x \to +\infty$ 表示 x 无限增大,读作"x 趋向于正无穷大";$x \to -\infty$ 表示 x 沿 x 轴负方向取

值且 x 的绝对值无限增大,读作"x 趋向于负无穷大";$x\to\infty$ 表示 $|x|$ 无限增大,读作"x 趋向于无穷大".

定义 1.4 设函数 $y=f(x)$,如果当 $x\to\infty$ 时,$f(x)$ 无限趋近于一个常数 A,那么就说 A 是当 x 趋向于无穷大时函数 $f(x)$ 的极限,记作
$$\lim_{x\to\infty}f(x)=A \text{ 或 } f(x)\to A(x\to\infty).$$

例如,从图 1-3 和图 1-4 可以看出 $\lim\limits_{x\to\infty}\dfrac{1}{x}=0$,$\lim\limits_{x\to\infty}\dfrac{1}{x^2}=0$.

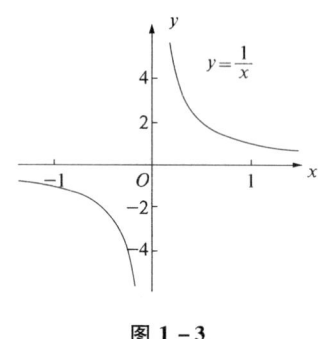

图 1-3　　　　　　　　　　图 1-4

一般地,如果 q 是一个正有理数,那么有 $\lim\limits_{x\to\infty}\dfrac{1}{x^q}=0$.

定义 1.5 设函数 $y=f(x)$,如果当 $x\to+\infty$ 时,$f(x)$ 无限趋近于一个常数 A,那么就说 A 是当 x 趋向于正无穷大时函数 $f(x)$ 的极限,记作
$$\lim_{x\to+\infty}f(x)=A \text{ 或 } f(x)\to A(x\to+\infty).$$

如果当 $x\to-\infty$ 时,$f(x)$ 无限趋近于一个常数 A,那么就说 A 是当 x 趋向于负无穷大时函数 $f(x)$ 的极限,记作
$$\lim_{x\to-\infty}f(x)=A \text{ 或 } f(x)\to A(x\to-\infty).$$

由定义 1.4 和定义 1.5 可知:

$$\lim_{x\to\infty}f(x)=A \text{ 的充要条件是 } \lim_{x\to+\infty}f(x)=\lim_{x\to-\infty}f(x)=A.$$

容易知道,$\lim\limits_{x\to\infty}C=C$,$C$ 为常数.

例 1 考察 $\lim\limits_{x\to\infty}\arctan x$ 是否存在.

解 由图 1-5 可以看出
$$\lim_{x\to+\infty}\arctan x=\dfrac{\pi}{2},$$
$$\lim_{x\to-\infty}\arctan x=-\dfrac{\pi}{2}.$$

$\lim\limits_{x\to+\infty}\arctan x$ 和 $\lim\limits_{x\to-\infty}\arctan x$ 虽然都存在,但不相等,所以 $\lim\limits_{x\to\infty}\arctan x$ 不存在.

2. $x \to x_0$ 时 $f(x)$ 的极限

设 δ 为正实数,称区间 $(x_0 - \delta, x_0 + \delta)$ 为点 x_0 的 δ **邻域**,点 x_0 称为**邻域中心**,δ 称为**邻域半径**;把 $(x_0 - \delta, x_0) \cup (x_0, x_0 + \delta)$ 称为点 x_0 的**去心 δ 邻域**. 设 x_0 是一个定值,x 从 x_0 的两侧趋近于 x_0,但始终不等于 x_0,用 "$x \to x_0$" 表示,读作"x 趋向于 x_0".

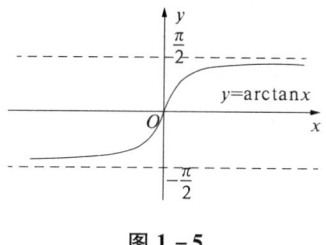

图 1-5

1) $x \to x_0$ 时 $f(x)$ 的极限

例 2 考察函数 $f(x) = \dfrac{x}{3} + 1$ 当 $x \to 3$ 时的变化趋势.

在 $x = 3$ 的左侧:

x	2.9	2.99	2.999	…	→	3
$f(x)$	1.97	1.997	1.9997	…	→	2

在 $x = 3$ 的右侧:

x	3.1	3.01	3.001	…	→	3
$f(x)$	2.03	2.003	2.0003	…	→	2

由例 2 可知:当 $x \to 3$(x 不论从 3 的左侧还是右侧趋向于 3)时,函数 $f(x) = \dfrac{x}{3} + 1$ 的值无限接近常数 2.

> **定义 1.6** 设函数 $y = f(x)$ 在点 x_0 的某个去心邻域内有定义,如果当 $x \to x_0$ 时,$f(x)$ 无限趋近于一个常数 A,那么就说 A 是当 x 趋向于 x_0 时**函数 $f(x)$ 的极限**,记作
> $$\lim_{x \to x_0} f(x) = A \text{ 或 } f(x) \to A (x \to x_0).$$

由常值函数 $y = C$ 和函数 $y = x$ 的图像易知:
$$\lim_{x \to x_0} C = C (C \text{ 为常数}), \quad \lim_{x \to x_0} x = x_0.$$

例 3 考察函数 $f(x) = \dfrac{x^2 - 4}{x - 2}$ 当 $x \to 2$ 时的极限.

解 因为当 $x \neq 2$ 时,$\dfrac{x^2 - 4}{x - 2} = x + 2$,所以函数 $y = \dfrac{x^2 - 4}{x - 2}$ 的图像就是函数 $y = x + 2 (x \neq 2)$ 的图像,如图 1-6 所示. 当 $x \to 2$ 时 $f(x)$ 有极限,且
$$\lim_{x \to 2} \dfrac{x^2 - 4}{x - 2} = 4.$$

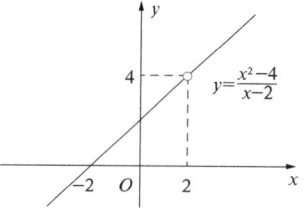

图 1-6

当函数 $y = f(x)$ 是基本初等函数时,若 x_0 是 $f(x)$ 的定义区间内部的点(端点除外),则有

$$\lim_{x \to x_0} f(x) = f(x_0),$$

即极限值等于函数值.

例如,$\lim\limits_{x \to 0} \cos x = \cos 0 = 1$,$\lim\limits_{x \to 3} x^2 = 3^2 = 9$.

2) 左极限和右极限

当 x 仅从 x_0 的左侧即小于 x_0 的一侧趋近于 x_0 时,记作 $x \to x_0^-$;当 x 仅从 x_0 的右侧即大于 x_0 的一侧趋近于 x_0 时,记作 $x \to x_0^+$.

定义 1.7 设函数 $y = f(x)$,如果当 $x \to x_0^-$ 时,$f(x)$ 无限趋近于一个常数 A,那么就说 A 是当 x 趋向于 x_0 时函数 $f(x)$ 的**左极限**,记作

$$\lim_{x \to x_0^-} f(x) = A \text{ 或 } f(x_0^-) = A.$$

如果当 $x \to x_0^+$ 时,$f(x)$ 无限趋近于一个常数 A,那么就说 A 是当 x 趋向于 x_0 时函数 $f(x)$ 的**右极限**,记作

$$\lim_{x \to x_0^+} f(x) = A \text{ 或 } f(x_0^+) = A.$$

由定义 1.6 和定义 1.7 可以看出:

$$\lim_{x \to x_0} f(x) = A \text{ 的充要条件是 } \lim_{x \to x_0^-} f(x) = \lim_{x \to x_0^+} f(x) = A.$$

例 4 已知函数 $f(x) = \begin{cases} x + 1, & x < 0; \\ x^2 - 1, & 0 \leq x < 1; \\ 1 - x, & x \geq 1. \end{cases}$ 考察 $\lim\limits_{x \to 0} f(x)$ 与 $\lim\limits_{x \to 1} f(x)$ 是否存在.

解 作出函数 $y = f(x)$ 的图像,如图 1-7 所示.

(1) 考察 $\lim\limits_{x \to 0} f(x)$.

在 $x = 0$ 左侧附近,$f(x) = x + 1$,所以

$$\lim_{x \to 0^-} f(x) = \lim_{x \to 0^-} (x + 1) = 1;$$

在 $x = 0$ 右侧附近,$f(x) = x^2 - 1$,所以

$$\lim_{x \to 0^+} f(x) = \lim_{x \to 0^+} (x^2 - 1) = -1.$$

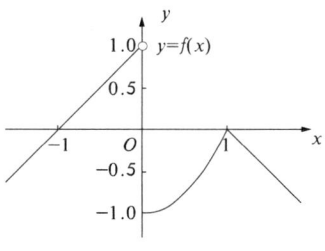

图 1-7

左、右极限存在但不相等,由极限存在的充要条件可知,$\lim\limits_{x \to 0} f(x)$ 不存在.

(2) 考察 $\lim\limits_{x \to 1} f(x)$.

在 $x = 1$ 左侧附近,$f(x) = x^2 - 1$,所以

$$\lim_{x \to 1^-} f(x) = \lim_{x \to 1^-} (x^2 - 1) = 0;$$

在 $x = 1$ 右侧附近,$f(x) = 1 - x$,所以

$$\lim_{x \to 1^+} f(x) = \lim_{x \to 1^+} (1 - x) = 0.$$

左、右极限存在且相等,由极限存在的充要条件可知,$\lim\limits_{x \to 1} f(x) = 0$.

三、无穷小量与无穷大量

1. 无穷小量

如果当 $x \to x_0$（或 $x \to \infty$）时，函数 $f(x)$ 的极限为零，那么就说当 $x \to x_0$（或 $x \to \infty$）时，$f(x)$ 是**无穷小量**，简称**无穷小**. 例如：

因为 $\lim\limits_{x \to 0} \sin x = 0$，所以当 $x \to 0$ 时，$\sin x$ 是无穷小；

因为 $\lim\limits_{x \to \infty} \dfrac{1}{x} = 0$，所以当 $x \to \infty$ 时，$\dfrac{1}{x}$ 是无穷小；

因为 $\lim\limits_{x \to +\infty} \left(\dfrac{1}{3}\right)^x = 0$，所以当 $x \to +\infty$ 时，$\left(\dfrac{1}{3}\right)^x$ 是无穷小.

无穷小具有以下的性质：

（1）有限个无穷小的代数和仍然是无穷小；

（2）有限个无穷小的乘积仍然是无穷小；

（3）有界变量与无穷小的乘积仍然是无穷小.

例如，计算 $\lim\limits_{x \to 0} x^2 \sin \dfrac{1}{x}$. 因为 $\sin \dfrac{1}{x}$ 是有界函数，x^2 是 $x \to 0$ 时的无穷小，所以 $\lim\limits_{x \to 0} x^2 \sin \dfrac{1}{x} = 0$.

2. 无穷大量

当 $x \to x_0$（或 $x \to \infty$）时，如果 $f(x)$ 的绝对值无限地增大，那么称函数 $f(x)$ 是 $x \to x_0$（或 $x \to \infty$）时的**无穷大量**，简称**无穷大**，记作

$$\lim_{x \to x_0} f(x) = \infty \; (\text{或} \lim_{x \to \infty} f(x) = \infty).$$

若 $f(x)$ 取正值无限增大，则称 $f(x)$ 是正无穷大，记作

$$\lim_{x \to x_0} f(x) = +\infty \; (\text{或} \lim_{x \to \infty} f(x) = +\infty);$$

若 $f(x)$ 取负值而绝对值无限增大，则称 $f(x)$ 是负无穷大，记作

$$\lim_{x \to x_0} f(x) = -\infty \; (\text{或} \lim_{x \to \infty} f(x) = -\infty).$$

例如：$y = \dfrac{1}{x}$ 是 $x \to 0$ 时的无穷大（见图 1-3），可记作 $\lim\limits_{x \to 0} \dfrac{1}{x} = \infty$；$y = \ln x$ 是 $x \to 0^+$ 时的负无穷大，也是 $x \to +\infty$ 时的正无穷大（见图 1-8），可分别记作 $\lim\limits_{x \to 0^+} \ln x = -\infty$ 和 $\lim\limits_{x \to +\infty} \ln x = +\infty$.

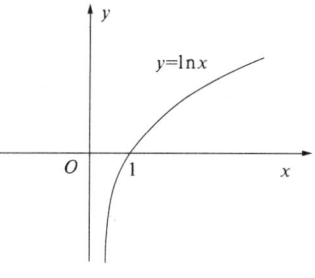

图 1-8

很明显，无穷大与无穷小之间具有以下关系：**无穷大的倒数是无穷小，无穷小（不为零）的倒数是无穷大**.

例如，当 $x \to 0$ 时，x 是无穷小，而 $\dfrac{1}{x}$ 是无穷大.

说明:当 $x \to x_0$(或 $x \to \infty$)时,$f(x)$ 是无穷大,这时 $f(x)$ 是没有极限的,$\lim\limits_{x \to x_0} f(x) = \infty$(或 $\lim\limits_{x \to \infty} f(x) = \infty$)仅仅是用来表示函数变化趋势的记号而已,并不表明极限存在.

习题 1–3

1. 设函数 $y = f(x)$,a 为定值,下列说法是否正确?
   (1) 如果 $f(x)$ 在 $x = a$ 处无定义,那么 $\lim\limits_{x \to a} f(x)$ 不存在;
   (2) 如果 $f(x)$ 在 $x = a$ 处有定义,那么 $\lim\limits_{x \to a} f(x)$ 存在;
   (3) 如果 $\lim\limits_{x \to a^-} f(x) = \lim\limits_{x \to a^+} f(x) = A$,那么 $\lim\limits_{x \to a} f(x) = A$;
   (4) 如果 $f(a) = 3$,那么 $\lim\limits_{x \to a} f(x) = 3$;
   (5) 如果 $\lim\limits_{x \to a} f(x) = 3$,那么 $f(a) = 3$;
   (6) 如果 $\lim\limits_{x \to a} f(x) = 3$,那么 $\lim\limits_{x \to a^+} f(x) = 3$.

2. 设函数 $f(x) = \begin{cases} e^x, & x < 0; \\ x^2 - 1, & 0 \leq x < 2; \\ \ln x, & x \geq 2. \end{cases}$ 作出它的图像,并考察下列极限是否存在,若存在写出其极限值:
$$\lim_{x \to -\infty} f(x),\ \lim_{x \to +\infty} f(x),\ \lim_{x \to \infty} f(x),\ \lim_{x \to 0^-} f(x),\ \lim_{x \to 0^+} f(x),\ \lim_{x \to 0} f(x),$$
$$\lim_{x \to 2} f(x),\ \lim_{x \to 3} f(x),\ \lim_{x \to 1} f(x),\ \lim_{x \to -2} f(x).$$

3. 设函数 $f(x) = \dfrac{|x|}{x}$,$g(x) = |x|$,考察 $\lim\limits_{x \to 0} f(x)$ 和 $\lim\limits_{x \to 0} g(x)$.

4. 考察下列极限是否存在,若存在写出其极限值:
   (1) $\lim\limits_{n \to \infty} \dfrac{1}{n\sqrt{n}}$; (2) $\lim\limits_{x \to 0} x^2 \cos \dfrac{1}{x}$; (3) $\lim\limits_{n \to \infty} e^{-n}$;
   (4) $\lim\limits_{x \to \infty} \left(1 + \dfrac{1}{x^2}\right)$; (5) $\lim\limits_{n \to \infty} (-1)^{n-1} \dfrac{5^n}{6^n}$; (6) $\lim\limits_{x \to \infty} \dfrac{\sin x}{x}$.

5. 下列各函数在 x 怎样变化时为无穷小,在 x 怎样变化时为无穷大?
   (1) $f(x) = \dfrac{x+2}{x^2-1}$; (2) $f(x) = \log_2 x$; (3) $f(x) = \log_{0.8} x$; (4) $f(x) = e^{-x}$.

§1.4 极限的运算和两个重要极限

一、极限的四则运算法则

利用极限的定义只能计算一些简单函数的极限,而实际问题中函数却要复杂很多. 本节将介绍极限的四则运算法则,并用这些法则求一些较复杂函数的极限.

设 $\lim\limits_{x \to x_0} f(x) = A$, $\lim\limits_{x \to x_0} g(x) = B$,则下列运算法则成立:

(1) $\lim\limits_{x \to x_0}[f(x) \pm g(x)] = \lim\limits_{x \to x_0} f(x) \pm \lim\limits_{x \to x_0} g(x) = A \pm B$;

(2) $\lim\limits_{x \to x_0}[f(x) \cdot g(x)] = \lim\limits_{x \to x_0} f(x) \cdot \lim\limits_{x \to x_0} g(x) = A \cdot B$;

(3) $\lim\limits_{x \to x_0} kf(x) = k \lim\limits_{x \to x_0} f(x) = kA$ (其中 k 是常数);

(4) $\lim\limits_{x \to x_0} \dfrac{f(x)}{g(x)} = \dfrac{\lim\limits_{x \to x_0} f(x)}{\lim\limits_{x \to x_0} g(x)} = \dfrac{A}{B}$ ($B \neq 0$).

上面的法则对 $x \to \infty$ 的情形和数列极限都成立,其中法则(1)和(2)可以推广到有限个函数的情形.

例 1 求 $\lim\limits_{x \to 1} \dfrac{7x^3 + 5x - 2}{3x^2 + 2x}$.

解
$$\lim_{x \to 1} \frac{7x^3 + 5x - 2}{3x^2 + 2x} = \frac{\lim\limits_{x \to 1}(7x^3 + 5x - 2)}{\lim\limits_{x \to 1}(3x^2 + 2x)}$$
$$= \frac{7 \lim\limits_{x \to 1} x^3 + 5 \lim\limits_{x \to 1} x - \lim\limits_{x \to 1} 2}{3 \lim\limits_{x \to 1} x^2 + 2 \lim\limits_{x \to 1} x} = \frac{10}{5} = 2.$$

一般地,对于初等函数 $f(x)$,若 a 是其定义区间内的一个值,则有
$$\lim_{x \to a} f(x) = f(a).$$

例如,求 $\lim\limits_{x \to 2} \dfrac{2x^2 - 3x}{x^2 - 2x + 3}$. 因为 $x = 2$ 时分母不等于零,所以 2 是函数定义域内的一个值,
$$\lim_{x \to 2} \frac{2x^2 - 3x}{x^2 - 2x + 3} = \frac{2 \times 2^2 - 3 \times 2}{2^2 - 2 \times 2 + 3} = \frac{2}{3}.$$

例 2 求 $\lim\limits_{x \to 3} \dfrac{x^2 - 4x + 3}{x^2 - 2x - 3}$.

解 当 $x \to 3$ 时,分子与分母的极限都是 0,不能用运算法则(4). $x \to 3$ 的意义是 x 无限趋近于 3,但 $x \neq 3$,因此 $x - 3 \neq 0$,所以可以约去公因式 $x - 3$ 后再考察,即

$$\lim_{x\to 3}\frac{x^2-4x+3}{x^2-2x-3}=\lim_{x\to 3}\frac{(x-3)(x-1)}{(x-3)(x+1)}=\lim_{x\to 3}\frac{x-1}{x+1}=\frac{1}{2}.$$

例 3 求 $\lim\limits_{x\to 0}\dfrac{\sqrt{a+x}-\sqrt{a}}{x}$ $(a>0)$.

解 当 $x\to 0$ 时，分子、分母都趋向于 0，不能用极限运算法则，故先变形再考察.

$$\lim_{x\to 0}\frac{\sqrt{a+x}-\sqrt{a}}{x}=\lim_{x\to 0}\frac{(\sqrt{a+x}-\sqrt{a})(\sqrt{a+x}+\sqrt{a})}{x(\sqrt{a+x}+\sqrt{a})}$$

$$=\lim_{x\to 0}\frac{1}{\sqrt{a+x}+\sqrt{a}}=\frac{1}{2\sqrt{a}}.$$

上面例 2 和例 3 都是两个无穷小之比，这种类型的极限称为"$\dfrac{0}{0}$"型的未定式. 解决这类问题，通常要找出使分子、分母都趋向于 0 的因式，通过分解因式或分式有理化等方法约去这个因式，再求极限.

例 4 求 $\lim\limits_{x\to -2}\dfrac{x^2+1}{x^2-4}$.

解 当 $x\to -2$ 时，分母极限是 0，所以不能用法则(4)，但分子极限不是 0，故可以先考虑其倒数的极限. 因为

$$\lim_{x\to -2}\frac{x^2-4}{x^2+1}=\frac{0}{5}=0,$$

所以，根据无穷小与无穷大的关系，得 $\lim\limits_{x\to -2}\dfrac{x^2+1}{x^2-4}=\infty$.

例 5 求 $\lim\limits_{x\to \infty}\dfrac{3x^2-2x+1}{4x^2+5x-2}$.

解 当 $x\to \infty$ 时，分子、分母都是无穷大，不能用法则(4). 考虑先将分子、分母同除以 x^2，再用法则，即

$$\lim_{x\to \infty}\frac{3x^2-2x+1}{4x^2+5x-2}=\lim_{x\to \infty}\frac{3-\dfrac{2}{x}+\dfrac{1}{x^2}}{4+\dfrac{5}{x}-\dfrac{2}{x^2}}=\frac{3-0+0}{4+0-0}=\frac{3}{4}.$$

在例 5 中，当 $x\to \infty$ 时，分子、分母都是无穷大量，两个无穷大量之比叫作"$\dfrac{\infty}{\infty}$"型的未定式，对于此种类型一般通过分子、分母同除 x^n（n 为分子、分母的最高次数）来处理. 对于 $x\to \infty$ 时有理函数的"$\dfrac{\infty}{\infty}$"型未定式，容易得出下面的结果：

$$\lim_{x\to \infty}\frac{a_0 x^n+a_1 x^{n-1}+\cdots+a_{n-1}x+a_n}{b_0 x^m+b_1 x^{m-1}+\cdots+b_{m-1}x+b_m}=\begin{cases}\dfrac{a_0}{b_0}, & m=n \text{ 时};\\ 0, & m>n \text{ 时};\\ \infty, & m<n \text{ 时}.\end{cases}$$

其中 m,n 都是正整数，且 $a_0\neq 0, b_0\neq 0$.

同样对于数列,"$\frac{\infty}{\infty}$"型的未定式极限也可以用此方法.

例 6　求 $\lim\limits_{n\to\infty}\dfrac{7n^2+3n}{6n^3+5n-3}$.

解　先将分子、分母同除以 n^3 后再用法则,得

$$\lim_{n\to\infty}\frac{7n^2+3n}{6n^3+5n-3}=\lim_{n\to\infty}\frac{\dfrac{7}{n}+\dfrac{3}{n^2}}{6+\dfrac{5}{n^2}-\dfrac{3}{n^3}}=\frac{0+0}{6+0-0}=0.$$

二、两个重要极限

首先介绍一个判定极限存在的法则.

两边夹法则　如果在 x_0 的某邻域内有 $g(x)\leqslant f(x)\leqslant h(x)$,且

$$\lim_{x\to x_0}g(x)=\lim_{x\to x_0}h(x)=L,$$

那么
$$\lim_{x\to x_0}f(x)=L.$$

对于 $x\to\infty$ 的情形和数列极限也有相应的两边夹法则.

1. $\lim\limits_{x\to 0}\dfrac{\sin x}{x}=1$(重要极限 1)

如图 1-9 所示,在单位圆中取 $\angle AOB=x$(弧度),$0<x<\dfrac{\pi}{2}$,AC 为圆的切线. 比较 $\triangle OAB$,扇形 OAB 与 $\triangle OAC$ 的面积,得

$$\frac{1}{2}\sin x<\frac{1}{2}x<\frac{1}{2}\tan x,$$

整理,得
$$\cos x<\frac{\sin x}{x}<1.$$

因为 $\lim\limits_{x\to 0^+}\cos x=1$,$\lim\limits_{x\to 0^+}1=1$,所以根据两边夹法则,得

$$\lim_{x\to 0^+}\frac{\sin x}{x}=1.$$

当 $x<0$ 时,令 $t=-x$,则当 $x\to 0^-$ 时,$t\to 0^+$,所以

$$\lim_{x\to 0^-}\frac{\sin x}{x}=\lim_{t\to 0^+}\frac{\sin(-t)}{-t}=\lim_{t\to 0^+}\frac{\sin t}{t}=1.$$

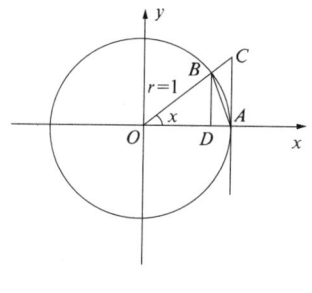

图 1-9

综上可知,$\lim\limits_{x\to 0}\dfrac{\sin x}{x}=1$ 成立.

例 7　求 $\lim\limits_{x\to 0}\dfrac{\sin 3x}{2x}$.

解　$\lim\limits_{x\to 0}\dfrac{\sin 3x}{2x}=\lim\limits_{x\to 0}\dfrac{3}{2}\cdot\dfrac{\sin 3x}{3x}\xrightarrow{\text{令}3x=u}\dfrac{3}{2}\lim\limits_{u\to 0}\dfrac{\sin u}{u}=\dfrac{3}{2}\cdot 1=\dfrac{3}{2}.$

在例 7 中使用了换元法,换元的步骤有时可以省略,如下面的例子.

例 8 求 $\lim\limits_{x\to 0}\dfrac{1-\cos x}{x^2}$.

解
$$\lim_{x\to 0}\frac{1-\cos x}{x^2}=\lim_{x\to 0}\frac{2\sin^2\frac{x}{2}}{x^2}=\frac{1}{2}\lim_{x\to 0}\left(\frac{\sin\frac{x}{2}}{\frac{x}{2}}\right)^2=\frac{1}{2}\times 1^2=\frac{1}{2}.$$

例 9 求 $\lim\limits_{x\to 0}\dfrac{\sin 5x}{\sin 2x}$.

解
$$\lim_{x\to 0}\frac{\sin 5x}{\sin 2x}=\lim_{x\to 0}\frac{5}{2}\cdot\frac{\sin 5x}{5x}\cdot\frac{2x}{\sin 2x}=\frac{5}{2}\lim_{x\to 0}\frac{\sin 5x}{5x}\cdot\lim_{x\to 0}\frac{2x}{\sin 2x}=\frac{5}{2}.$$

2. $\lim\limits_{x\to\infty}\left(1+\dfrac{1}{x}\right)^x=\mathrm{e}$(重要极限 2)

这里的 e 就是作为自然对数底的无理数,小数点后取五位时,$e\approx 2.71828$. e 和圆周率 π 都是科学技术中十分有用的常数,有着特殊地位.

令 $\dfrac{1}{x}=t$ 换元,即可得到重要极限 2 的另一形式:

$$\lim_{t\to 0}(1+t)^{\frac{1}{t}}=\mathrm{e}.$$

对于数列也有这一结果,即

$$\lim_{n\to\infty}\left(1+\frac{1}{n}\right)^n=\mathrm{e}.$$

例 10 求 $\lim\limits_{x\to\infty}\left(1+\dfrac{5}{x}\right)^x$.

解
$$\lim_{x\to\infty}\left(1+\frac{5}{x}\right)^x=\lim_{x\to\infty}\left[\left(1+\frac{5}{x}\right)^{\frac{x}{5}}\right]^5=\mathrm{e}^5.$$

例 11 求 $\lim\limits_{x\to 0}(1-2x)^{\frac{1}{x}}$.

解
$$\lim_{x\to 0}(1-2x)^{\frac{1}{x}}=\lim_{x\to 0}\left\{\left[1+(-2x)\right]^{-\frac{1}{2x}}\right\}^{-2}=\mathrm{e}^{-2}.$$

作为第二个重要极限的应用,下面介绍复利公式. 所谓**复利计息**,就是将一期的利息与本金之和作为第二期的本金,以此类推反复计息.

设本金为 p,年利率为 r,则存款年限 n(计息次数)与本利和 s_n 的关系如下表:

n	0	1	2	3	…	n
s_n	p	$p(1+r)$	$p(1+r)^2$	$p(1+r)^3$	…	$p(1+r)^n$

因而以年为期的复利计算公式为

$$s_n=p(1+r)^n.$$

若把一年分为 t 期计息,这时每期利率可以认为是 $\dfrac{r}{t}$,计息次数为 nt,代入上述公式得 n 年的本利和为

$$s_n=p\left(1+\frac{r}{t}\right)^{nt}.$$

假设计息期无限缩短，则期数 $t \to \infty$，于是得到连续复利的计算公式为

$$s_n = \lim_{t \to \infty} p\left(1 + \frac{r}{t}\right)^{nt} = p \lim_{t \to \infty}\left[\left(1 + \frac{r}{t}\right)^{\frac{t}{r}}\right]^{nr} = pe^{nr}.$$

习题 1-4

1. 求下列极限：

(1) $\lim\limits_{x \to 1} \dfrac{3x^4 - 2x^3 + 9}{2x^3 + 5x + 3}$；

(2) $\lim\limits_{x \to 0} \dfrac{x}{x^2 + 2x}$；

(3) $\lim\limits_{x \to -3} \dfrac{x + 3}{x^2 + 1}$；

(4) $\lim\limits_{x \to 2} \dfrac{x^2 + 2x}{(x - 2)^2}$；

(5) $\lim\limits_{x \to -2} \dfrac{x + 2}{x^3 + 8}$；

(6) $\lim\limits_{x \to 2} \dfrac{x^2 - x - 2}{x^2 - 3x + 2}$；

(7) $\lim\limits_{x \to \infty} \dfrac{2x^3 - 3x + 1}{3x^3 + 8x - 5}$；

(8) $\lim\limits_{x \to \infty} \dfrac{x^2 + 5x - 3}{3x + 8}$；

(9) $\lim\limits_{n \to \infty} \dfrac{3n^2 + 4n - 1}{n^3 + 1}$；

(10) $\lim\limits_{n \to \infty} \dfrac{1 - n^2}{2n^2 + 3}$；

(11) $\lim\limits_{n \to \infty} \dfrac{(n+1)(n+2)(2n+3)}{6n^3}$；

(12) $\lim\limits_{n \to \infty} \dfrac{4^n + 2^{n+1}}{3^n + 5^n}$；

(13) $\lim\limits_{x \to +\infty} \dfrac{\sqrt{3x^2 + 1}}{x - 2}$；

(14) $\lim\limits_{x \to 3} \dfrac{\sqrt{x + 6} - 3}{x - 3}$.

2. 求下列极限：

(1) $\lim\limits_{x \to 0} \dfrac{x}{\sin 5x}$；

(2) $\lim\limits_{x \to 0} \dfrac{\tan 3x}{4x}$；

(3) $\lim\limits_{x \to 0} \dfrac{\sin 2x}{\sin 3x}$；

(4) $\lim\limits_{x \to \infty} x \sin \dfrac{1}{x}$；

(5) $\lim\limits_{x \to \frac{\pi}{2}} \dfrac{\cos x}{x - \dfrac{\pi}{2}}$；

(6) $\lim\limits_{x \to \pi} \dfrac{\sin x}{x - \pi}$.

3. 求下列极限：

(1) $\lim\limits_{x \to \infty} \left(1 + \dfrac{2}{x}\right)^{3x}$；

(2) $\lim\limits_{x \to \infty} \left(1 - \dfrac{3}{x}\right)^x$；

(3) $\lim\limits_{x \to 0} (1 + 2x)^{\frac{1}{x} + 1}$；

(4) $\lim\limits_{\theta \to \frac{\pi}{2}} (1 + \cos \theta)^{\sec \theta}$；

(5) $\lim\limits_{n \to \infty} \left(\dfrac{n}{n+1}\right)^n$；

(6) $\lim\limits_{n \to \infty} \left(\dfrac{3n-1}{3n+1}\right)^{3n}$.

4. 设圆的半径为 r，圆内接正 n 边形的面积为 $A_n = \dfrac{n}{2} r^2 \sin \dfrac{2\pi}{n}$，求 $\lim\limits_{n \to \infty} A_n$.

5. 某单位张师傅 2014 年的总收入为 10 万元，要使 2020 年收入翻一番，问：每年增长百分比为多少？

§1.5 函数的连续性

一、函数的连续性

1. 函数的增量

设函数 $y = f(x)$,当 x 从 x_1 变到 x_2 时,终值 x_2 与初值 x_1 的差 $x_2 - x_1$ 叫作**自变量的增量**(也称**改变量**),记作 Δx,即 $\Delta x = x_2 - x_1$,函数值的差 $f(x_2) - f(x_1)$ 叫作**函数的增量**(**改变量**),记作 Δy,即

$$\Delta y = f(x_2) - f(x_1) = f(x_1 + \Delta x) - f(x_1).$$

例如,设 $f(x) = 3x^2 + 1$,则:

当 x 从 1 变到 1.1 时,$\Delta x = 1.1 - 1 = 0.1$,

$$\Delta y = f(1.1) - f(1) = (3 \times 1.1^2 + 1) - (3 \times 1^2 + 1) = 0.63;$$

当 x 从 0 变到 -0.2 时,$\Delta x = -0.2 - 0 = -0.2$,

$$\Delta y = f(-0.2) - f(0) = [3 \times (-0.2)^2 + 1] - 1 = 0.12.$$

2. 函数在一点连续的概念

自然界中许多量的变化都是"连续"的,如气温的变化、植物的生长、物体的运动、放射性物质质量的衰减等,这些现象反映在数学上就是函数的连续性. 它是与函数极限密切相关的一个数学基本概念,下面介绍函数连续性的概念.

设函数 $y = f(x)$,x_0 是其定义域内一点,当自变量从 x_0 变到 $x_0 + \Delta x$ 时,函数的增量为 $\Delta y = f(x_0 + \Delta x) - f(x_0)$. 如图 1-10 所示,函数 y 随着自变量 x 的改变而改变,它是"连续"不断的,显然有 $\lim\limits_{\Delta x \to 0} \Delta y = 0$,即

$$\lim_{\Delta x \to 0} [f(x_0 + \Delta x) - f(x_0)] = 0.$$

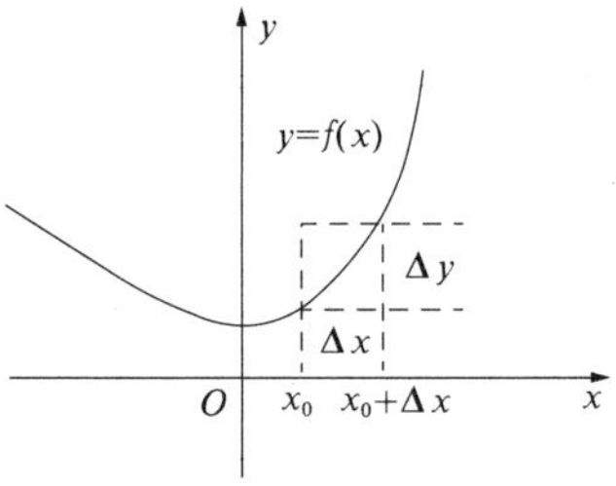

令 $x = x_0 + \Delta x$,则当 $\Delta x \to 0$ 时,$x \to x_0$,因而上式等价于

$$\lim_{x \to x_0} [f(x) - f(x_0)] = 0,$$

即

$$\lim_{x \to x_0} f(x) = f(x_0).$$

图 1-10

定义 1.8 设函数 $f(x)$ 在点 x_0 的某个邻域内有定义,如果

$$\lim_{x \to x_0} f(x) = f(x_0),$$

那么就说函数 $f(x)$ 在点 x_0 处**连续**,称 x_0 是 $f(x)$ 的一个**连续点**.

上述定义对函数 $f(x)$ 在点 x_0 处连续提出了三个条件:

(1) $f(x)$ 在点 x_0 处有定义,即函数值 $f(x_0)$ 存在;

(2) $\lim\limits_{x\to x_0}f(x)$ 存在；

(3) $\lim\limits_{x\to x_0}f(x)=f(x_0)$.

这三个条件中任何一条不满足，就说 $f(x)$ 在点 x_0 处不连续，这时称点 x_0 是 $f(x)$ 的**不连续点**或**间断点**.

如图 1-11 所示，函数 $f(x)$ 的图像在点 x_1,x_2,x_3,x_4 处是不连续的，它们不满足上述函数 $f(x)$ 在点 x_0 处连续所要求的三个条件. 其中 x_2 不满足条件(1)，x_1,x_3 不满足条件(2)，x_4 不满足条件(3). 除了这四个点以外，在其他点处(包括 x_5)，函数的图像都是连续的.

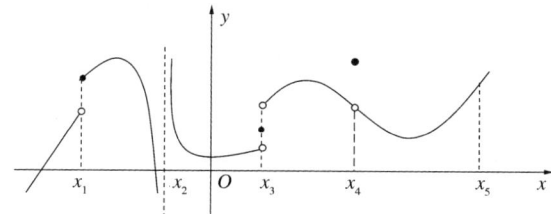

图 1-11

例 1 判断下列函数在指定点处是否连续：

(1) $h(x)=\dfrac{x^2-1}{x-1}, x=1.$

(2) $g(x)=\begin{cases}\dfrac{x^2-1}{x-1}, & x\neq 1;\\ 1, & x=1.\end{cases}$ $x=1.$

(3) $\varphi(x)=\begin{cases}-x, & x\leqslant -1;\\ x-1, & x>-1.\end{cases}$ $x=-1.$

(4) $f(x)=|x|, x=0.$

解 (1) 因为 $h(x)$ 在 $x=1$ 处无定义，所以 $h(x)$ 在点 $x=1$ 处不连续(见图 1-12(a)).

(2) $g(x)$ 在 $x=1$ 处有定义，$g(1)=1$，但
$$\lim_{x\to 1}g(x)=\lim_{x\to 1}\frac{x^2-1}{x-1}=\lim_{x\to 1}(x+1)=2\neq g(1),$$
所以 $g(x)$ 在点 $x=1$ 处不连续(见图 1-12(b)).

(3) $\varphi(x)$ 在 $x=-1$ 处有定义，$\varphi(-1)=-(-1)=1$，但
$$\lim_{x\to -1^-}\varphi(x)=\lim_{x\to -1^-}(-x)=1,\quad \lim_{x\to -1^+}\varphi(x)=\lim_{x\to -1^+}(x-1)=-2,$$
所以 $\lim\limits_{x\to -1}\varphi(x)$ 不存在. 因此 $\varphi(x)$ 在点 $x=-1$ 处不连续(见图 1-12(c)).

(4) $f(x)$ 在 $x=0$ 处有定义，$f(0)=0$，且
$$\lim_{x\to 0}f(x)=\lim_{x\to 0}|x|=0=f(0),$$
所以 $f(x)$ 在点 $x=0$ 处连续(见图 1-12(d)).

若 $\lim\limits_{x\to x_0^-}f(x)=f(x_0)$，则称函数 $f(x)$ 在点 x_0 处**左连续**；

若 $\lim\limits_{x\to x_0^+}f(x)=f(x_0)$，则称函数 $f(x)$ 在点 x_0 处**右连续**.

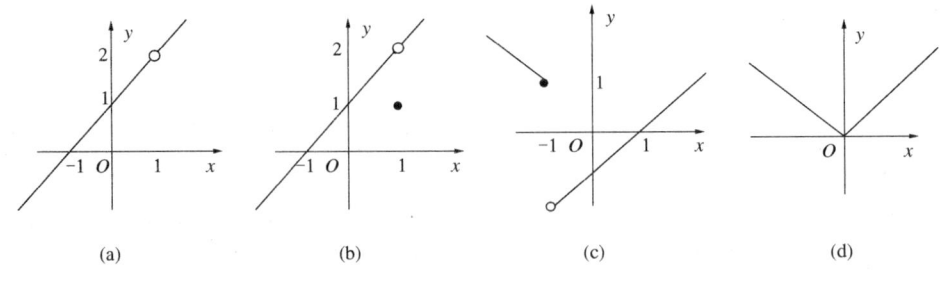

图 1-12

如图 1-11 所示,函数在点 x_1 处右连续;如图 1-12(c)所示,函数在 $x=-1$ 处左连续.

容易知道:函数 $f(x)$ 在点 x_0 处连续的充要条件是 $f(x)$ 在点 x_0 处既左连续又右连续.

下面给出函数在区间上连续的定义.

定义 1.9 若函数 $f(x)$ 在区间 (a,b) 内任意一点处都连续,则称 $f(x)$ **在区间 (a,b) 内连续**,区间 (a,b) 称为函数的连续区间. 若函数 $f(x)$ 在区间 (a,b) 内连续,且 $\lim\limits_{x \to a^+} f(x) = f(a)$, $\lim\limits_{x \to b^-} f(x) = f(b)$,则称 $f(x)$ **在闭区间 $[a,b]$ 上连续**.

在某个区间上有定义的函数,如果区间是半开区间或闭区间,那么在有定义的端点处函数连续,是指左连续或右连续.

如果函数 $f(x)$ 在某个区间上连续,那么也称 $f(x)$ 是该区间上的**连续函数**,区间为**连续区间**.

在某个区间上连续的函数,在该区间上,函数的图像是一条连续无间断的曲线.

3. 初等函数的连续性

我们不加证明地指出如下重要结论:**基本初等函数在其定义域内都是连续的,初等函数在其定义区间内都是连续的**. 这样求初等函数的连续区间就是求其定义区间. 求初等函数在其定义区间内某点的极限,只要求初等函数在该点的函数值即可,即

$$\lim_{x \to x_0} f(x) = f(x_0).$$

由于 $f(x_0) = f(\lim\limits_{x \to x_0} x)$,所以上式可以改写为

$$\lim_{x \to x_0} f(x) = f(\lim_{x \to x_0} x),$$

即对于连续函数,其极限运算与函数运算可以交换次序. 这个特性有时会给我们带来很大的便利,例如下面我们要学习的求某些复合函数极限的方法.

定理 1.1 设函数 $y = f(u), u = \varphi(x), \lim\limits_{x \to x_0} \varphi(x) = b, f(u)$ 在 $u = b$ 处连续,那么

$$\lim_{x \to x_0} f[\varphi(x)] = f[\lim_{x \to x_0} \varphi(x)] = f(b).$$

例 2 设函数 $f(x) = \dfrac{\ln(x+1)}{\sqrt[3]{x-1}}$,讨论 $f(x)$ 的连续性,并求 $\lim\limits_{x \to 0} f(x)$.

解 $f(x)$ 是初等函数,它的定义域是 $(-1,1) \cup (1,+\infty)$,所以 $f(x)$ 分别在区间

$(-1,1)$ 和 $(1,+\infty)$ 内连续,在 $x=1$ 处间断. 又 $0\in(-1,1)$,所以

$$\lim_{x\to 0}f(x)=\lim_{x\to 0}\frac{\ln(x+1)}{\sqrt[3]{x-1}}=\frac{\ln(0+1)}{\sqrt[3]{0-1}}=0.$$

例 3 求 $\lim\limits_{x\to 0}\ln(1+x)^{\frac{1}{x}}$.

解 $y=\ln(1+x)^{\frac{1}{x}}$ 可以看成是由函数 $y=\ln u, u=(1+x)^{\frac{1}{x}}$ 复合而成的,且 $\lim\limits_{x\to 0}(1+x)^{\frac{1}{x}}=e$,$y=\ln u$ 在 $u=e$ 处连续,所以

$$\lim_{x\to 0}\ln(1+x)^{\frac{1}{x}}=\ln[\lim_{x\to 0}(1+x)^{\frac{1}{x}}]=\ln e=1.$$

二、闭区间上连续函数的性质

1. 最大值、最小值性质

设函数 $f(x)$ 在 D 上有定义, $c\in D$, 对任意的 $x\in D$: 如果 $f(c)\geqslant f(x)$,那么称 $f(c)$ 是 $f(x)$ 在 D 上的最大值; 如果 $f(c)\leqslant f(x)$,那么称 $f(c)$ 是 $f(x)$ 在 D 上的最小值.

> **定理 1.2** 闭区间 $[a,b]$ 上的连续函数 $f(x)$ 一定有最大值和最小值.

如图 1-13 所示, $f(x)$ 在 $[a,b]$ 上连续,在 $x=b$ 处有最小值 $f(b)$,在 $x=c_2$ 处有最大值 $f(c_2)$.

2. 介值性质

> **定理 1.3(介值性质)** 如果函数 $f(x)$ 在闭区间 $[a,b]$ 上连续, $f(a)\neq f(b)$, μ 是介于 $f(a)$ 与 $f(b)$ 之间的任一数,那么在 (a,b) 内至少有一点 c,使得 $f(c)=\mu$.
> 特别地,如果 $f(a)$ 与 $f(b)$ 符号相反,那么在 (a,b) 内至少有一点 c,使得 $f(c)=0$.

如图 1-14(a) 所示,介值性质的意义是如果水平直线 $y=\mu$ 介于两条平行线 $y=f(a)$ 和 $y=f(b)$ 之间,那么连续曲线 $y=f(x)$ 与直线 $y=\mu$ 至少相交一次.

在 $f(a)$ 与 $f(b)$ 符号相反的情形下,曲线 $y=f(x)$ 与直线 $y=0$(即 x 轴)至少有一个交点 $(c,0)$(见图 1-14(b)). 由 $f(c)=0$ 可知, $x=c$ 是方程 $f(x)=0$ 的一实数根.

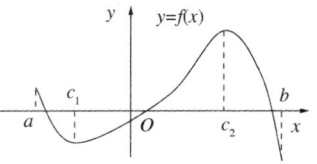

图 1-13

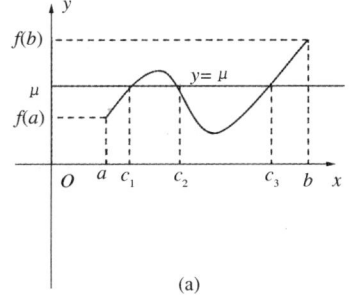

(a)

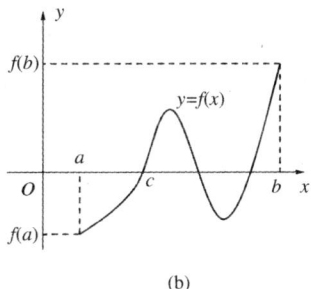

(b)

图 1-14

例 4 证明方程 $x^5 - 2x^2 - 1 = 0$ 在 $(1,2)$ 内有实数根.

证 设 $f(x) = x^5 - 2x^2 - 1$, $f(x)$ 是初等函数,定义域为 $(-\infty, +\infty)$,所以 $f(x)$ 在闭区间 $[1,2]$ 上连续,又 $f(1) = -2 < 0$, $f(2) = 23 > 0$,由介值性质,在 $(1,2)$ 内有实数 c,使得 $f(c) = 0$,即

$$c^5 - 2c^2 - 1 = 0.$$

所以方程 $x^5 - 2x^2 - 1 = 0$ 在 $(1,2)$ 内有实数根 $x = c$.

习题 1-5

1. 判断下列函数在指定点处是否连续:

$(1) f(x) = \dfrac{1}{(x-1)^2}, x = 0, x = 1.$ $(2) f(x) = \dfrac{x^2 + x}{x + 1}, x = -1.$

$(3) f(x) = \begin{cases} x^2 - 2, & x \leq -1; \\ x + 3, & x > -1. \end{cases} x = -1.$ $(4) f(x) = \begin{cases} \dfrac{\sin x}{x}, & x \neq 0; \\ e, & x = 0. \end{cases} x = 0.$

2. 下列函数是否有间断点?若有,求出来.

$(1) f(x) = \dfrac{x}{x^2 - 1}.$ $(2) f(x) = \dfrac{x^2 + 3x + 2}{x^2 + x - 2}.$

$(3) f(x) = \begin{cases} x - 2, & x < 1; \\ 1 - x, & x \geq 1. \end{cases}$ $(4) f(x) = \begin{cases} (1 + x)^{\frac{1}{x}}, & x \neq 0; \\ e, & x = 0. \end{cases}$

3. 说出下列函数的连续区间:

$(1) f(x) = \dfrac{x - 3}{x + 3};$ $(2) f(x) = \dfrac{1}{\sqrt{x^2 - 9}};$

$(3) f(x) = \ln \dfrac{x - 4}{x + 4};$ $(4) f(x) = \arctan \sqrt{x - 2}.$

4. 求下列极限:

$(1) \lim\limits_{x \to \frac{\pi}{4}} \ln \sin 2x;$ $(2) \lim\limits_{x \to 2} \dfrac{2}{\sqrt{x - 1}};$ $(3) \lim\limits_{x \to 3} \dfrac{2x + 3}{x^2 - 3x + 4};$

$(4) \lim\limits_{x \to 0} \arctan \dfrac{x^2 + x}{x};$ $(5) \lim\limits_{x \to +\infty} \ln \dfrac{2x^3 + 3}{x^3 + x + 1};$ $(6) \lim\limits_{x \to 0} e^{\frac{\sin x}{x}}.$

5. a 为何值时,函数 $f(x) = \begin{cases} ax + 1, & x < 2; \\ ax^2 - 1, & x \geq 2 \end{cases}$ 在 $(-\infty, +\infty)$ 上连续?

复习题1

1. 判断正误：

(1) 如果 $\lim\limits_{x\to x_0} f(x)$ 存在，那么 $\lim\limits_{x\to x_0} f(x) = f(x_0)$；

(2) 如果 $\lim\limits_{x\to -\infty} f(x)$ 与 $\lim\limits_{x\to +\infty} f(x)$ 都存在，那么 $\lim\limits_{x\to\infty} f(x)$ 存在；

(3) 如果 $f(x)$ 为初等函数，且在 (a,b) 内有定义，$c\in(a,b)$，那么 $\lim\limits_{x\to c} f(x) = f(c)$；

(4) 基本初等函数在其定义域内的每一点处都连续；

(5) 初等函数在它的定义区间内是连续的；

(6) 函数 $f(x)$ 当 $x\to x_0$ 时是无穷大，此时 $\dfrac{1}{f(x)}$ 不一定是无穷小；

(7) 常数与无穷小的积仍是无穷小；

(8) 10^{-99} 是无穷小量；

(9) 对于单调增函数，随着自变量的增加，函数值的增量恒是正的；

(10) 在任意区间连续的函数必有最大值和最小值.

2. 选择题：

(1) 如果 $\lim\limits_{x\to x_0^-} f(x) = \lim\limits_{x\to x_0^+} f(x) = L$，那么（　　）

    A. $f(x_0) = L$ B. $\lim\limits_{x\to x_0} f(x) = L$

    C. $f(x)$ 在点 x_0 处连续   D. 以上三种说法都不对

(2) 在 $\lim\limits_{t\to 0}\dfrac{\sin t}{t}$，$\lim\limits_{x\to 1}\dfrac{\sin(x-1)}{x-1}$，$\lim\limits_{x\to\infty} x^3\sin\dfrac{1}{x^3}$ 和 $\lim\limits_{x\to 1}\dfrac{\sin x}{x}$ 中，极限值为 1 的有（　　）

    A. 1 个   B. 2 个   C. 3 个   D. 4 个

(3) 如果 $\lim\limits_{x\to x_0} f(x) = 0$，$\lim\limits_{x\to x_0} g(x) = 0$，则 $\lim\limits_{x\to x_0}\dfrac{f(x)}{g(x)}$ 的结果为（　　）

    A. 0   B. ∞ C. $k(k\neq 0)$ D. 无法确定

(4) 当 $x\to\infty$ 时，下列所给函数为无穷大量的是（　　）

    A. $x-1$ B. $\dfrac{1}{x}$ C. $\sin x$ D. $\dfrac{x}{x^2+1}$

(5) 当 $x\to($　　$)$ 时，$y = \dfrac{1}{(x-3)(x+3)}$ 为无穷小.

    A. 3   B. 0   C. ∞ D. ± 3

3. 填空题：

(1) 设 $f(x) = \dfrac{1}{\sqrt{1-x^2}}$，$\varphi(x) = \sin x$，那么 $f[\varphi(x)] = $＿＿＿，$f[\varphi(\pi)] = $＿＿＿．

(2) 函数 $y = e^{\arctan(1+\sin x)}$ 可以看成是由简单函数＿＿＿＿，＿＿＿＿和＿＿＿＿复合

而成的.

(3) 函数 $y = \dfrac{3x^2 + 5}{1 - x^2}$ 的定义域为_____，连续区间为_____.

(4) 函数 $f(x) = \dfrac{1}{x} \ln \sqrt{4 - x^2}$ 在区间_____上连续.

(5) 如果 $\lim\limits_{x \to \infty} \left(\dfrac{x + a}{x + 1} \right)^{x + 1} = e^2$，那么 a 的值是_____.

4. 求下列极限：

(1) $\lim\limits_{x \to 1} \dfrac{4x^3 - 3x}{3x^3 - 1}$；

(2) $\lim\limits_{x \to 4} \arctan \sqrt{x - 1}$；

(3) $\lim\limits_{x \to \infty} \dfrac{4x^3 - 3x}{3x^3 - 1}$；

(4) $\lim\limits_{n \to \infty} \sqrt{\dfrac{n^2 + 100}{n^2 + 2n - 1}}$；

(5) $\lim\limits_{x \to 0} \dfrac{\tan 3x}{\sin 2x}$；

(6) $\lim\limits_{x \to \infty} \left(1 - \dfrac{1}{x} \right)^{6x}$；

(7) $\lim\limits_{x \to 0} (1 + 2x)^{\frac{1}{x}}$；

(8) $\lim\limits_{x \to 0} \dfrac{\sqrt{1 + x} - 1}{\sin x}$；

(9) $\lim\limits_{x \to +\infty} e^{\frac{1}{x}}$；

(10) $\lim\limits_{n \to \infty} \dfrac{1 + 2 + \cdots + n}{n^2 - 3n}$.

5. 设 $\lim\limits_{x \to \infty} \left(\dfrac{x - 1}{x} \right)^{kx} = e^2$，求 k 的值.

6. 某汽车制造厂生产一辆汽车的可变成本为 8 万元，每天的固定成本是 30 万元. 如果每辆汽车的出厂价为 10 万元，问：

(1) 每天生产多少辆汽车才能保证工厂不亏本？

(2) 每天要生产多少辆汽车，才能使工厂盈利 10 万元？

7. 设函数 $f(x) = \begin{cases} x^2 - 2, & x < 0; \\ a - 1, & x = 0; \\ \dfrac{\sin bx}{x}, & x > 0. \end{cases}$

(1) a, b 为何值时，$\lim\limits_{x \to 0} f(x)$ 存在？

(2) a, b 为何值时，函数 $f(x)$ 在 $x = 0$ 处连续？

8. 设 $\lim\limits_{x \to \infty} \left[\dfrac{x^2 + 1}{x + 1} - (ax + b) \right] = 1$，求常数 a, b 的值.

第 2 章　导数与微分

微分学是微积分的重要组成部分,它的基本概念是导数与微分,其中导数是反映函数相对于自变量的变化快慢程度的概念,即一种变化率.在科学技术的众多领域中,许多实际问题,例如放射性物质的衰减速度、种群数量变化的速度以及经济问题中产品的边际成本等,所有这些在数量关系上都归结为函数的变化率,即导数.而微分则与导数密切相关,它反映的是当自变量有微小变化时,函数大约有多少变化.

本章将学习导数的概念与求法以及微分等基本知识与运算.

§2.1　导数的概念

一、切线与速度

1. 曲线的切线

如图 2-1 所示,$P(x_0, f(x_0))$ 是曲线 $y = f(x)$ 上的一个定点,$M(x_0 + \Delta x, f(x_0 + \Delta x))$ 是曲线上的动点,则割线 PM 的斜率为

$$\frac{\Delta y}{\Delta x} = \frac{f(x_0 + \Delta x) - f(x_0)}{\Delta x}.$$

当 $\Delta x \to 0$ 时,M 就沿着曲线趋向于点 P,如果割线 PM 的斜率有极限 k,即

$$\lim_{\Delta x \to 0} \frac{\Delta y}{\Delta x} = \lim_{\Delta x \to 0} \frac{f(x_0 + \Delta x) - f(x_0)}{\Delta x} = k, \quad (2-1)$$

那么就把过点 P 以 k 为斜率的直线 PT 定义为曲线 $y = f(x)$ 在点 P 处的切线.即切线 PT 就是割线 PM 当 M 沿曲线趋向于 P 时的极限位置.

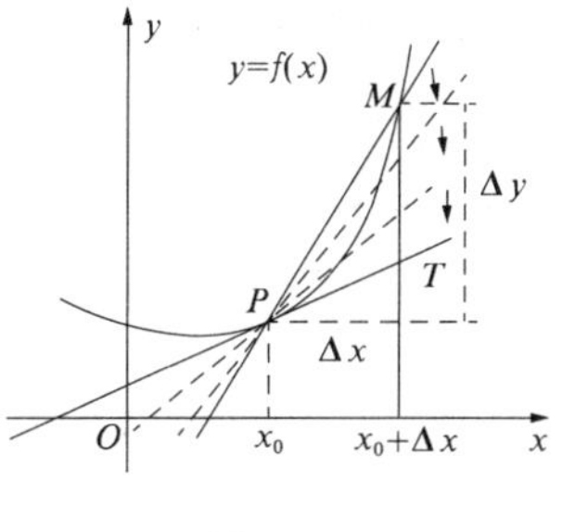

图 2-1

2. 变速直线运动的瞬时速度

对于匀速直线运动来说,我们有速度公式:

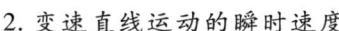

但是在实际问题中,运动往往是非匀速的,因此,上述公式只是表示物体走完某一路程的

平均速度,而没有反映出在任何时刻物体运动的快慢. 要想精确地刻画出物体在运动过程中的这种变化,就需要进一步讨论物体在运动过程中任一时刻的速度,即所谓瞬时速度.

设一物体做变速直线运动,以它的运动直线为数轴,则在物体运动的过程中,对于每一时刻 t,物体的相应位置都可以用数轴上的一个坐标 s 表示,即 s 与 t 之间存在函数关系:$s = s(t)$,这个函数习惯上叫作位置函数. 现在我们来考察该物体在 t_0 时刻的瞬时速度.

设在 t_0 时刻物体的位置为 $s(t_0)$. 当自变量 t 获得增量 Δt 时,物体的位置函数 s 相应地有增量(见图 2-2)

$$\Delta s = s(t_0 + \Delta t) - s(t_0),$$

于是比值

$$\frac{\Delta s}{\Delta t} = \frac{s(t_0 + \Delta t) - s(t_0)}{\Delta t}$$

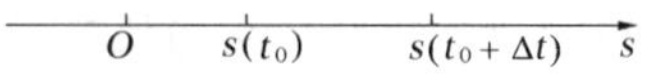

图 2-2

就是物体在 t_0 到 $t_0 + \Delta t$ 这段时间内的平均速度,记作 $\bar{v}$,即

$$\bar{v} = \frac{\Delta s}{\Delta t} = \frac{s(t_0 + \Delta t) - s(t_0)}{\Delta t}.$$

当 $|\Delta t|$ 很小时,其平均速度就可以近似地看作是 t_0 时刻的瞬时速度. 因此,当 $\Delta t \to 0$ 时,$\bar{v}$ 的极限就定义为物体在 t_0 时刻的瞬时速度,即

$$v(t_0) = \lim_{\Delta t \to 0} \bar{v} = \lim_{\Delta t \to 0} \frac{\Delta s}{\Delta t} = \lim_{\Delta t \to 0} \frac{s(t_0 + \Delta t) - s(t_0)}{\Delta t}. \tag{2-2}$$

这就是说,物体运动的瞬时速度是当时间增量趋于零时,位置函数的增量和时间增量之比的极限.

可以看出,式(2-1)与式(2-2)是同一种形式的极限,即当自变量的增量趋向于零时,函数增量与自变量增量之比的极限. 除了这两个问题,科学技术中的许多问题都需要用这种极限来说明,这种极限就叫作导数.

二、导数的定义

> **定义 2.1** 设函数 $y = f(x)$ 在点 x_0 的某邻域内有定义,如果
>
> $$\lim_{\Delta x \to 0} \frac{\Delta y}{\Delta x} = \lim_{\Delta x \to 0} \frac{f(x_0 + \Delta x) - f(x_0)}{\Delta x}$$
>
> 存在,那么称函数 $f(x)$ 在点 x_0 处**可导**,这个极限值叫作 $f(x)$ 在点 x_0 处的**导数**,记作 $f'(x_0)$,即
>
> $$f'(x_0) = \lim_{\Delta x \to 0} \frac{f(x_0 + \Delta x) - f(x_0)}{\Delta x}. \tag{2-3}$$

如果式(2-3)的极限不存在,那么称函数 $f(x)$ 在点 x_0 处**不可导**.

函数 $y = f(x)$ 在点 x_0 处的导数记号还常用 $y'|_{x=x_0}$,$\dfrac{dy}{dx}\Big|_{x=x_0}$,$\dfrac{d}{dx}f(x)\Big|_{x=x_0}$ 等.

$\dfrac{\Delta y}{\Delta x}$ 称为差商或函数的平均变化率,导数 $f'(x_0)$ 也叫作函数 $f(x)$ 在点 x_0 处相对于自变量 x 的**变化率**,即因变量在点 x_0 处的瞬时变化率.

记 $x = x_0 + \Delta x$,则式(2-3)就成为

$$f'(x_0) = \lim_{x \to x_0} \dfrac{f(x) - f(x_0)}{x - x_0}. \tag{2-4}$$

如果函数 $f(x)$ 在区间 (a,b) 内的每一点处都可导,那么就说 $f(x)$ 在 (a,b) 内可导.这时,对 (a,b) 内的每一个 x 值,都有唯一确定的导数值 $f'(x)$ 和它对应,因此,按照这种对应就确定了一个定义在 (a,b) 内的新函数,称为函数 $f(x)$ 的**导函数**,简称**导数**,记作 $f'(x), y', \dfrac{\mathrm{d}y}{\mathrm{d}x}, \dfrac{\mathrm{d}}{\mathrm{d}x}f(x)$ 等.由导数的定义,可知

$$f'(x) = \lim_{\Delta x \to 0} \dfrac{f(x + \Delta x) - f(x)}{\Delta x}. \tag{2-5}$$

注意:(1)我们求函数在点 x_0 处的导数时,其实只要先求其导函数 $f'(x)$,然后将 $x = x_0$ 代入即得该点的导数 $f'(x_0)$;

(2)导数、导函数通常不加区别地统称为导数,具体是导数还是导函数可根据文中意思确定.

由以上讨论可知,沿直线运动的物体,其位置函数 $s(t)$ 关于时间 t 的导数 $s'(t)$ 就是速度函数 $v(t)$,即 $v(t) = s'(t)$.

根据定义求函数 $y = f(x)$ 的导数,可按以下三步进行:

(1)计算增量:$\Delta y = f(x + \Delta x) - f(x)$;

(2)计算差商:$\dfrac{\Delta y}{\Delta x} = \dfrac{f(x + \Delta x) - f(x)}{\Delta x}$;

(3)计算极限:$f'(x) = \lim\limits_{\Delta x \to 0} \dfrac{f(x + \Delta x) - f(x)}{\Delta x}$.

例1 求常值函数 $y = f(x) = C$(C 为常数)的导数.

解 $\Delta y = f(x + \Delta x) - f(x) = C - C = 0, \dfrac{\Delta y}{\Delta x} = 0$,于是 $y' = \lim\limits_{\Delta x \to 0} \dfrac{\Delta y}{\Delta x} = 0$,即

$$(C)' = 0 \ (C \text{ 为常数}).$$

例2 求函数 $y = x^n (n \in \mathbf{N}^+)$ 的导数.

解 $\Delta y = (x + \Delta x)^n - x^n = nx^{n-1}\Delta x + C_n^2 x^{n-2}(\Delta x)^2 + \cdots + (\Delta x)^n$,

$\dfrac{\Delta y}{\Delta x} = nx^{n-1} + C_n^2 x^{n-2}\Delta x + \cdots + (\Delta x)^{n-1}$,

$y' = \lim\limits_{\Delta x \to 0} \dfrac{\Delta y}{\Delta x} = \lim\limits_{\Delta x \to 0}[nx^{n-1} + C_n^2 x^{n-2}\Delta x + \cdots + (\Delta x)^{n-1}] = nx^{n-1}$.

即

$$(x^n)' = nx^{n-1}, \quad n \in \mathbf{N}^+.$$

事实上,当 n 是任意的实常数时,上式都成立,即幂函数的求导公式为

$$(x^\alpha)' = \alpha x^{\alpha - 1}, \quad \alpha \text{ 为实常数}.$$

例如,按此公式可得 $(x)' = 1, (x^2)' = 2x, (x^3)' = 3x^2, \cdots$.

又如，$(\sqrt{x})' = (x^{\frac{1}{2}})' = \frac{1}{2}x^{\frac{1}{2}-1} = \frac{1}{2\sqrt{x}}$，$(\frac{1}{x})' = (x^{-1})' = -x^{-1-1} = -\frac{1}{x^2}$ 等.

例 3 求正弦函数 $y = \sin x$ 的导数.

解
$$y' = \lim_{\Delta x \to 0} \frac{\Delta y}{\Delta x} = \lim_{\Delta x \to 0} \frac{\sin(x+\Delta x) - \sin x}{\Delta x} = \lim_{\Delta x \to 0} \frac{2\cos\left(x+\frac{\Delta x}{2}\right)\sin\frac{\Delta x}{2}}{\Delta x}$$

$$= \lim_{\Delta x \to 0} \cos\left(x+\frac{\Delta x}{2}\right) \cdot \lim_{\Delta x \to 0} \frac{\sin\frac{\Delta x}{2}}{\frac{\Delta x}{2}} = \cos x \cdot 1 = \cos x.$$

即
$$(\sin x)' = \cos x.$$

类似地，可得
$$(\cos x)' = -\sin x.$$

例 4 求对数函数 $y = \log_a x$ 的导数.

解
$$y' = \lim_{\Delta x \to 0} \frac{\Delta y}{\Delta x} = \lim_{\Delta x \to 0} \frac{\log_a(x+\Delta x) - \log_a x}{\Delta x}$$

$$= \lim_{\Delta x \to 0} \frac{\frac{x}{\Delta x} \cdot \log_a\left(1+\frac{\Delta x}{x}\right)}{x} = \lim_{\Delta x \to 0} \frac{1}{x} \log_a\left(1+\frac{\Delta x}{x}\right)^{\frac{x}{\Delta x}}$$

$$= \frac{1}{x} \log_a\left[\lim_{\Delta x \to 0}\left(1+\frac{\Delta x}{x}\right)^{\frac{x}{\Delta x}}\right] = \frac{1}{x}\log_a e = \frac{1}{x\ln a}.$$

即
$$(\log_a x)' = \frac{1}{x\ln a}.$$

把 $a = e$ 代入上式，就得到自然对数函数的求导公式：
$$(\ln x)' = \frac{1}{x}.$$

三、导数的几何意义

根据前面对切线的讨论和导数的定义，即可知道导数的几何意义.

> **导数的几何意义** 设函数 $y = f(x)$，导数 $f'(x_0)$ 就是曲线 $y = f(x)$ 在点 $(x_0, f(x_0))$ 处的切线斜率.

如果函数 $y = f(x)$ 在点 x_0 处可导，那么根据导数的几何意义，可知曲线 $y = f(x)$ 在点 $(x_0, f(x_0))$ 处的切线方程为
$$y - f(x_0) = f'(x_0)(x - x_0),$$
法线方程为
$$y - f(x_0) = -\frac{1}{f'(x_0)}(x - x_0) \quad (f'(x_0) \neq 0).$$

例 5 求曲线 $y = x^2$ 在点 $(1,1)$ 处的切线方程和法线方程.

解 $y' = 2x$，切线的斜率 $k = y'|_{x=1} = 2$，所以切线方程为

$$y - 1 = 2(x - 1), 即 2x - y - 1 = 0.$$

法线方程为

$$y - 1 = -\frac{1}{2}(x - 1), 即 x + 2y - 3 = 0.$$

四、可导与连续的关系

定理 2.1 如果函数 $y = f(x)$ 在点 x_0 处可导,那么 $f(x)$ 在点 x_0 处连续.

这一关系可简述为**可导必连续**.

连续是可导的必要条件,但不是充分条件,即连续不一定可导.下面我们通过例子来说明.

例 6 讨论函数 $y = \sqrt[3]{x}$ 在点 $x = 0$ 处连续但不可导.

解 根据初等函数的连续性,函数 $y = \sqrt[3]{x}$ 在点 $x = 0$ 处连续(见图 2 - 3).

因为 $y' = (\sqrt[3]{x})' = (x^{\frac{1}{3}})' = \frac{1}{3}x^{-\frac{2}{3}} = \frac{1}{3\sqrt[3]{x^2}}$,

所以当 $x = 0$ 时,y' 不存在,即函数 $y = \sqrt[3]{x}$ 在点 $x = 0$ 处不可导.

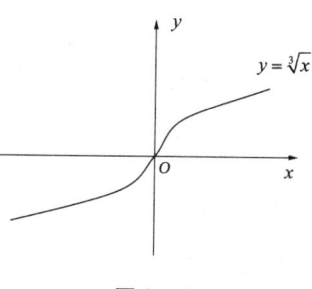

图 2 - 3

函数 $y = |x|$ 在点 $x = 0$ 处也连续但不可导.

习 题 2 - 1

1. 设函数 $f(x) = x^2 + 1$.
   (1) 按导数定义求 $f'(x)$;   (2) 计算 $f'(1)$.

2. 运用幂函数的求导公式求下列函数的导数:
   (1) $y = x^4$;   (2) $y = x^{-3}$;   (3) $y = \sqrt[4]{x^3}$;
   (4) $y = x\sqrt{x}$;   (5) $y = \frac{1}{\sqrt[3]{x}}$;   (6) $y = \frac{x^2}{x\sqrt{x}}$.

3. 求曲线在指定点处的切线方程和法线方程:
   (1) $y = \sqrt{x}, x = 4$;   (2) $y = x^3, 点(1,1)$;
   (3) $y = \ln x, 点(1,0)$;   (4) $y = \cos x, 点(\frac{\pi}{2}, 0)$.

4. 已知曲线 $y = \ln x$ 上点 M 处的切线平行于直线 $2x - y + 3 = 0$,求点 M 的坐标.

§2.2 导数的计算

一、导数的四则运算法则

设函数 $u = u(x)$ 和 $v = v(x)$ 都在点 x 处可导，则由它们的和、差、积、商构成的函数也在点 x 处可导，且有

(1) $(u \pm v)' = u' \pm v'$；
(2) $(u \cdot v)' = u'v + uv'$，特别地，$(C \cdot u)' = Cu'$（C 为常数）；
(3) $\left(\dfrac{u}{v}\right)' = \dfrac{u'v - uv'}{v^2}$（$v \neq 0$），特别地，$\left(\dfrac{C}{v}\right)' = -\dfrac{Cv'}{v^2}$（$C$ 为常数）.

例 1 设函数 $y = \sqrt{x} - \sin x + 1$，求 y'.

解 $$y' = (\sqrt{x})' - (\sin x)' + (1)' = \dfrac{1}{2\sqrt{x}} - \cos x.$$

例 2 设函数 $y = x^2 \cos x$，求 y'.

解 $$y' = (x^2)' \cos x + x^2 (\cos x)' = 2x \cos x - x^2 \sin x.$$

例 3 求 $(\tan x)'$.

解
$$(\tan x)' = \left(\dfrac{\sin x}{\cos x}\right)' = \dfrac{(\sin x)' \cos x - \sin x (\cos x)'}{\cos^2 x}$$
$$= \dfrac{\cos^2 x + \sin^2 x}{\cos^2 x} = \dfrac{1}{\cos^2 x} = \sec^2 x.$$

类似地，可得
$$(\cot x)' = -\csc^2 x.$$

例 4 求 $(\sec x)'$.

解
$$(\sec x)' = \left(\dfrac{1}{\cos x}\right)' = -\dfrac{(\cos x)'}{\cos^2 x} = \dfrac{\sin x}{\cos^2 x} = \sec x \cdot \tan x.$$

类似地，可得
$$(\csc x)' = -\csc x \cdot \cot x.$$

二、复合函数求导法则

在前面，我们利用导数的四则运算法则和一些基本初等函数的导数公式求出了一些较复杂的初等函数的导数. 但是，在初等函数中还有大量的复合函数，下面给出复合函数的求导法则.

> **复合函数求导法则** 如果 $u=\varphi(x)$ 在点 x 处可导,$y=f(u)$ 在对应点 u 处可导,那么复合函数 $y=f[\varphi(x)]$ 在点 x 处可导,且有
> $$\frac{dy}{dx}=\frac{dy}{du}\cdot\frac{du}{dx},\text{也常写成 } y'_x=y'_u\cdot u'_x.$$
> 即 y 对 x 的导数等于 y 对中间变量 u 的导数再乘以中间变量 u 对 x 的导数. 这一法则也称为**链式法则**.

例 5 求函数 $y=\sin\sqrt{x}$ 的导数.

解 $y=\sin\sqrt{x}$ 可以看作是由 $y=\sin u$ 和 $u=\sqrt{x}$ 复合而成的函数,所以
$$\frac{dy}{dx}=\frac{dy}{du}\cdot\frac{du}{dx}=\cos u\cdot\frac{1}{2\sqrt{x}}=\frac{\cos\sqrt{x}}{2\sqrt{x}}.$$

例 6 求函数 $y=(x^2+1)^{50}$ 的导数.

解 $y=(x^2+1)^{50}$ 可以看作是由 $y=u^{50}$ 和 $u=x^2+1$ 复合而成的函数,所以
$$\frac{dy}{dx}=\frac{dy}{du}\cdot\frac{du}{dx}=50u^{49}\cdot 2x=100x(x^2+1)^{49}.$$

当复合函数由两个以上函数复合而成时,例如,由 $y=f(u),u=g(v),v=\varphi(x)$ 复合而成的函数 $y=f[g(\varphi(x))]$,运用两次链式法则就得到
$$\frac{dy}{dx}=\frac{dy}{du}\cdot\frac{du}{dx}=\frac{dy}{du}\cdot\left(\frac{du}{dv}\cdot\frac{dv}{dx}\right)=\frac{dy}{du}\cdot\frac{du}{dv}\cdot\frac{dv}{dx}.$$

例 7 求函数 $y=\ln(\cos 2x)$ 的导数.

解 $y=\ln(\cos 2x)$ 可以看作是由 $y=\ln u,u=\cos v$ 和 $v=2x$ 复合而成的函数,因为
$$\frac{dy}{du}=\frac{1}{u},\quad \frac{du}{dv}=-\sin v,\quad \frac{dv}{dx}=2,$$
所以
$$\frac{dy}{dx}=\frac{dy}{du}\cdot\frac{du}{dv}\cdot\frac{dv}{dx}=\frac{1}{u}\cdot(-\sin v)\cdot 2=-2\frac{\sin 2x}{\cos 2x}=-2\tan 2x.$$

由以上几例可以看出,运用链式法则求复合函数的导数只需两步:先将复合函数分解成若干个简单函数,再把每个简单函数的导数相乘即可.

在对复合函数分解熟练的基础上,求导时可以不写出中间变量,只需将它默记在心里,直接按照链式法则逐步求导. 例如,上面例 5、例 6、例 7 三个例子的运算过程可以写成:

$$(\sin\sqrt{x})'=\cos\sqrt{x}\cdot(\sqrt{x})'=\cos\sqrt{x}\cdot\frac{1}{2\sqrt{x}}=\frac{\cos\sqrt{x}}{2\sqrt{x}};$$
$$[(x^2+1)^{50}]'=50(x^2+1)^{49}\cdot(x^2+1)'=50(x^2+1)^{49}\cdot 2x=100x(x^2+1)^{49};$$
$$[\ln(\cos 2x)]'=\frac{1}{\cos 2x}\cdot(\cos 2x)'=\frac{1}{\cos 2x}\cdot(-\sin 2x)\cdot(2x)'$$
$$=\frac{1}{\cos 2x}\cdot(-\sin 2x)\cdot 2=-2\tan 2x.$$

三、隐函数的求导

在此前求导的函数,因变量 y 都是用关于自变量 x 的表达式来表示的,如 $y=(x^2+1)^{50}$,$y=\ln(\cos 2x)$ 等,这样的函数称为**显函数**.在实际问题中,还常会遇到由一个方程 $F(x,y)=0$ 确定的函数,这样的函数称为**隐函数**,如方程 $x^2+y^2=1$ 和 $2x+y-\sin y=0$.

有些隐函数可以化为显函数.例如,由方程 $x^2+y^2=1$ 容易解出 y,得到两个单值显函数:

$$y=\sqrt{1-x^2} \text{ 和 } y=-\sqrt{1-x^2}.$$

但许多方程是很难或根本不能够把因变量解出来的,例如方程 $y-x-\sin y=0$,就不能解出 y.因此需要讨论怎样直接由方程 $F(x,y)=0$ 来求导数,下面通过例子来说明.

例 8 求由方程 $x^2+y^2=1$ 确定的隐函数的导数 $\dfrac{\mathrm{d}y}{\mathrm{d}x}$.

解 求 $\dfrac{\mathrm{d}y}{\mathrm{d}x}$,这时 x 是自变量,y 是 x 的函数.在方程两边对 x 求导,得

$$2x+2y\cdot y'_x=0,$$

解出 y'_x,得

$$y'_x=\frac{\mathrm{d}y}{\mathrm{d}x}=-\frac{x}{y}.$$

例 9 求由方程 $2x+y-\cos y=0$ 确定的隐函数的导数 y'_x.

解 在方程两边对 x 求导,得

$$2+y'_x+\sin y\cdot y'_x=0,$$

解出 y'_x,得

$$y'_x=-\frac{2}{1+\sin y}.$$

一般地,求隐函数的导数,比如求 y 对 x 的导数 y'_x,这时 x 是自变量,可以直接在方程两边对 x 求导,但要注意 y 是 x 的函数.当遇到 y 的函数 $\varphi(y)$ 时,例如上面例 8 中的 y^2 和例 9 中的 $\cos y$,应将它们看成是以 x 为自变量,y 为中间变量的复合函数,运用链式法则去求 $\varphi(y)$ 对 x 的导数,即

$$\frac{\mathrm{d}}{\mathrm{d}x}\varphi(y)=\frac{\mathrm{d}}{\mathrm{d}y}\varphi(y)\cdot\frac{\mathrm{d}y}{\mathrm{d}x}=\varphi'(y)\cdot y'_x.$$

四、指数函数、反三角函数求导公式

下面来求指数函数和反三角函数的导数.

例 10 求指数函数 $y=a^x$ 的导数.

解 把指数式 $y=a^x$ 写成对数式:$\log_a y=x$.

在上式两边对 x 求导,得

$$\frac{1}{y\ln a}y'_x=1,\quad y'_x=y\ln a=a^x\ln a.$$

这就得到了指数函数 $y=a^x$ 的求导公式:

$$(a^x)' = a^x \ln a.$$

把 $a = e$ 代入上式,即得自然指数函数的求导公式:

$$(e^x)' = e^x.$$

例 11 求反正弦函数 $y = \arcsin x$ 的导数.

解 由 $y = \arcsin x (-1 < x < 1)$ 得

$$\sin y = x \quad \left(-\frac{\pi}{2} < y < \frac{\pi}{2}\right).$$

在上式两边对 x 求导,得

$$(\cos y) \cdot y'_x = 1, \quad y'_x = \frac{1}{\cos y}.$$

因为当 $-\frac{\pi}{2} < y < \frac{\pi}{2}$ 时,$\cos y > 0$,所以 $\cos y = \sqrt{1 - \sin^2 y} = \sqrt{1 - x^2}$,于是

$$y'_x = \frac{1}{\cos y} = \frac{1}{\sqrt{1 - x^2}},$$

即

$$(\arcsin x)' = \frac{1}{\sqrt{1 - x^2}}.$$

类似地,可以得出反余弦函数和反正切函数的导数:

$$(\arccos x)' = -\frac{1}{\sqrt{1 - x^2}}, \quad (\arctan x)' = \frac{1}{1 + x^2}.$$

到目前,已经得到了 15 个基本初等函数的求导公式,它们是求导运算的基本公式,现汇总于表 2 - 1 中,以便于记忆、掌握.

表 2 - 1 基本导数公式

1	$(C)' = 0$ (C 为常数)	2	$(x^\alpha)' = \alpha x^{\alpha - 1}$
3	$(a^x)' = a^x \ln a$	4	$(e^x)' = e^x$
5	$(\log_a x)' = \dfrac{1}{x \ln a}$	6	$(\ln x)' = \dfrac{1}{x}$
7	$(\sin x)' = \cos x$	8	$(\cos x)' = -\sin x$
9	$(\tan x)' = \sec^2 x$	10	$(\cot x)' = -\csc^2 x$
11	$(\sec x)' = \sec x \cdot \tan x$	12	$(\csc x)' = -\csc x \cdot \cot x$
13	$(\arcsin x)' = \dfrac{1}{\sqrt{1 - x^2}}$	14	$(\arccos x)' = -\dfrac{1}{\sqrt{1 - x^2}}$
15	$(\arctan x)' = \dfrac{1}{1 + x^2}$		

例 12 求下列函数的导数:

(1) $y = e^{\frac{1}{x}}$; (2) $y = (\arctan x)^2$; (3) $y = \cos^2(\sqrt{x})$.

解 (1) $y' = (e^{\frac{1}{x}})' = e^{\frac{1}{x}} \cdot \left(\dfrac{1}{x}\right)' = e^{\frac{1}{x}} \cdot \left(-\dfrac{1}{x^2}\right) = -\dfrac{1}{x^2} e^{\frac{1}{x}}.$

(2) $\quad y' = [(\arctan x)^2]' = 2\arctan x \cdot (\arctan x)'$
$\qquad = 2\arctan x \cdot \dfrac{1}{1+x^2} = \dfrac{2\arctan x}{1+x^2}.$

(3) $\quad y' = [\cos^2(\sqrt{x})]' = 2\cos\sqrt{x} \cdot (\cos\sqrt{x})'$
$\qquad = 2\cos\sqrt{x} \cdot (-\sin\sqrt{x}) \cdot (\sqrt{x})'$
$\qquad = -\sin 2\sqrt{x} \cdot \dfrac{1}{2\sqrt{x}}$
$\qquad = -\dfrac{\sin 2\sqrt{x}}{2\sqrt{x}}.$

例 13 设 $x > 0$,证明公式:$(x^\alpha)' = \alpha x^{\alpha-1}$($\alpha$ 为实常数).

证明 $(x^\alpha)' = (e^{\ln x^\alpha})' = (e^{\alpha \ln x})' = e^{\alpha \ln x}(\alpha \ln x)' = x^\alpha \cdot \dfrac{\alpha}{x} = \alpha x^{\alpha-1}.$

习题 2 – 2

1. 求下列函数的导数:

(1) $y = (2x-1)^2$; (2) $y = 3^x - 2e^x + \arcsin x$; (3) $y = 4x^3 - \dfrac{2}{x^2} + 5$;

(4) $y = \dfrac{x^2 - 2\sqrt{x} + 1}{\sqrt{x}}$; (5) $y = \dfrac{1 + \ln x}{x}$; (6) $y = e^x(\sin x + \cos x)$;

(7) $y = \dfrac{x}{1+x^2}$; (8) $y = (1-x^2)\tan x$; (9) $y = x\cos x$.

2. 求下列复合函数的导数:

(1) $y = e^{x^2+1}$; (2) $y = \cot 2x$; (3) $y = \ln\cos x$;

(4) $y = \sqrt{2x+1}$; (5) $y = \cos^3 x$; (6) $y = \sin(x^4)$;

(7) $y = \ln(x-1)$; (8) $y = \sin^2(e^x)$; (9) $y = \arctan 2x$.

3. 求由下列方程确定的隐函数的导数 $\dfrac{dy}{dx}$:

(1) $y^2 = x^3$; (2) $x^2 + y^2 - 3xy = 0$; (3) $\cos y = \sqrt{x}$;

(4) $x^3 - y^3 = \sin x$; (5) $e^y - xy = 0$; (6) $y = \ln(x+y)$.

§2.3 高 阶 导 数

一般地,设函数 $y = f(x)$,若它的导数 $y' = f'(x)$ 仍可导,则把 y' 的导数叫作 $y = f(x)$ 的

二阶导数，记作

$$y'', f''(x), \frac{d^2y}{dx^2} \text{ 或 } \frac{d^2f(x)}{dx^2}.$$

同理，$y=f(x)$ 的二阶导数的导数叫作 $y=f(x)$ 的三阶导数，$y=f(x)$ 的三阶导数的导数叫作 $y=f(x)$ 的四阶导数，……，$y=f(x)$ 的 $n-1$ 阶导数的导数叫作 $y=f(x)$ 的 n 阶导数. $y=f(x)$ 的三阶导数，四阶导数，……，n 阶导数分别记作

$$y''', f'''(x), \frac{d^3y}{dx^3} \text{ 或 } \frac{d^3f(x)}{dx^3};$$

$$y^{(4)}, f^{(4)}(x), \frac{d^4y}{dx^4} \text{ 或 } \frac{d^4f(x)}{dx^4};$$

……

$$y^{(n)}, f^{(n)}(x), \frac{d^ny}{dx^n} \text{ 或 } \frac{d^nf(x)}{dx^n}.$$

二阶及二阶以上的导数统称为**高阶导数**，需要时，也称 $y'=f'(x)$ 为 $y=f(x)$ 的一阶导数.

由以上定义可知，求高阶导数就是多次接连地求导数. 所以，仍可应用前面学过的求导方法来计算高阶导数.

例1 已知函数 $f(x) = e^x + \cos x$，求 $f''(x)$ 和 $f'''(0)$.

解
$$f'(x) = e^x - \sin x,$$
$$f''(x) = e^x - \cos x,$$
$$f'''(x) = e^x + \sin x,$$
$$f'''(0) = e^0 + \sin 0 = 1.$$

例2 设 n 次多项式 $P_n(x) = a_n x^n + a_{n-1} x^{n-1} + \cdots + a_1 x + a_0 (n \in \mathbf{N}^+)$，求 $P_n^{(n)}(x)$ 和 $P_n^{(n+1)}(x)$.

解 $P_n'(x) = n a_n x^{n-1} + (n-1) a_{n-1} x^{n-2} + \cdots + 2 a_2 x + a_1$,

$P_n''(x) = n(n-1) a_n x^{n-2} + (n-1)(n-2) a_{n-1} x^{n-3} + \cdots + 3 \cdot 2 a_3 x + 2 a_2$,

……

$P_n^{(n)}(x) = n(n-1)(n-2) \cdots 3 \cdot 2 \cdot 1 \cdot a_n = n! \, a_n$,

$P_n^{(n+1)}(x) = 0.$

习题 2-3

1. 求下列函数的二阶导数：

(1) $y = ax^2 + bx + c \, (a \neq 0)$；　　(2) $y = x \ln x$；　　(3) $y = \dfrac{e^x}{x}$；

(4) $y = x \sin x$；　　(5) $y = \ln(1 + x^2)$；　　(6) $y = (x^2 + 1) \arctan x$.

2. 求函数在指定点处的二阶导数：

(1) $y=(1+x)^3, x=0$; (2) $y=\sin x, x=\dfrac{\pi}{2}$.

3. 求下列函数的 n 阶导数:
(1) $y=a^x(a>0, a\neq 1)$; (2) $y=e^x$.

4. 设二次函数 $f(x)$ 满足 $f(1)=1, f'(1)=3, f''(1)=4$, 求 $f(x)$.

5. 验证函数 $y=-\dfrac{2}{5}\cos x-\dfrac{4}{5}\sin x$ 满足方程 $y''+2y'-3y=4\sin x$.

§2.4 函数的微分

一、微分的定义

设函数 $y=f(x)$ 在点 x_0 处可导,那么 $\lim\limits_{\Delta x\to 0}\dfrac{\Delta y}{\Delta x}=f'(x_0)$. 因此,当 $|\Delta x|$ 很小时,有 $\dfrac{\Delta y}{\Delta x}\approx f'(x_0)$, 即

$$\Delta y\approx f'(x_0)\Delta x. \qquad (2-6)$$

如图 2-4 所示,上式左端的 Δy 是当 x 从 x_0 变到 $x_0+\Delta x$ 时,曲线 $y=f(x)$ 上点 P 的纵坐标的增量;而右端 $f'(x_0)\Delta x=\tan\alpha\cdot\Delta x=QT$, 这是当 x 从 x_0 变到 $x_0+\Delta x$ 时,曲线在点 $P(x_0,f(x_0))$ 处的切线 PT 的纵坐标的增量. 因此近似式 (2-6) 表明,在微小的局部范围内可用切线近似代替曲线,曲线段截得越短,就越接近直线段.

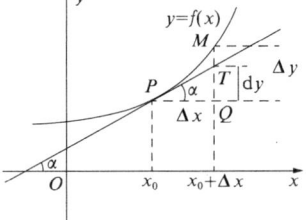

图 2-4

定义 2.2 设函数 $y=f(x)$ 在点 x_0 处可导, Δx 是 x 的任一增量, 则 $f'(x_0)\Delta x$ 叫作函数 $y=f(x)$ 在点 x_0 处的微分,记作 dy,即

$$dy=f'(x_0)\Delta x. \qquad (2-7)$$

例1 求函数 $y=x^2$ 在 $x=2, \Delta x=0.01$ 时的改变量及微分.

解 $\Delta y=(2.01)^2-2^2=0.0401$,

$dy=(x^2)'\Delta x\big|_{\substack{x=2\\ \Delta x=0.01}}=2x\cdot\Delta x\big|_{\substack{x=2\\ \Delta x=0.01}}=2\times 2\times 0.01=0.04$.

规定自变量 x 的增量 Δx 为自变量 x 的微分,记作 dx, 即 $dx=\Delta x$. 因此,式 (2-7) 又可写成

$$dy=f'(x_0)dx. \qquad (2-8)$$

通常把 $y=f(x)$ 在其可导的任意点 x 处的微分
$$dy = f'(x)dx$$
称为函数 $y=f(x)$ 的微分. 上式两边同除以 dx, 得
$$\frac{dy}{dx} = f'(x).$$

由此可知,此前 $\frac{dy}{dx}$ 仅是导数的一种记号,现在它有了新的含义——微分之商,即函数 $y=f(x)$ 的导数就是函数 y 的微分 dy 除以自变量 x 的微分 dx 所得的商. 因此,导数也称为微商.

根据微分的定义,即可知道微分的几何意义.

> **微分的几何意义** 函数 $y=f(x)$ 在点 x_0 处的微分就是曲线 $y=f(x)$ 在点 $(x_0,f(x_0))$ 处切线的纵坐标增量(见图 2-4).

二、微分基本公式与运算法则

因为 $dy=f'(x)dx$,所以利用导数公式和求导法则就可以得出微分公式和微分法则.

1. 基本初等函数的微分公式

(1) $d(C) = 0$(C 为常数); (2) $d(x^\alpha) = \alpha x^{\alpha-1}dx$;

(3) $d(a^x) = a^x \ln a\, dx$; (4) $d(e^x) = e^x dx$;

(5) $d(\log_a x) = \frac{1}{x\ln a}dx$; (6) $d(\ln x) = \frac{1}{x}dx$;

(7) $d(\sin x) = \cos x\, dx$; (8) $d(\cos x) = -\sin x\, dx$;

(9) $d(\tan x) = \sec^2 x\, dx$; (10) $d(\cot x) = -\csc^2 x\, dx$;

(11) $d(\sec x) = \sec x \cdot \tan x\, dx$; (12) $d(\csc x) = -\csc x \cdot \cot x\, dx$;

(13) $d(\arcsin x) = \frac{1}{\sqrt{1-x^2}}dx$; (14) $d(\arccos x) = -\frac{1}{\sqrt{1-x^2}}dx$;

(15) $d(\arctan x) = \frac{1}{1+x^2}dx$.

2. 微分的四则运算法则

(1) $d(u \pm v) = du \pm dv$;

(2) $d(uv) = vdu + udv$, $d(Cu) = Cdu$(C 为常数);

(3) $d\left(\frac{u}{v}\right) = \frac{vdu - udv}{v^2}$.

3. 一阶微分形式的不变性

下面来讨论复合函数的微分.

如果 $y=f(u)$ 可导,u 是自变量,那么根据微分定义,
$$dy = f'(u)du. \tag{2-9}$$

如果 $y=f(u)$ 和 $u=\varphi(x)$ 均可导,那么复合函数 $y=f[\varphi(x)]$ 的微分为

$$dy = y'_x dx = f'(u)\varphi'(x)dx,$$

因为 $du = \varphi'(x)dx$,所以又得

$$dy = f'(u)du.$$

上面的讨论说明,对于函数 $y = f(u)$,不论 u 是自变量还是中间变量,式(2-9)总是成立. 这一特性称为一阶微分形式的不变性. 复合函数的微分可以直接按定义计算,也可以利用一阶微分形式的不变性计算.

例2 设函数 $y = x^2 - 3\cos x$,求 dy.

解一 根据微分的定义 $dy = f'(x)dx$,得

$$dy = y'dx = (x^2 - 3\cos x)'dx = (2x + 3\sin x)dx.$$

解二 利用微分的四则运算法则,得

$$\begin{aligned}dy &= d(x^2 - 3\cos x) = d(x^2) - d(3\cos x) \\ &= d(x^2) - 3d(\cos x) = (2x + 3\sin x)dx.\end{aligned}$$

例3 设函数 $y = \ln(2x-1)$,求 dy.

解一 根据微分的定义 $dy = f'(x)dx$,得

$$dy = y'dx = [\ln(2x-1)]'dx = \frac{1}{2x-1}\cdot(2x-1)'dx = \frac{2}{2x-1}dx.$$

解二 利用一阶微分形式的不变性,得

$$dy = d[\ln(2x-1)] = \frac{1}{2x-1}d(2x-1) = \frac{2}{2x-1}dx.$$

习题 2-4

1. 按给定的 Δx,求函数在指定点处的微分:

   (1) $y = x^3 - 4x + 9$,$x = 1$,$\Delta x = 0.05$; (2) $y = \ln x$,$x = 1$,$\Delta x = -0.01$.

2. 求下列函数的微分:

   (1) $y = x^2 - 3\cos x + 1$; (2) $y = e^{\sin x}$; (3) $y = \ln(x^2)$;

   (4) $y = \dfrac{1}{1+x^2}$; (5) $y = e^x \sin x$; (6) $y = \arctan\sqrt{x}$.

3. 在括号内填入适当的函数,使得等式成立.

   (1) $d(\quad) = 2dx$; (2) $d(\quad) = 3xdx$;

   (3) $d(\quad) = \cos t dt$; (4) $d(\quad) = \sin 4t dt$;

   (5) $d(\quad) = \dfrac{dx}{1+x}$; (6) $d(\quad) = e^{2x}dx$;

   (7) $d(\quad) = \dfrac{dx}{\sqrt{x}}$; (8) $d(\quad) = \sec^2 3x dx$.

复习题 2

1. 选择题:

(1) $f(x)$ 在点 x_0 处可导是 $f(x)$ 在点 x_0 处连续的( )
   A. 必要条件　　　B. 充分条件　　　C. 充要条件　　　D. 无关条件

(2) 设函数 $f(x)$ 在 $x=2$ 处可导,则在 $x=2$ 处有微小增量 Δx 时,函数的增量约为( )
   A. $f'(2)$　　　B. $\lim\limits_{x\to 2}f(x)$　　　C. $f(2+\Delta x)$　　　D. $f'(2)\Delta x$

(3) 下列函数中( )的导数等于 $\dfrac{1}{2}\sin 2x$.
   A. $\dfrac{1}{2}\sin^2 x$　　　B. $\dfrac{1}{2}\cos 2x$　　　C. $\dfrac{1}{2}\sin 2x$　　　D. $\dfrac{1}{2}\cos^2 x$

(4) 若 $f(u)$ 可导,且 $y=f(e^x)$,则有( )
   A. $dy=f'(e^x)dx$
   B. $dy=f'(e^x)e^x dx$
   C. $dy=f(e^x)e^x dx$
   D. $dy=[f(e^x)]'e^x dx$

(5) 已知 $y=\sin x$,则 $y^{(10)}=$ ( )
   A. $\sin x$　　　B. $\cos x$　　　C. $-\sin x$　　　D. $-\cos x$

(6) 设 $y=e^{ax}$,则 $y^{(n)}=$ ( )
   A. ae^{ax}　　　B. $a^n e^{ax}$　　　C. e^{ax}　　　D. $a^2 e^{ax}$

(7) 设 $y=3^{\sin x}$,则 $y'=$ ( )
   A. $3^{\sin x}\ln 3$　　　B. $3^{\sin x}\cdot \ln 3 \cdot \cos x$　　　C. $3^{\sin x}\cos x$　　　D. $3^{\sin x - 1}\sin x$

(8) 设 x 为自变量,当 $x=1$,$\Delta x=0.1$ 时,$d(x^3)=$ ( )
   A. 0.3　　　B. 0　　　C. 0.01　　　D. 0.03

(9) 设函数 $f(x)=x^3-x^2+x+1$,则 $f''(0)=$ ( )
   A. 0　　　B. 1　　　C. 2　　　D. -2

(10) 设函数 $f(x)=\ln\sin x$,则 $f'(x)=$ ( )
   A. $\dfrac{1}{\sin x}$　　　B. $-\cot x$　　　C. $\cot x$　　　D. $\tan x$

2. 填空题:

(1) 过曲线 $y=\dfrac{4+x}{4-x}$ 上点 $(2,3)$ 处的法线的斜率为____.

(2) 已知函数 $f(x)=\sin\dfrac{1}{x}$,则 $f'\left(\dfrac{1}{\pi}\right)=$ ____.

(3) 设函数 $y=f(x)$ 是由方程 $xy-\sin x=0$ 确定的函数,则 $\dfrac{dy}{dx}=$ ____.

(4) $\dfrac{d(\ln x)}{d(\sqrt{x})}=$ ____.

（5）设 $y = \ln\cos x$，则 $y'' = $ ___.

（6）设 $f(x) = \cos(x + \cos x)$，则 $f'(x) = $ ___.

3. 求下列函数的导数：

（1）$y = x^3 - \dfrac{1}{x^3} + e^2$；　　（2）$y = 5x^2 + 3\cos x - \sin x$；　　（3）$y = x\sin 2x$；

（4）$y = \ln(1 - 2x)$；　　（5）$y = \dfrac{1-x}{1+x}$；　　（6）$y = e^{\cos x}$；

（7）$y = \arcsin(x^2)$；　　（8）$y = \sin(\ln\sqrt{x})$；　　（9）$y = \arctan(e^x)$.

4. 求隐函数的导数 $\dfrac{dy}{dx}$：

（1）$y + xe^y = 1$；　　（2）$y^3 + 2y - x^4 = 0$；　　（3）$xy + \ln y = 0$.

5. 求曲线在指定点处的切线方程：

（1）$y = \ln(x^2 - 8)$，点 $(3, 0)$；　　（2）$y = 2\sin x + x^2$，点 $(0, 0)$.

6. 求指定的高阶导数：

（1）$y = \ln x$，y'''；　　　　（2）$y = x^2 e^x$，y''.

7. 已知曲线 $y = 1 + x^2$ 在点 M 处的切线平行于 x 轴，求点 M 的坐标.

第 3 章　导数的应用

上一章介绍了导数和微分的概念及计算方法，这一章我们将介绍导数在研究一元函数的单调性、极值及函数的弹性等方面的应用，并着重介绍极值在经济领域中的应用．

§3.1　函数的单调性

直接用定义判断函数的单调性通常是比较困难的，本节将介绍利用一阶导数判断函数单调性的方法，这种方法简单有效．

从图 3 - 1 可以看出，函数 $y=f(x)$ 的单调增减性在几何上表现为曲线沿 x 轴正方向的上升或下降．

由导数的几何意义可知，函数 $y=f(x)$ 的一阶导数 $f'(x)$ 是函数曲线的切线斜率．在图 3 - 1(a)中，函数 $y=f(x)$ 在区间 (a,b) 内单调增加，它的图像从左向右是上升的，曲线上各点处切线的倾斜角都是锐角，因此切线的斜率大于零，即 $f'(x)>0$；在图 3 - 1(b)中，函数 $y=f(x)$ 在区间 (a,b) 内单调减少，它的图像从左向右是下降的，曲线上各点处切线的倾斜角都是钝角，因此切线的斜率小于零，即 $f'(x)<0$．由此看来，函数的单调性与导数的符号有着密切的关系．下面给出函数单调性的判断定理．

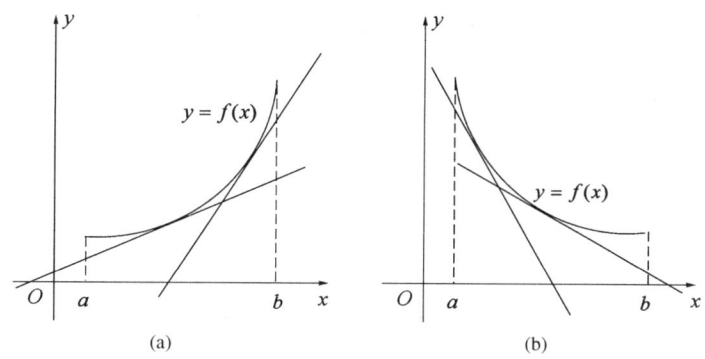

图 3 - 1

定理 3.1 设函数 $y=f(x)$ 在闭区间 $[a,b]$ 上连续,在开区间 (a,b) 内可导.
(1) 如果在 (a,b) 内 $f'(x)>0$,那么函数 $y=f(x)$ 在 (a,b) 内单调增加;
(2) 如果在 (a,b) 内 $f'(x)<0$,那么函数 $y=f(x)$ 在 (a,b) 内单调减少.

如果将定理 3.1 中的闭区间换成其他各种区间(包括无穷区间),那么定理 3.1 的结论仍然成立. 使定理 3.1 的结论成立的区间,就是函数 $y=f(x)$ 的单调区间.

例1 求函数 $f(x)=x^2-2x+2$ 的单调区间.

解 $f(x)$ 的定义域为 $(-\infty,+\infty)$. 如图 3-2 所示, $f(x)$ 有水平切线即导数等于零的点,它是函数单调性的分界点,因而令
$$f'(x)=2x-2=0,$$
得 $x=1$.

用 $x=1$ 把 $f(x)$ 的定义域 $(-\infty,+\infty)$ 分为两个子区间: $(-\infty,1),(1,+\infty)$.

当 $x\in(-\infty,1)$ 时, $f'(x)<0$;
当 $x\in(1,+\infty)$ 时, $f'(x)>0$.

根据定理 3.1 可知,函数 $f(x)$ 的单减区间为 $(-\infty,1)$,单增区间为 $(1,+\infty)$.

例2 确定函数 $f(x)=\sqrt[3]{x^2}$ 的单调性.

解 函数 $f(x)$ 的定义域为 $(-\infty,+\infty)$.

如图 3-3 所示,不可导的点 $x=0$ 是函数单调性的分界点,用 $x=0$ 把定义域分为两个子区间 $(-\infty,0)$ 及 $(0,+\infty)$. 由于
$$f'(x)=\frac{2}{3\sqrt[3]{x}},$$
所以,在 $(-\infty,0)$ 内 $f'(x)<0$,在 $(0,+\infty)$ 内 $f'(x)>0$.

根据定理 3.1 可知,函数 $f(x)=\sqrt[3]{x^2}$ 的单减区间为 $(-\infty,0)$,单增区间为 $(0,+\infty)$.

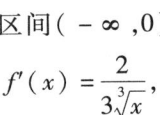

图 3-2

由例1和例2可以看出,函数 $f(x)$ 的单调区间的分界点往往是导数等于零的点或导数不存在的点. 我们把满足 $f'(x)=0$ 的点 x 叫作函数 $f(x)$ 的**驻点**,把函数 $f(x)$ 的定义区间内一阶导数不存在的点和驻点统称为 $f(x)$ 的**临界点**.

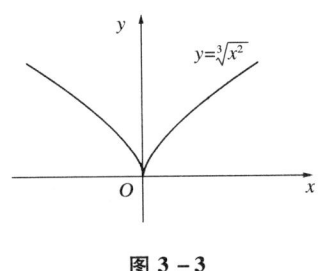

图 3-3

综上所述,在确定连续函数的单调区间时,先确定函数的定义域,再求出函数的临界点,用这些点把函数的定义域划分为若干个区间,然后列表考察导数在各区间上的符号来确定函数的单调性.

例3 求函数 $f(x)=2x^3-9x^2+12x-6$ 的单调区间.

解 函数 $f(x)$ 的定义域为 $(-\infty,+\infty)$.
$$f'(x)=6x^2-18x+12=6(x-1)(x-2).$$
令 $f'(x)=0$,得驻点 $x_1=1,x_2=2$.

以 $x_1=1, x_2=2$ 为分点,将函数的定义域分为三个子区间:$(-\infty,1),(1,2)$, $(2,+\infty)$. 列表考察 $f'(x)$ 在这几个区间内的符号并确定单调性.

x	$(-\infty,1)$	1	$(1,2)$	2	$(2,+\infty)$
$f'(x)$	+	0	−	0	+
$f(x)$	↗		↘		↗

(表中记号"↗"表示函数单调增加,"↘"表示函数单调减少)

从上表可知,函数 $f(x)=2x^3-9x^2+12x-6$ 的单调增加区间为 $(-\infty,1)$ 和 $(2,+\infty)$,单调减少区间为 $(1,2)$,如图 3-4 所示.

说明:若在 (a,b) 内函数 $f(x)$ 的导数 $f'(x)\geq 0$(或 $f'(x)\leq 0$)且等号只在个别点成立,则函数 $f(x)$ 在 (a,b) 内仍是单调增加(或单调减少)的. 若 $f'(x)=0$ 在 (a,b) 内处处成立,则函数 $f(x)$ 在 (a,b) 内既不单调增加又不单调减少,即 $f(x)$ 在 (a,b) 内恒为常数.

例如, $f(x)=x^3$,在 $(-\infty,+\infty)$ 内 $f'(x)=3x^2\geq 0$,仅在 $x=0$ 处 $f'(0)=0$,当 $x\neq 0$ 时均有 $f'(x)=3x^2>0$,因此 $f(x)=x^3$ 在 $(-\infty,+\infty)$ 内单调增加.

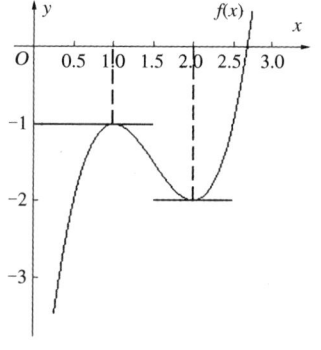

图 3-4

习题 3-1

1. 判断下列函数在指定区间上的单调性:

(1) $f(x)=x^2-2x-1,(-\infty,1)$;
(2) $f(x)=1-x^3,(-\infty,+\infty)$;
(3) $f(x)=x+\cos x,[0,2\pi]$;
(4) $f(x)=\dfrac{\ln x}{x},(0,e]$.

2. 确定下列函数的单调区间:

(1) $y=x-e^x$;
(2) $y=\sqrt[3]{(x+1)^2}$;
(3) $y=3x^2+6x+5$;
(4) $y=2x^3-6x^2-18x-7$;
(5) $y=2x^2-\ln x$;
(6) $y=\dfrac{x^2}{1+x}$.

§3.2 函数的极值与最值

一、函数的极值

观察上节图 3-4 所示的连续函数,当 x 在点 $x_1=1$ 附近从左侧向右侧移动时,曲线 $y=f(x)$ 先上升(函数值增加)后下降(函数值减少),点 $(1,f(1))$ 处在曲线的"峰顶",也就是说,对于以 $x_1=1$ 为中心的某邻域内的任一点 $x(x\neq 1)$,恒有 $f(x)<f(1)$. 同样,当 x 在点 $x_2=2$ 附近从左侧向右侧移动时,曲线 $y=f(x)$ 先下降(函数值减少)后上升(函数值增加),点 $(2,f(2))$ 处在曲线的"谷底",即对于以 $x_2=2$ 为中心的某邻域内的任一点 $x(x\neq 2)$,恒有 $f(x)>f(2)$.

> **定义 3.1** 设函数 $f(x)$ 在点 x_0 的某邻域内有定义. 如果对该邻域内的任意一点 x $(x\neq x_0)$ 恒有 $f(x)<f(x_0)$,那么称 $f(x_0)$ 为函数 $f(x)$ 的**极大值**,称 x_0 为函数 $f(x)$ 的**极大值点**;如果对该邻域内的任意一点 $x(x\neq x_0)$ 恒有 $f(x)>f(x_0)$,那么称 $f(x_0)$ 为函数 $f(x)$ 的**极小值**,称 x_0 为函数 $f(x)$ 的**极小值点**.

函数的极大值与极小值统称为函数的**极值**,极大值点与极小值点统称为**极值点**.

如图 3-5 所示,函数 $y=f(x)$ 有两个极大值 $f(x_1),f(x_4)$,点 x_1,x_4 是 $f(x)$ 的极大值点;函数 $f(x)$ 有两个极小值 $f(x_2),f(x_5)$,点 x_2,x_5 是 $f(x)$ 的极小值点.

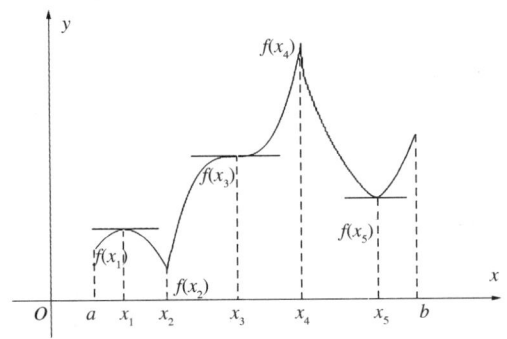

图 3-5

函数的极值是局部性概念. $f(x_0)$ 称为极大值(或极小值)是指在点 x_0 的某邻域内 $f(x_0)$ 最大(或最小),但它并不一定是整个定义域上的最大(或最小)值. 如图 3-5 中,极大值 $f(x_1)$ 就小于极小值 $f(x_5)$.

观察图 3-5 可以看出,函数的极值点通常出现在临界点之中. 在函数可导的前提下极值点都是驻点,即有下面的定理.

定理 3.2（极值的必要条件） 如果点 x_0 是函数 $f(x)$ 的极值点，且 $f'(x_0)$ 存在，那么 $f'(x_0)=0$.

定理 3.2 说明，可导函数的极值点一定是驻点. 反之，驻点不一定是极值点，如图 3-5 中的 x_3. 类似地，极值点有可能是导数不存在的临界点，如图 3-5 中的 x_2,x_4. 但此类临界点也不一定是函数 $f(x)$ 的极值点，如图 3-6 所示，函数 $f(x)=x^{\frac{1}{3}}$ 在 $x=0$ 处导数不存在，$x=0$ 也不是它的极值点.

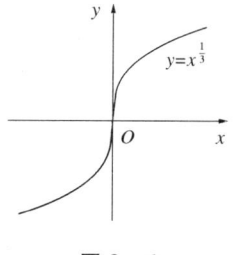

图 3-6

一般地，连续函数的极值点应在临界点中产生，但临界点却不一定是极值点. 那么如何判断临界点是不是极值点呢？下面给出判断极值的一个定理.

定理 3.3（极值的一阶导数判定法） 设函数 $f(x)$ 在点 x_0 的某去心邻域内可导，且在点 x_0 处有 $f'(x_0)=0$ 或 $f'(x_0)$ 不存在.

(1) 如果当 $x<x_0$ 时 $f'(x)>0$，当 $x>x_0$ 时 $f'(x)<0$，那么 x_0 是 $f(x)$ 的极大值点，$f(x_0)$ 是 $f(x)$ 的极大值；

(2) 如果当 $x<x_0$ 时 $f'(x)<0$，当 $x>x_0$ 时 $f'(x)>0$，那么 x_0 是 $f(x)$ 的极小值点，$f(x_0)$ 是 $f(x)$ 的极小值；

(3) 如果在点 x_0 的左右邻域 $f'(x)$ 的符号相同，那么 x_0 不是极值点.

按照这个定理，求连续函数 $f(x)$ 极值的步骤一般如下：

(1) 确定函数 $f(x)$ 的定义域；

(2) 求导数 $f'(x)$；

(3) 求出函数 $f(x)$ 在定义域内的所有临界点；

(4) 用临界点把 $f(x)$ 的定义域划分成若干个区间，考察每个区间内 $f'(x)$ 的符号，然后按照定理 3.3 判断各临界点是否为极值点，并由极值点求出函数的极值.

例 1 求函数 $f(x)=x^3-\dfrac{9}{2}x^2-30x+1$ 的极值.

解 (1) $f(x)$ 的定义域为 $(-\infty,+\infty)$.

(2) $f'(x)=3x^2-9x-30=3(x+2)(x-5)$.

(3) 令 $f'(x)=0$，解得驻点 $x_1=-2,x_2=5$，无导数不存在的点.

(4) 用驻点 $x_1=-2,x_2=5$ 把定义域分成三个子区间 $(-\infty,-2)$，$(-2,5)$，$(5,+\infty)$. 列表考察 $f'(x)$ 的符号，判定极值.

x	$(-\infty,-2)$	-2	$(-2,5)$	5	$(5,+\infty)$
$f'(x)$	+	0	-	0	+
$f(x)$	↗	极大值 35	↘	极小值 -136.5	↗

由上表可知，函数 $f(x)$ 有极大值 $f(-2)=35$，极小值 $f(5)=-136.5$.

例 2 求函数 $f(x)=\sqrt[3]{x^2}(x-5)$ 的极值.

解 （1）$f(x)$ 的定义域为 $(-\infty, +\infty)$.

（2）$f'(x) = \dfrac{2}{3}x^{-\frac{1}{3}}(x-5) + x^{\frac{2}{3}} = \dfrac{5(x-2)}{3\sqrt[3]{x}}$.

（3）令 $f'(x) = 0$，解得驻点 $x = 2$；又当 $x = 0$ 时，$f'(x)$ 不存在.

（4）列表考察 $f'(x)$ 的符号，判定极值.

x	$(-\infty, 0)$	0	$(0, 2)$	2	$(2, +\infty)$
$f'(x)$	+	不存在	−	0	+
$f(x)$	↗	极大值 0	↘	极小值 $-3\sqrt[3]{4}$	↗

由上表可知，函数 $f(x)$ 有极大值 $f(0) = 0$，极小值 $f(2) = -3\sqrt[3]{4}$.

当函数在驻点处的二阶导数存在且不为零时，也可以利用下面的定理来判定函数在驻点处取得极大值还是极小值.

定理 3.4（极值的二阶导数判定法） 设函数 $f(x)$ 在点 x_0 处具有二阶导数，且 $f'(x_0) = 0$，$f''(x_0) \neq 0$.

（1）如果 $f''(x_0) < 0$，那么函数 $f(x)$ 在 x_0 处取得极大值；

（2）如果 $f''(x_0) > 0$，那么函数 $f(x)$ 在 x_0 处取得极小值.

说明：此定理虽然比定理 3.3 的适用范围要小，但对某些题目来讲，应用此定理可以使题目的解答更简捷. 当遇到不符合定理 3.4 条件的问题时，我们可用定理 3.3 去判定.

例 3 求函数 $f(x) = x^3 - 3x^2 + 1$ 的极值.

解
$$f'(x) = 3x^2 - 6x = 3x(x-2),$$
$$f''(x) = 6x - 6 = 6(x-1).$$

令 $f'(x) = 0$，得驻点 $x_1 = 0, x_2 = 2$.

因为 $f''(0) = -6 < 0$，所以 $f(x)$ 在 $x = 0$ 处取得极大值 $f(0) = 1$；

因为 $f''(2) = 6 > 0$，所以 $f(x)$ 在 $x = 2$ 处取得极小值 $f(2) = -3$.

二、函数的最值

在日常生活和经济活动中，经常遇到在一定条件下如何使"用料最省""利润最大""成本最低"等问题，有时，这些问题可归结为求函数的最大值或最小值问题.

根据连续函数的最值性质，闭区间 $[a, b]$ 上的连续函数 $f(x)$ 一定有最大值和最小值. 这时 $f(x)$ 的最大值和最小值只能在极值点或端点处取得. 由于极值点都是临界点，因此只要求出 $f(x)$ 在 (a, b) 内的所有临界点和端点处的函数值，然后比较大小，其中最大者就是 $f(x)$ 在 $[a, b]$ 上的最大值，最小者就是 $f(x)$ 在 $[a, b]$ 上的最小值.

求连续函数 $f(x)$ 在闭区间 $[a, b]$ 上最大值和最小值的一般步骤如下：

（1）求导数 $f'(x)$；

（2）求出 $f(x)$ 在区间 (a, b) 内的所有临界点；

(3)求出 $f(x)$ 在各临界点和区间端点处的函数值;

(4)比较上述函数值的大小,其中最大者就是函数 $f(x)$ 在 $[a,b]$ 上的最大值,最小者就是函数 $f(x)$ 在 $[a,b]$ 上的最小值.

例 4 求函数 $f(x)=x^4-2x^2+5$ 在区间 $[-2,3]$ 上的最大值和最小值.

解 (1) $f'(x)=4x^3-4x=4x(x+1)(x-1)$.

(2)令 $f'(x)=0$,解得驻点 $x_1=-1, x_2=0, x_3=1$.

(3)计算得 $f(0)=5, f(-1)=f(1)=4, f(-2)=13, f(3)=68$.

(4)比较各值,可得函数 $f(x)$ 在区间 $[-2,3]$ 上的最大值是 $f(3)=68$,最小值是 $f(-1)=f(1)=4$.

对于以下两种特殊情形,可采用简单方法求最值.

(1)若 $f(x)$ 在 $[a,b]$ 上单调增加,则 $f(a)$ 是 $f(x)$ 在 $[a,b]$ 上的最小值,$f(b)$ 是 $f(x)$ 在 $[a,b]$ 上的最大值;若 $f(x)$ 在 $[a,b]$ 上单调减少,则 $f(a)$ 是 $f(x)$ 在 $[a,b]$ 上的最大值,$f(b)$ 是 $f(x)$ 在 $[a,b]$ 上的最小值.

(2)若连续函数 $f(x)$ 在区间 (a,b) 内有且仅有一个极大值,而没有极小值,则此极大值就是 $f(x)$ 在区间 (a,b) 内的最大值(见图 3-7);同样,若连续函数 $f(x)$ 在区间 (a,b) 内有且仅有一个极小值,而没有极大值,则此极小值就是 $f(x)$ 在区间 (a,b) 内的最小值(见图 3-8).

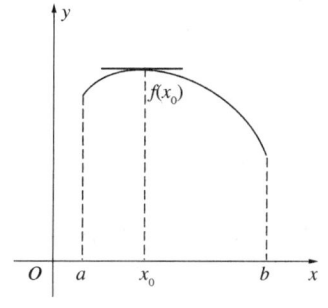

图 3-7

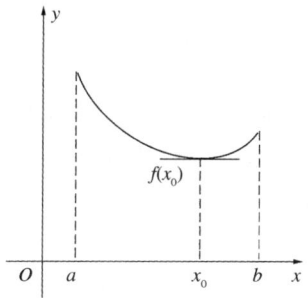

图 3-8

在实际问题中,如果 $f(x)$ 在 (a,b) 内只有一个驻点 x_0,而且从实际问题本身又可知 $f(x)$ 在 (a,b) 内必定有最大值或最小值,那么 $f(x_0)$ 就是所要求的最大值或最小值.

例 5 有一长为 8 cm,宽为 5 cm 的矩形铁片,在其四角截去相同大小的正方形,然后将四边折起做成一个无盖的方盒.问:截掉的小正方形边长为多少时,所得方盒的容积最大?此时容积是多少?

解 如图 3-9 所示,设截去的小正方形的边长为 x $\left(0<x<\dfrac{5}{2}\right)$,则盒底的长为 $8-2x$,宽为 $5-2x$,那么方盒的体积为

$$V=(8-2x)(5-2x)\cdot x=4x^3-26x^2+40x,$$
$$V'=12x^2-52x+40=4(3x-10)(x-1).$$

令 $V'=0$,得驻点 $x_1=1, x_2=\dfrac{10}{3}\left(\text{因}\ x=\dfrac{10}{3}\notin\left(0,\dfrac{5}{2}\right)\right.$,故

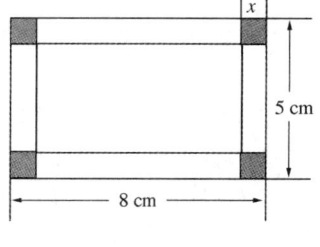

图 3-9

舍去).

因为在 $(0, \frac{5}{2})$ 内函数只有一个驻点,而方盒的最大容积必然存在,所以当截掉的小正方形边长为 1 cm 时,方盒的容积最大,此时容积为 18 cm³.

习题 3–2

1. 求下列函数的极值:
   (1) $f(x) = 2x^2 - 8x + 3$;
   (2) $f(x) = x^4 - 4x^3 - 8x^2 + 1$;
   (3) $f(x) = 3x^{\frac{2}{3}} - x$;
   (4) $f(x) = x^2 e^{-x}$;
   (5) $f(x) = x - \ln(x+1)$;
   (6) $f(x) = (x-1)^2 (x+1)^3$.

2. 利用二阶导数,求下列函数的极值:
   (1) $f(x) = 2x^3 - 6x^2 - 18x - 7$;
   (2) $f(x) = 2x - \ln(4x)^2$.

3. 求下列函数在给定区间上的最大值和最小值:
   (1) $f(x) = x^3 - 3x^2$, $[-1, 4]$;
   (2) $f(x) = xe^x$, $[0, 1]$;
   (3) $f(x) = \ln(x^2 + 1)$, $[-1, 2]$;
   (4) $f(x) = \frac{x^2}{1+x}$, $[-\frac{1}{2}, 1]$.

4. 求 200 m 长的篱笆所围成的面积最大的矩形尺寸.

5. 要制作一个上部为半圆形、下部为矩形的门,其面积为 5 m². 问:门宽为多少时才能使门边的周长最小?

6. 制造一个容积为 V 的无盖圆柱形容器,问:如何设计可使所用材料最省?

§3.3 导数在经济分析中的应用

导数是微积分学中的一个重要概念,它在经济学的边际问题和弹性问题中都有广泛应用. 下面将介绍导数在这两方面的应用.

一、边际函数

在经济学中,习惯上用平均和边际这两个概念来描述一个经济变量 y 对于另一个经济变量 x 的变化. 平均概念表示 y 在自变量 x 的某一个范围内的平均值. 显然,平均值随 x 的范围不同而不同. 边际概念表示当 x 的改变量 Δx 趋于 0 时,y 的改变量 Δy 与 Δx 的比值 $\frac{\Delta y}{\Delta x}$ 的变化,即当 x 在某一给定值附近有微小变化时 y 的瞬时变化.

1. 边际成本

设生产 q 单位某种产品时所需要的总成本的函数为 $C = C(q)$，则当产量 q 有一个改变量 Δq 时，总成本函数 $C(q)$ 有一个相应的改变量 $\Delta C = C(q + \Delta q) - C(q)$. 那么，总成本函数 $C(q)$ 的**平均变化率**为

$$\frac{\Delta C}{\Delta q} = \frac{C(q + \Delta q) - C(q)}{\Delta q}.$$

它表示产量由 q 变化到 $q + \Delta q$ 时的平均成本.

当总成本函数 $C(q)$ 可导时，其**边际成本**定义为

$$\lim_{\Delta q \to 0} \frac{\Delta C}{\Delta q} = \lim_{\Delta q \to 0} \frac{C(q + \Delta q) - C(q)}{\Delta q} = C'(q).$$

即边际成本是总成本函数 $C(q)$ 关于产量 q 的导数，其经济含义是当产量为 q 时，再生产一个单位产量（即 $\Delta q = 1$）所增加的总成本 $\Delta C(q)$. 边际成本有时用 MC 表示，即 $MC = C'(q)$.

例1 一企业某产品的日产能力为 500 台，每日生产产品的总成本 C（单位：千元）是日产量 q（单位：台）的函数：

$$C(q) = 400 + 2q + 5\sqrt{q}, \quad q \in [0, 500].$$

求：（1）当产量为 400 台时的总成本；
（2）当产量为 400 台时的平均成本；
（3）当产量由 400 台增加到 441 台时总成本的平均变化率；
（4）当产量为 400 台时的边际成本.

解 总成本函数为

$$C(q) = 400 + 2q + 5\sqrt{q}, \quad q \in [0, 500].$$

（1）当产量为 400 台时，总成本为

$$C(400) = 400 + 2 \times 400 + 5\sqrt{400} = 1300(\text{千元}).$$

（2）当产量为 400 台时，平均成本为

$$\overline{C}(400) = \frac{C(400)}{400} = \frac{1300}{400} = 3.25(\text{千元/台}).$$

（3）当产量由 400 台增加到 441 台时，总成本的平均变化率为

$$\frac{\Delta C}{\Delta q} = \frac{C(441) - C(400)}{441 - 400} = \frac{1387 - 1300}{41} \approx 2.122(\text{千元/台}).$$

（4）当产量为 400 台时，边际成本为

$$C'(q) = (400 + 2q + 5\sqrt{q})' = 2 + \frac{5}{2\sqrt{q}},$$

$$C'(400) = 2 + \frac{5}{2\sqrt{400}} = 2.125(\text{千元/台}).$$

上式中，$C'(400) = 2.125$ 千元/台表示：当产量为 400 台时，再多生产 1 台，总成本将增加 2.125 千元.

2. 边际收入

设销售 q 单位某产品时的总收入函数为 $R = R(q)$，则当销售量 q 有一个改变量 Δq 时，总收入函数 $R(q)$ 有一个相应的改变量 $\Delta R = R(q + \Delta q) - R(q)$. 那么，总收入函数 $R(q)$ 的**平均变化率**为

$$\frac{\Delta R}{\Delta q} = \frac{R(q + \Delta q) - R(q)}{\Delta q}.$$

当总收入函数 $R(q)$ 可导时，其**边际收入**定义为

$$\lim_{\Delta q \to 0} \frac{\Delta R}{\Delta q} = \lim_{\Delta q \to 0} \frac{R(q + \Delta q) - R(q)}{\Delta q} = R'(q).$$

即边际收入是总收入函数 $R(q)$ 关于销售量 q 的导数. 边际收入有时用 MR 表示，即 $MR = R'(q)$.

例 2 设某种家具的需求函数为 $q = 1200 - 3p$，其中 p 为家具的销售价格（单位：元），q 为需求量（单位：件）. 求销售该家具的边际收入函数，以及当销售量 $q = 450,600$ 和 750 件时的边际收入.

解 由需求函数 $q = 1200 - 3p$ 得价格函数 $p = \frac{1}{3}(1200 - q)$. 总收入函数为

$$R(q) = pq = \frac{1}{3}(1200 - q) \cdot q = 400q - \frac{1}{3}q^2,$$

故边际收入函数为

$$R'(q) = \left(400q - \frac{1}{3}q^2\right)' = 400 - \frac{2}{3}q.$$

从而

$$R'(450) = 400 - \frac{2}{3} \times 450 = 100（元/件），$$

$$R'(600) = 400 - \frac{2}{3} \times 600 = 0（元/件），$$

$$R'(750) = 400 - \frac{2}{3} \times 750 = -100（元/件）.$$

由例 2 可知：$R'(450) = 100 > 0$，说明当家具的销售量为 450 件时，再多销售一件总收入将增加 100 元；$R'(600) = 0$，说明当销售量为 600 件时总收入达到最大值，再多销售一件总收入将不会增加；$R'(750) < 0$，说明当销售量为 750 件时，再多销售一件总收入将减少 100 元.

说明：在需求规律中，需求量是价格 p 的函数，当需求函数转化为价格函数之后，需求量便转化为销售量. 在收入函数、利润函数的讨论中，往往视产量、销售量及需求量为一个量，都用 q 表示.

3. 边际利润

设销售 q 单位某产品时的利润函数为 $L = L(q)$，则当 $L(q)$ 可导时，称 $L'(q)$ 是当销售量为 q 单位时的**边际利润**.

因为

$$L(q) = R(q) - C(q),$$

所以 $$L'(q) = R'(q) - C'(q).$$
因此,边际利润 $L'(q)$ 等于边际收入 $R'(q)$ 减去边际成本 $C'(q)$. 边际利润有时用 ML 表示,即 $ML = L'(q)$.

例 3 某煤炭公司每天生产 q 吨煤的总成本函数为
$$C(q) = 2000 + 450q + 0.02q^2,$$
如果每吨煤的销售价为 490 元,求:

(1) 利润函数 $L(q)$ 及边际利润函数 $L'(q)$;

(2) 边际利润为 0 时的产量.

解 (1) 因为总收入函数 $R(q) = pq = 490q$,所以利润函数为
$$\begin{aligned}L(q) &= R(q) - C(q) = 490q - (2000 + 450q + 0.02q^2)\\ &= -0.02q^2 + 40q - 2000,\end{aligned}$$
边际利润函数为 $$L'(q) = -0.04q + 40.$$

(2) 当边际利润为 0 时,即 $L'(q) = -0.04q + 40 = 0$,可得 $q = 1000$,即边际利润为 0 时的产量为 1000 吨.

二、函数的弹性

1. 弹性的概念

对于函数 $y = f(x)$,在数学上有两种改变量,一种是绝对改变量 Δy 和 Δx,另一种是相对改变量 $\dfrac{\Delta y}{y}$ 和 $\dfrac{\Delta x}{x}$. 例如,函数 $y = x^2$ 当 x 由 10 变到 11 时,y 由 100 变到 121,此时自变量与因变量的绝对改变量分别为 $\Delta x = 1, \Delta y = 21$,而它们的相对改变量分别为
$$\frac{\Delta x}{x} = \frac{1}{10} = 10\%, \quad \frac{\Delta y}{y} = \frac{21}{100} = 21\%.$$
这表明,自变量 x 由 10 变到 11 的相对变动为 10% 时,因变量 y 由 100 变到 121 的相对变动为 21%. 这时两相对改变量的比为
$$\frac{\Delta y/y}{\Delta x/x} = \frac{21}{10} = 2.1.$$
这表明自变量 x 在区间 $(10,11)$ 内,从 $x = 10$ 起,当 x 改变 1% 时,y 平均改变 2.1%,我们称它为从 $x = 10$ 到 $x = 11$,函数 $y = x^2$ 的平均相对变化率,也称为平均意义下函数 $y = x^2$ 的弹性.

定义 3.2 设函数 $y = f(x)$ 在点 x 处可导,给 x 一个改变量 Δx,相应地有 y 的改变量 Δy,称 $\dfrac{\Delta y/y}{\Delta x/x}$ 为函数 $y = f(x)$ 在区间 $[x, x + \Delta x]$ 上的弹性,称 $\lim\limits_{\Delta x \to 0} \dfrac{\Delta y/y}{\Delta x/x}$ 为函数 $y = f(x)$ 在点 x 处的**弹性**,记作 $E_x = \lim\limits_{\Delta x \to 0} \dfrac{\Delta y/y}{\Delta x/x} = x \dfrac{y'}{y}$.

由于函数的弹性 E_x 是就自变量 x 与因变量 y 的相对变化而定义的,它表示函数 $y = f(x)$ 在点 x 处的**相对变化率**,因此它与任何度量单位无关.

函数 $y=f(x)$ 在点 x_0 处的弹性 $E_x|_{x=x_0}$ 反映了随 x 的变化 $f(x)$ 变化幅度的大小，也就是说函数 $f(x)$ 对自变量 x 变化反应的强烈程度或灵敏度，即当 x 在点 x_0 处产生 1% 的改变时，$f(x)$ 近似地改变 $E_x|_{x=x_0}$%。在应用问题中解释弹性的具体意义时经常略去"近似"二字。

例 4 求函数 $y=3x+1$ 在 $x=1$ 处的弹性，并解释其意义。

解 由 $y'=3$ 知，函数 $y=3x+1$ 的弹性函数为
$$E_x = x\frac{y'}{y} = \frac{3x}{3x+1},$$
$$E_x|_{x=1} = \frac{3x}{3x+1}\bigg|_{x=1} = \frac{3}{4} = 0.75.$$

这表明当自变量在 $x=1$ 处增加（或减少）1% 时，函数近似地增加（或减少）0.75%。

2. 需求弹性

在市场经济中，经常要分析一个经济量对另一个经济量相对变化的灵敏程度，这就是经济量的弹性。一般来说，商品的需求量对市场价格的反应是很灵敏的，刻画当商品价格变动时需求量变动的强弱程度的量就是需求弹性。

设某商品的需求函数为 $q=q(p)$，其中 q 为需求量，p 为价格，则由函数的弹性定义，称

$$E_p = p\frac{q'(p)}{q(p)}$$

为该商品的**需求价格弹性**，简称**需求弹性**。

因为需求函数为价格的减函数，即需求弹性 E_p 一般为负值，所以其经济含义为当某种商品的价格下降（或上升）1% 时，其需求量将增加（或减少）$|E_p|$%。

例 5 设某商品的需求函数为 $q(p)=52-2p$，试求：

（1）弹性函数；

（2）$p=6,13,16$ 时的需求弹性，并说明其经济意义。

解 （1）弹性函数为
$$E_p = p\frac{(52-2p)'}{52-2p} = p\frac{-2}{52-2p} = -\frac{p}{26-p}.$$

（2）
$$E_p|_{p=6} = -\frac{6}{26-6} = -\frac{6}{20} = -0.3,$$
$$E_p|_{p=13} = -\frac{13}{26-13} = -1,$$
$$E_p|_{p=16} = -\frac{16}{26-16} = -\frac{16}{10} = -1.6.$$

$E_p|_{p=6} = -0.3$（即 $|E_p|<1$）说明当 $p=6$ 时，价格上涨 1%，需求量减少 0.3%，需求量变动的幅度小于价格变动的幅度；

$E_p|_{p=13} = -1$（即 $|E_p|=1$）说明当 $p=13$ 时，价格上涨 1%，需求量也减少 1%，需求量变动的幅度与价格变动的幅度是一样的；

$E_p|_{p=16} = -1.6$(即$|E_p|>1$)说明当 $p=16$ 时,价格上涨 1%,需求量减少 1.6%,需求量变动的幅度大于价格变动的幅度.

对以上三个弹性值进行分析,可以得出下列结论:

(1) **单位弹性**:$E_p = -1$(即$|E_p|=1$)时称为单位弹性,即商品需求量的相对变化与价格的相对变化基本相等.

(2) **富有弹性**:$E_p < -1$(即$|E_p|>1$)时称为富有弹性,即商品需求量的相对变化大于价格的相对变化,此时价格的变化对需求量的影响较大.

(3) **缺乏弹性**:$-1 < E_p < 0$(即$|E_p|<1$)时称为缺乏弹性,即商品需求量的相对变化小于价格的相对变化,此时价格的变化对需求量的影响较小.

以上分析表明:在经济活动中,若需求富有弹性($E_p < -1$),则企业可采取降价措施,能达到薄利多销的目的,进而增加收入;若需求缺乏弹性($-1 < E_p < 0$),则企业可适当提高商品的价格,此时不会因销量减少而影响企业的收入.因此,商品的需求弹性对于进行市场分析、制定或改变商品的价格很有参考价值.

三、经济中常用函数的最值

1. 平均成本最低问题

例6 某工厂生产某种产品的成本函数为 $C(q) = 1000 + 4q + 0.001q^2$(元),其中 q 为产量(单位:件),问:生产多少件产品可使平均成本达到最低?此时的平均成本和边际成本分别是多少?

解 平均成本函数为

$$\overline{C}(q) = \frac{C(q)}{q} = \frac{1000 + 4q + 0.001q^2}{q} = \frac{1000}{q} + 4 + 0.001q,$$

$$\overline{C}'(q) = 0.001 - \frac{1000}{q^2}.$$

令 $\overline{C}'(q) = 0$,得 $q = 1000$,$q = -1000$(舍去).

因为 $\overline{C}''(q) = \frac{2000}{q^3}$,而 $\overline{C}''(1000) = \frac{2000}{1000^3} > 0$,所以 $q = 1000$ 是极小值点.由于它是唯一极小值点,因此也是最小值点,即生产 1000 件产品可使平均成本达到最低,最低平均成本为

$$\overline{C}(1000) = \left(\frac{1000}{q} + 4 + 0.001q\right)\bigg|_{q=1000} = 6(元/件).$$

由于边际成本 $C'(q) = 4 + 0.002q$,因此当 $q = 1000$ 件时边际成本为 $C'(1000) = 6$(元/件).

由例6可知,最小平均成本等于其相应的边际成本.

一般而言,如果 $\overline{C}(q) = \frac{C(q)}{q}$ 可导,那么由

$$\overline{C}'(q) = \frac{qC'(q) - C(q)}{q^2} = \frac{1}{q}(C'(q) - \overline{C}(q)) = 0$$

可知,当 $\overline{C}(q)$ 在 q_0 处取得极小值时有 $C'(q_0) = \overline{C}(q_0)$,即对于成本函数,最小平均成本

等于其相应的边际成本.

2. 最大收入问题

例 7 某商品的价格 p(单位:元)与需求量 q(单位:台)之间的关系是 $5p+q-50=0$. 求:

(1) 总收入函数 $R(q)$;

(2) q 为多少时总收入最大?

解 (1) 由需求规律 $5p+q-50=0$ 得,价格函数为

$$p = 10 - \frac{q}{5},$$

于是总收入函数为

$$R(q) = qp = q\left(10 - \frac{q}{5}\right) = 10q - \frac{q^2}{5}.$$

(2) $$R'(q) = 10 - \frac{2}{5}q,$$

令 $R'(q)=0$,得唯一驻点 $q=25$.

因为 $R''(q) = -\frac{2}{5}, R''(25) = -\frac{2}{5} < 0$,所以 $q=25$ 为 $R(q)$ 的极大值点. 由于驻点唯一,因此它也是最大值点. 故当 $q=25$ 台时总收入最大.

3. 最大利润问题

例 8 已知生产某电脑的总成本函数为

$$C(q) = 2200q + 80000000(\text{元}).$$

通过市场调查,可以预计这种电脑的年需求量为 $q = 310000 - 50p$,其中 p 是电脑售价(单位:元/台),q 是需求量(单位:台). 试求:

(1) 利润函数;

(2) 产量为多少时利润最大?

(3) 获得最大利润时的价格及需求弹性,并分析其经济意义.

解 (1) 由需求量 $q = 310000 - 50p$ 解得 $p = 6200 - 0.02q$. 因此销售量为 q 时总收入函数为

$$R(q) = pq = 6200q - 0.02q^2,$$

利润函数为

$$\begin{aligned}L(q) &= R(q) - C(q)\\ &= 6200q - 0.02q^2 - (2200q + 80000000)\\ &= -0.02q^2 + 4000q - 80000000.\end{aligned}$$

(2) $$L'(q) = 4000 - 0.04q,$$

令 $L'(q)=0$,得驻点 $q=100000$.

因为 $L''(q) = -0.04, L''(100000) = -0.04 < 0$,所以 $q=100000$ 为极大值点,由于驻点唯一,因此它也是最大值点. 故产量为 100000 台时利润最大.

(3) 当 $q=100000$ 时,电脑的销售价格为

$$p = 6200 - 2000 = 4200(\text{元}/\text{台}),$$

即利润最大时每台电脑售价为 4200 元.

又因需求函数为 $q = 310000 - 50p$, $q'(p) = -50$, 需求弹性为

$$E_p = p\frac{q'(p)}{q(p)} = \frac{-50p}{310000 - 50p},$$

所以, $p = 4200$ 时的需求弹性为

$$E_p\big|_{p=4200} = \frac{-50 \times 4200}{310000 - 50 \times 4200} = -2.1,$$

即当电脑售价为每台 4200 元时, 其需求弹性为富有弹性, 此时价格降低 1%, 需求量将增加 2.1%. 由此可知适当降价不仅能增加销售量, 扩大该企业的电脑在销售市场上占有的份额, 同时也能减少产品的库存积压, 降低库存成本, 增加销售总收入, 给企业带来经济效益.

4. 库存问题

例 9 某商场一年销售电冰箱 4000 台, 分期分批进货, 均匀投放市场 (即平均库存量等于批量的一半). 若每台电冰箱的年储存费为 50 元, 每批进货的手续费为 160 元, 求使库存总费用 (即储存费与进货手续费之和) 最小的批量及最小费用. 问: 一年应分几批进货? 大约每隔多少天进货一次? (一年按 365 天计算)

解 设每批进货 x 台, 那么全年的储存费为 $50 \times \frac{x}{2}$, 进货费用为 $160 \times \frac{4000}{x}$. 于是库存总费用为

$$E(x) = 50 \times \frac{x}{2} + 160 \times \frac{4000}{x} = 25x + \frac{640000}{x},$$

$$E'(x) = 25 - \frac{640000}{x^2}.$$

令 $E'(x) = 0$, 得 $x_1 = 160$, $x_2 = -160$ (舍去).

因为 $E''(x) = \frac{1280000}{x^3}$, $E''(160) = \frac{1280000}{160^3} > 0$, 所以 $x = 160$ 是极小值点. 由于极小值点唯一, 因此它也是最小值点, 即每批进货 160 台时, 全年储存费与进货手续费之和最小. 最小费用为

$$E(160) = 25 \times 160 + \frac{640000}{160} = 8000 (元),$$

一年分 $\frac{4000}{160} = 25$ 批进货, 大约每隔 14 天 $\left(\frac{365}{25} = 14.6\right)$ 进货一次.

习 题 3-3

1. 已知某商品的总成本函数为

$$C(q) = 0.001q^3 - 0.3q^2 + 40q + 1000,$$

求: (1) 当 $q = 10$ 时的总成本和平均成本;

（2）从 $q=10$ 到 $q=50$ 总成本的平均变化率；

（3）当 $q=50$ 时的边际成本并解释其经济意义．

2. 某种产品的收入 R（单位：元）是产量 q（单位：kg）的函数：
$$R(q) = 800q - \frac{q^2}{4} \quad (q \geq 0).$$

求：（1）生产 200 kg 该产品时的总收入；

（2）生产 200 kg 到 300 kg 该产品时总收入的平均变化率；

（3）生产 200 kg 该产品时的边际收入．

3. 设某产品的需求函数和总成本函数分别为
$$p + 0.1q = 80, \quad C(q) = 5000 + 20q,$$

其中 q 为销售量，p 为价格．求边际利润函数，并计算 $q=150$ 和 $q=400$ 时的边际利润，解释其经济意义．

4. 某商品的需求量 q 与价格 p 之间的关系式为 $q = \frac{1-p}{p}$，求：

（1）需求弹性 E_p；

（2）$p=0.5$ 时的需求弹性．

5. 某商品的需求量 q 为价格 p 的函数 $q = 150 - 2p^2$，求 $p=6$ 时的需求弹性，并解释其经济意义．

6. 设某企业的总成本函数为
$$C(q) = 6q^2 + 18q + 54,$$

求：（1）平均成本最低时的产量及最低平均成本；

（2）平均成本最低时的边际成本，并与最低平均成本作比较．

7. 设某商品的需求量 $q = 260 - 2p$（件），p 为价格（单位：元），问：价格为多少时，可使总收入达到最大？

8. 某厂每批生产 q 个 A 种产品的总费用为 $C(q) = 5q + 200$（元），得到的收入为 $R(q) = 10q - 0.01q^2$（元），问：每批生产多少个产品能获得最大利润？最大利润为多少？

9. 某工厂生产 B 型机床，生产 q 台的成本函数为 $C(q) = 60q + 2000$（百元），且产品的需求规律为 $q = 1000 - 10p$（其中 q 为需求量，p 为价格）．假设产品能立即出售，试求：

（1）利润函数；

（2）产量为多少时利润最大？

（3）获得最大利润时的价格．

10. 设某产品的年计划产量为 5000 吨，分批生产，均匀销售．每批产品的生产准备费用为 40000 元，每吨产品的销售价格为 20000 元，年保管费用率为 2%，若年销售率是均匀的，且上批销售完后，立即再生产下一批（此时商品库存量为批量的一半）．问：生产批量为多少，分几批生产时，全年的总费用最小？求出最小总费用．

复习题 3

1. 判断正误：

(1) 若函数 $f(x)$ 在区间 (a,b) 内恒有 $f'(x) > 0$，则 $f(x)$ 在 (a,b) 内单调增加；

(2) 若 x_0 是 $f(x)$ 的极值点，则一定有 $f'(x_0) = 0$；

(3) 若函数 $f(x)$ 在点 x_0 处连续但不可导，则 x_0 一定不是极值点；

(4) 设函数 $f(x)$ 在区间 $[a,b]$ 上单调且连续，则 $f(x)$ 在 $[a,b]$ 的两个端点处分别取得最大值和最小值；

(5) 某商品的需求函数为 $q = ae^{-2p}$（$a > 0$ 为常数），则该商品的需求弹性 E_p 是价格 p 的一次函数；

(6) 生产某种产品的成本函数为 $C(q)$，则其平均成本为 $\dfrac{\Delta C(q)}{\Delta q}$；

(7) 生产某种产品的边际利润 $L'(q_0) = 0$，则产量为 q_0 时将不获利；

(8) 某种商品的总收入为 $R = 104q - 0.4q^2$，则当销售量 $q = 5$ 时，边际收入 $R'(5) = 100$.

2. 填空题：

(1) 函数 $y = x^3 + 3x^2$ 的单增区间是____，单减区间是____.

(2) $y = x + \dfrac{1}{x}$ 在区间_____上是单调减少的.

(3) 函数 $f(x) = \dfrac{1}{3}x^3 - x$ 在区间 $(0,2)$ 内的驻点为 $x =$ ____.

(4) 若函数 $y = f(x)$ 在点 $x = x_0$ 处取得极值，则必有_____.

(5) 当 $x = 2$ 时，$y = x^2 + px + q$ 取得极值，则 $p =$ ____.

(6) 函数 $f(x) = -2x^3 + 3x^2 + 36x + 1$ 在 $x =$ ____处取得极大值____，在 $x =$ ____处取得极小值____.

(7) 函数 $f(x) = \ln(1 + x^2)$ 在 $x =$ ____处达到极值，其极小值为____.

(8) 若 $f(x)$ 在 $[a,b]$ 上连续，在 (a,b) 内可导，且 $f'(x) < 0$，则 $f(x)$ 在 $[a,b]$ 上的最大值为____，最小值为____.

(9) 函数 $y = \dfrac{x-1}{x+1}$ 在区间 $\left[-\dfrac{1}{2}, 1\right]$ 上的最大值为_____.

(10) 若某种商品的成本函数为 $C(q) = 100 + \dfrac{q^2}{2}$，则边际成本为____.

(11) 若某种商品的收入函数为 $R(q) = 200q - 0.05q^2$，则当 $q = 100$ 时边际收入 $R'(q) =$_____.

(12) 某厂生产某种产品，每批生产 q 个单位的总成本 $C(q) = 7q + 200$（kg），获得的收入 $R(q) = 12q - 0.01q^2$（kg）. 那么，生产这种产品的边际成本为____，边际收入为

_____，边际利润为_____，使边际利润为 0 的产量 $q=$ ____个单位.

(13) 设 $y=x^2\mathrm{e}^{-3x}$，则 $E_x=$ ____.

(14) 若某种商品的需求量 q 是价格 p 的函数 $q=100\cdot 2^{-p}$，则它的需求弹性 $E_p=$ _____.

3. 选择题：

(1) 下列函数在 $(-\infty,+\infty)$ 内单调增加的是（　　）

　A. $\sin x$　　　　B. e^x　　　　C. x^2　　　　D. $3-x$

(2) 下列说法正确的是（　　）

　A. 使 $f'(x)$ 不存在的点 x_0，一定是 $f(x)$ 的极值点

　B. x_0 是 $f(x)$ 的极值点，则 x_0 必是 $f(x)$ 的驻点

　C. 若 $f'(x_0)=0$，则 x_0 必是 $f(x)$ 的极值点

　D. x_0 是 $f(x)$ 的极值点，且 $f'(x_0)$ 存在，则必有 $f'(x_0)=0$

(3) 设函数 $f(x)=(x+1)^{\frac{6}{7}}$，则 $x=-1$ 是 $f(x)$ 的（　　）

　A. 间断点　　　B. 可导点　　　C. 驻点　　　D. 极值点

(4) 设函数 $f(x)$ 的连续点 x_0 满足以下条件：当 $x<x_0$ 时，$f'(x)>0$；当 $x>x_0$ 时，$f'(x)<0$. 则 x_0 必是函数 $f(x)$ 的（　　）

　A. 驻点　　　B. 极大值点　　　C. 极小值点　　　D. 导数不存在的点

(5) 函数 $f(x)$ 在点 $x=x_0$ 的某邻域内有定义，已知 $f'(x_0)=0$ 且 $f''(x_0)=0$，则在点 $x=x_0$ 处，$f(x)$（　　）

　A. 必有极大值　　　　　　　B. 必无极值

　C. 可能有极值也可能无极值　　D. 必有极小值

(6) 函数 $f(x)=x^3-3x^2+5$ 在区间 $[-\frac{1}{2},1]$ 上的最大值和最小值为（　　）

　A. $5,1$　　　B. $\frac{33}{8},3$　　　C. $5,3$　　　D. $\frac{33}{8},1$

(7) 下列需求函数中 $(a>0,b>0$，均为常数$)$，需求弹性为常数的是（　　）

　A. $q=-ap+b$　　B. $q=-ap$　　C. $q=a\mathrm{e}^{-bp}$　　D. $q=\frac{a}{p^2}+1$

(8) 需求量 q 对价格 p 的函数为 $q(p)=3-2\sqrt{p}$，则需求弹性 $E_p=$（　　）

　A. $\frac{\sqrt{p}}{3-2\sqrt{p}}$　　B. $\frac{-\sqrt{p}}{3-2\sqrt{p}}$　　C. $\frac{3-2\sqrt{p}}{\sqrt{p}}$　　D. $-\frac{3-2\sqrt{p}}{\sqrt{p}}$

(9) 某商品的需求弹性为 $E_p=-bp(b>0)$，那么当价格提高 1% 时，需求量将会（　　）

　A. 增加 bp　　B. 减少 bp　　C. 减少 $bp\%$　　D. 增加 $bp\%$

(10) 若某商品的需求量 q 与价格 p 之间的关系为 $q(p)=20-\frac{1}{20}p$，则（　　）

　A. 价格关于需求量 q 的函数为 $p=20-\frac{1}{20}q$

　B. 该商品的收入函数 $R(q)=\left(20-\frac{1}{20}q\right)\cdot q$

C. 该商品的边际收入 $R'(q) = 400 - 40q$

D. 该商品的需求弹性 $E_P = \dfrac{p}{400-p}$

4. 求下列函数的极值：

(1) $f(x) = x^3 - 3x^2 - 9x + 2$；　　　(2) $f(x) = \dfrac{2x}{1+x^2}$；

(3) $f(x) = \sqrt{2+x-x^2}$；　　　(4) $f(x) = (x-2)^{\frac{2}{3}}(2x+1)$.

5. 欲用围墙围成面积为 216 m^2 的一块矩形土地，并在正中用一堵墙将其隔成两块，问这块土地的长和宽选取多大的尺寸，才能使所用建筑材料最省？

6. 设某商品的需求函数为 $Q = 18e^{-\frac{p}{6}}$，试求：

(1) 需求弹性函数；

(2) $p=3, p=6, p=12$ 时的需求弹性并说明其经济意义.

7. 公司估算生产 q 件产品的成本为 $C(q) = 2600 + 2q + 0.001q^2$（元）.

(1) 求生产 1000 件、2000 件、3000 件产品时相应的成本、平均成本、边际成本；

(2) 产量为多少时平均成本最低，平均成本的最小值是多少？

8. 一个拥有 100 套公寓的经理通过以前的经验知道，如果每月租金为 800 元，则所有单元都会被租出去. 市场调查显示，如果租金每上涨 10 元，一般会有一套公寓空闲，如果经理要获得最大收入，那么租金应该定为多少？

9. 某厂生产一批产品，其固定成本为 2000 元，每生产一吨产品的成本为 60 元，这种产品的市场需求规律为 $q = 1000 - 10p$（q 为需求量，p 为价格）. 试求：

(1) 成本函数、收入函数；

(2) 产量为多少吨时利润最大；

(3) 获得最大利润时的价格及需求弹性.

10. 制造商一周内以每台 450 元的价格出售了 1000 台豆浆机. 市场调查表明，如果每台豆浆机给顾客优惠 10 元的话，每周销售量将增加 100 台.

(1) 求价格函数；

(2) 制造商要获得最大收入，那么每台豆浆机应该给顾客优惠多少钱，此时需求弹性是多少？

(3) 如果每月的成本函数为 $C(q) = 68000 + 150q$（元），那么制造商应该给顾客优惠多少才能获得最大利润？

11. 一商店按批发价每件 30 元买进一批商品零售，当每件售价定为 40 元时，每天可以卖出 100 件. 经营者利用薄利多销的原则，以降价促销售，经调查得知，每件售价每降低 0.2 元，可以多卖出 10 件. 问：商店应买进多少件，每件售价定为多少时，可获得最大利润？最大利润是多少？

12. 某种物资一年需用量为 24000 件，分期分批采购，均匀投放市场. 每件价格为 40 元，每件年保管费用为价格的 12%，每次采购费用为 64 元，试求最优采购批量、最优采购次数、最优进货周期和最小总费用.

第4章 一元函数的积分学

正如加法的逆运算为减法,乘法的逆运算为除法,微分法也有其逆运算——积分法. 比起微分学,积分学起源更早,积分思想的萌芽可追溯到古代,阿基米德、刘徽、祖冲之父子等数学家在求面积和体积等问题上可以说是积分学的先驱. 到了 17 世纪,在物理、天文、工程、地质等研究中,面积、体积、曲线长、重心和引力的计算又重新被激发起来,使得积分学得到了迅速发展.

本章主要讨论不定积分、定积分的概念及性质,微积分基本公式与积分方法,无穷区间上的广义积分以及定积分在经济分析中的简单应用等.

§4.1 不定积分的概念与性质

一、不定积分的概念

已知物体的位移函数为 $s(t)=t^3$,我们知道位移的导数是速度,则速度为 $v(t)=s'(t)=3t^2$;反过来,若已知速度函数 $v(t)=3t^2$,则如何求其位移函数 $s(t)$ 呢?

这个问题就是已知一个函数的导数,如何求这个函数? 给出下面的定义.

> **定义 4.1** 设函数 $f(x)$ 和 $F(x)$ 在区间 D 上都有定义,如果在 D 上任一点处都有
> $$F'(x)=f(x) \text{ 或 } dF(x)=f(x)dx,$$
> 那么称 $F(x)$ 为 $f(x)$ 在区间 D 上的一个**原函数**.

例如前面的问题,已知速度函数 $v(t)=3t^2$,那么求其位移函数 $s(t)$,就是求 $3t^2$ 的原函数.

又如,在区间 $(-\infty,+\infty)$ 上, $(\sin x)'=\cos x$,那么 $\sin x$ 就是 $\cos x$ 的一个原函数. 此外,由于 $(\sin x+1)'=\cos x,(\sin x+2)'=\cos x,\cdots,(\sin x+C)'=\cos x$($C$ 是任意常数),所以 $\sin x+1,\sin x+2,\cdots,\sin x+C$ 都是 $\cos x$ 的原函数.

关于原函数有以下说明.

如果一个函数 $f(x)$ 有一个原函数 $F(x)$,那么它一定有无穷多个原函数,并且原函数的一般表达式为 $F(x)+C$(C 为任意常数),它包含了 $f(x)$ 的全部原函数. 为了求 $f(x)$ 的全部原函数,引入下面的定义.

定义 4.2 如果函数 $f(x)$ 有原函数 $F(x)$，那么称它的原函数的一般表达式 $F(x) + C$（C 为任意常数）为 $f(x)$ 的**不定积分**，记作 $\int f(x)dx$，即

$$\int f(x)dx = F(x) + C,$$

其中称 "$\int$" 为**积分号**，$f(x)$ 为**被积函数**，$f(x)dx$ 为**被积表达式**，x 为**积分变量**，C 为**积分常数**.

例 1 求下列不定积分：

(1) $\int 3x^2 dx$； (2) $\int \dfrac{1}{\sqrt{1-x^2}} dx$； (3) $\int \sin x dx$.

解 (1) 因为 $(x^3)' = 3x^2$，即 x^3 是 $3x^2$ 的一个原函数，所以

$$\int 3x^2 dx = x^3 + C.$$

(2) 因为 $(\arcsin x)' = \dfrac{1}{\sqrt{1-x^2}}$，即 $\arcsin x$ 是 $\dfrac{1}{\sqrt{1-x^2}}$ 的一个原函数，所以

$$\int \dfrac{1}{\sqrt{1-x^2}} dx = \arcsin x + C.$$

(3) 因 $(-\cos x)' = \sin x$，即 $-\cos x$ 是 $\sin x$ 的一个原函数，所以

$$\int \sin x dx = -\cos x + C.$$

由例 1 的结果可以看出：

$$\int (x^3)' dx = \int 3x^2 dx = x^3 + C;$$

$$d\left(\int \dfrac{1}{\sqrt{1-x^2}} dx\right) = d(\arcsin x + C) = \dfrac{1}{\sqrt{1-x^2}} dx;$$

$$\left(\int \sin x dx\right)' = (-\cos x + C)' = \sin x.$$

结合不定积分的定义可得以下关系：

$$\left[\int f(x)dx\right]' = f(x) \text{ 或 } d\left[\int f(x)dx\right] = f(x)dx;$$

$$\int F'(x)dx = F(x) + C \text{ 或 } \int dF(x) = F(x) + C.$$

上述方框中的等式说明，如果不考虑相差的常数，微分符号与积分符号可以相互抵消，这表明求积分和求微分是两种互逆的运算.

二、基本积分公式

积分是微分的逆运算，因此，可以从基本导数公式得出相应的基本积分公式. 为了便

于记忆,将它们对比列出,如表 4 – 1 所示.

表 4 – 1 基本积分公式

	导数公式	基本积分公式
1	$(kx)' = k$	$\int k\mathrm{d}x = kx + C$ (k 为常数)
2	$\left(\dfrac{1}{\alpha+1}x^{\alpha+1}\right)' = x^{\alpha}$	$\int x^{\alpha}\mathrm{d}x = \dfrac{1}{\alpha+1}x^{\alpha+1} + C$ ($\alpha \neq -1$)
3	$(\ln|x|)' = \dfrac{1}{x}$	$\int \dfrac{1}{x}\mathrm{d}x = \ln|x| + C$
4	$\left(\dfrac{a^x}{\ln a}\right)' = a^x$	$\int a^x\mathrm{d}x = \dfrac{a^x}{\ln a} + C$
5	$(\mathrm{e}^x)' = \mathrm{e}^x$	$\int \mathrm{e}^x\mathrm{d}x = \mathrm{e}^x + C$
6	$(\sin x)' = \cos x$	$\int \cos x\mathrm{d}x = \sin x + C$
7	$(-\cos x)' = \sin x$	$\int \sin x\mathrm{d}x = -\cos x + C$
8	$(\tan x)' = \sec^2 x$	$\int \sec^2 x\mathrm{d}x = \tan x + C$
9	$(-\cot x)' = \csc^2 x$	$\int \csc^2 x\mathrm{d}x = -\cot x + C$
10	$(\sec x)' = \sec x \tan x$	$\int \sec x \tan x\mathrm{d}x = \sec x + C$
11	$(-\csc x)' = \csc x \cot x$	$\int \csc x \cot x\mathrm{d}x = -\csc x + C$
12	$(\arcsin x)' = \dfrac{1}{\sqrt{1-x^2}}$	$\int \dfrac{1}{\sqrt{1-x^2}}\mathrm{d}x = \arcsin x + C$
13	$(\arctan x)' = \dfrac{1}{1+x^2}$	$\int \dfrac{1}{1+x^2}\mathrm{d}x = \arctan x + C$

例 2 求下列不定积分:

(1) $\int 2^x \mathrm{e}^x \mathrm{d}x$;   (2) $\int \dfrac{1}{\sqrt{x}}\mathrm{d}x$.

解 (1) $\int 2^x \mathrm{e}^x \mathrm{d}x = \int (2\mathrm{e})^x \mathrm{d}x = \dfrac{(2\mathrm{e})^x}{\ln 2\mathrm{e}} + C$.

(2) $\int \dfrac{1}{\sqrt{x}}\mathrm{d}x = \int x^{-\frac{1}{2}}\mathrm{d}x = 2x^{\frac{1}{2}} + C$.

三、不定积分的运算性质

性质 1 $\int kf(x)\mathrm{d}x = k\int f(x)\mathrm{d}x$ (k 是不为零的常数).

性质 2 $\int [f(x) \pm g(x)] dx = \int f(x) dx \pm \int g(x) dx.$

性质 2 可以推广到有限多个函数的和(或差)的情形.

例 3 求下列不定积分:

(1) $\int \left(1 - x + 2\sqrt{x} - \dfrac{1}{x^3}\right) dx$; (2) $\int \dfrac{2x^2 - 3x - 5}{x^2} dx.$

解 (1) $\int \left(1 - x + 2\sqrt{x} - \dfrac{1}{x^3}\right) dx = \int 1 dx - \int x dx + 2\int x^{\frac{1}{2}} dx - \int x^{-3} dx$

$$= x - \dfrac{1}{2}x^2 + \dfrac{4}{3}x^{\frac{3}{2}} + \dfrac{1}{2}x^{-2} + C.$$

(2) $\int \dfrac{2x^2 - 3x - 5}{x^2} dx = \int \left(2 - \dfrac{3}{x} - \dfrac{5}{x^2}\right) dx$

$$= \int 2 dx - 3\int \dfrac{1}{x} dx - 5\int \dfrac{1}{x^2} dx$$

$$= 2x - 3\ln|x| + \dfrac{5}{x} + C.$$

注 在逐项积分后,不必每一个积分结果都"$+C$",只要在最后的结果加一个 C 就可以了.

例 4 求下列不定积分:

(1) $\int \dfrac{x^4 + 1}{x^2 + 1} dx$; (2) $\int \dfrac{1}{\sin^2 x \cos^2 x} dx$;

(3) $\int \tan^2 x dx$; (4) $\int \sin^2 \dfrac{x}{2} dx.$

解 (1) $\int \dfrac{x^4 + 1}{x^2 + 1} dx = \int \dfrac{x^4 - 1 + 2}{x^2 + 1} dx = \int \left(x^2 - 1 + \dfrac{2}{x^2 + 1}\right) dx$

$$= \int x^2 dx - \int 1 dx + 2\int \dfrac{1}{x^2 + 1} dx$$

$$= \dfrac{1}{3}x^3 - x + 2\arctan x + C.$$

(2) $\int \dfrac{1}{\sin^2 x \cos^2 x} dx = \int \dfrac{\sin^2 x + \cos^2 x}{\sin^2 x \cos^2 x} dx = \int \left(\dfrac{1}{\cos^2 x} + \dfrac{1}{\sin^2 x}\right) dx$

$$= \int \sec^2 x dx + \int \csc^2 x dx = \tan x - \cot x + C.$$

(3) $\int \tan^2 x dx = \int (\sec^2 x - 1) dx = \int \sec^2 x dx - \int 1 dx = \tan x - x + C.$

(4) $\int \sin^2 \dfrac{x}{2} dx = \int \dfrac{1 - \cos x}{2} dx = \dfrac{1}{2}\int (1 - \cos x) dx = \dfrac{1}{2}(x - \sin x) + C.$

利用基本积分公式和性质求积分的方法我们称为直接积分法. 从以上几个例子可以看到,求不定积分时,常常需要我们先对被积函数整理化简或进行恒等变换,将其转化为基本积分公式表中的被积函数的代数和的形式,然后再积分. 熟记基本积分公式是非常必要的.

例5 某曲线通过点$(0,1)$,且其上任一点处的切线斜率等于该点横坐标的两倍,求此曲线方程.

解 设所求曲线的方程为$y = f(x)$,由题意可知,曲线上任一点处的切线斜率等于$2x$,即

$$y' = 2x.$$

因此

$$y = \int 2x \, dx = x^2 + C.$$

又曲线过点$(0,1)$,所以$C = 1$,所求曲线方程为

$$y = x^2 + 1.$$

习题 4-1

1. 求下列不定积分:

(1) $\int 0 \, dx$;   (2) $\int \sqrt{x} \, dx$;   (3) $\int 3^x \, dx$;   (4) $\int x^3 \, dx$;

(5) $\int \cos x \, dx$;   (6) $\int \frac{1}{x^2} \, dx$;   (7) $\int \frac{2}{x^2+1} \, dx$;   (8) $\int 3\sec x \tan x \, dx$.

2. 填空题:

(1) $\left[\int x^2 \, dx\right]' = $ _____.   (2) $d\int \sqrt{x} \, dx = $ _____.

(3) $\int (\arctan x)' \, dx = $ _____.   (4) $\int d(\arcsin x) = $ _____.

(5) 若$f(x)$的一个原函数是$4x^3$,则$f(x) = $ _____.

(6) 若$f(x)$的一个原函数为$\sin x$,则$f'(x) = $ _____.

(7) 若$\int f(x) \, dx = \ln 2x + C$,则$f(x) = $ _____.

3. 求下列不定积分:

(1) $\int \frac{1}{x^3 \cdot \sqrt{x}} \, dx$;   (2) $\int x^2 (\sqrt{x} - 1)^2 \, dx$;

(3) $\int \left(2e^x + 3x - \sin x + \frac{1}{\sqrt{x}}\right) dx$;   (4) $\int \sqrt{x\sqrt{x\sqrt{x}}} \, dx$;

(5) $\int \left(\frac{2}{x^2+1} - \frac{3}{\sqrt{1-x^2}}\right) dx$;   (6) $\int \frac{1 - x^2 + 2\sqrt{x}}{x\sqrt{x}} \, dx$;

(7) $\int \frac{\sin 2x}{\sin x} \, dx$;   (8) $\int \frac{\cos 2x}{\cos x + \sin x} \, dx$;

(9) $\int \frac{1 - e^{2x}}{1 + e^x} \, dx$;   (10) $\int \sec x (\sec x - \tan x) \, dx$;

(11) $\int \dfrac{1}{x^2(x^2+1)}dx$; (12) $\int \dfrac{x^2}{1+x^2}dx$.

4. 已知曲线上任一点 (x,y) 处的切线斜率为 $3\sqrt{x}$,并且曲线经过点 $(1,3)$,求此曲线的方程.

5. 验证下列不定积分是否正确:

(1) $\int e^{2x}dx = e^{2x} + C$; (2) $\int \cos 2x dx = \sin 2x + C$.

§4.2 不定积分的计算方法

用直接积分法只能计算一些简单的不定积分,为了解决更多的较复杂的积分问题,还需要进一步探讨求积分的其他方法.本节将介绍几个最常用的有效的积分方法.

一、第一类换元积分法

第一类换元积分法是把复合函数求导法则反过来应用于不定积分,通过适当的变量替换(换元),把某些不定积分化成基本积分公式表中所列的形式再计算出最后结果.

例如,求 $\int \cos 2x dx$,被积函数是一个复合函数,不能直接用公式 $\int \cos x dx = \sin x + C$ 来计算.下面我们来探寻一下解决的方法.

因为 $(\sin 2x)' = \cos 2x \cdot (2x)'$,所以有 $\int \cos 2x \cdot (2x)' dx = \sin 2x + C$,即

$$\int \cos 2x d(2x) = \sin 2x + C,$$

其中作代换 $2x = u$,则有 $\int \cos u du = \sin u + C$.

若 $\int \cos 2x dx$ 的被积式能整理成如上形式,便可积分,于是计算过程可如下进行:

$$\int \cos 2x dx \xrightarrow{\text{凑微分}} \dfrac{1}{2}\int \cos 2x d(2x) \xrightarrow{\text{令} 2x = u \text{ 换元}} \dfrac{1}{2}\int \cos u du$$

$$\xrightarrow{\text{求积分}} \dfrac{1}{2}\sin u + C \xrightarrow{\text{用} u = 2x \text{ 回代}} \dfrac{1}{2}\sin 2x + C.$$

一般地,在求 $\int g(x)dx$ 时,如果被积表达式能写成 $f[\varphi(x)]\varphi'(x)dx$ 的形式,且 $\int f(u)du = F(u) + C$,那么就可以按下面的方法求 $\int g(x)dx$.

$$\int g(x)dx = \int f[\varphi(x)]\varphi'(x)dx \xrightarrow{\text{凑微分}} \int f[\varphi(x)]d\varphi(x) \xrightarrow{\text{令} \varphi(x) = u \text{ 换元}} \int f(u)du$$

$$\xrightarrow{\text{求积分}} F(u) + C \xrightarrow{\text{用} u = \varphi(x) \text{ 回代}} F[\varphi(x)] + C.$$

这种积分方法的实质是将被积式分解出 $\varphi'(x)dx$ 凑成微分 $d\varphi(x)$，把 $\varphi(x)$ 看作一个变量，然后再利用基本积分公式求解. 上述积分方法称为不定积分的**第一类换元积分法**，也称为**凑微分法**.

例 1 求下列不定积分：

(1) $\int 2xe^{x^2}dx$；　　　　(2) $\int (2x-1)^{99}dx$.

解 (1) $\int 2xe^{x^2}dx = \int e^{x^2}(x^2)'dx \xrightarrow{\text{凑微分}} \int e^{x^2}d(x^2)$

$\xrightarrow{\text{令 } x^2 = u \text{ 换元}} \int e^u du \xrightarrow{\text{求积分}} e^u + C$

$\xrightarrow{\text{用 } u = x^2 \text{ 回代}} e^{x^2} + C.$

(2) $\int (2x-1)^{99}dx = \frac{1}{2}\int (2x-1)^{99}d(2x-1) \xrightarrow{\text{令 } 2x-1=u} \frac{1}{2}\int u^{99}du$

$= \frac{1}{200}u^{100} + C \xrightarrow{\text{回代 } u=2x-1} \frac{1}{200}(2x-1)^{100} + C.$

熟悉方法之后，可以略去中间的换元步骤，所选新变量 $u = \varphi(x)$ 只需记在心里，而不用写出来，凑微分后直接积分即可.

例 2 求下列不定积分：

(1) $\int x\sqrt{1-x^2}dx$；　　　　(2) $\int \frac{\ln^2 x}{x}dx$.

解 (1) $\int x\sqrt{1-x^2}dx = -\frac{1}{2}\int (1-x^2)^{\frac{1}{2}}d(1-x^2) = -\frac{1}{2} \times \frac{2}{3}(1-x^2)^{\frac{3}{2}} + C$

$= -\frac{1}{3}(1-x^2)^{\frac{3}{2}} + C.$

(2) $\int \frac{\ln^2 x}{x}dx = \int \ln^2 x\, d(\ln x) = \frac{1}{3}\ln^3 x + C.$

为了便于掌握凑微分法，下面列出凑微分常用的一些算式：

$$dx = \frac{1}{a}d(ax+b); \quad xdx = \frac{1}{2}d(x^2) = \frac{1}{2a}d(ax^2+b); \quad \frac{1}{x^2}dx = -d\left(\frac{1}{x}\right);$$

$$\frac{1}{x}dx = d(\ln|x|); \quad \sin x dx = -d(\cos x); \quad \cos x dx = d(\sin x);$$

$$e^x dx = d(e^x); \quad e^{-x}dx = d(-e^{-x}); \quad \frac{1}{\sqrt{x}}dx = 2d(\sqrt{x});$$

$$d\varphi(x) = d[\varphi(x)+b]; \quad f(ax+b)dx = \frac{1}{a}f(ax+b)d(ax+b).$$

例 3 求下列不定积分：

(1) $\int \tan x dx$；　　　　(2) $\int \frac{1}{\sqrt{a^2-x^2}}dx\,(a>0)$；

(3) $\int \frac{1}{x^2-1}dx$；　　　　(4) $\int \frac{1}{e^x+1}dx$.

解 （1） $\int \tan x \, dx = \int \dfrac{\sin x}{\cos x} dx = -\int \dfrac{1}{\cos x} d(\cos x) = -\ln|\cos x| + C.$

（2） $\int \dfrac{1}{\sqrt{a^2-x^2}} dx = \int \dfrac{1}{a\sqrt{1-\left(\dfrac{x}{a}\right)^2}} dx = \int \dfrac{1}{\sqrt{1-\left(\dfrac{x}{a}\right)^2}} d\left(\dfrac{x}{a}\right) = \arcsin \dfrac{x}{a} + C.$

（3） $\int \dfrac{1}{x^2-1} dx = \int \dfrac{1}{(x-1)(x+1)} dx = \dfrac{1}{2} \int \left(\dfrac{1}{x-1} - \dfrac{1}{x+1}\right) dx$

$= \dfrac{1}{2} \left(\int \dfrac{1}{x-1} dx - \int \dfrac{1}{x+1} dx\right)$

$= \dfrac{1}{2} \left[\int \dfrac{1}{x-1} d(x-1) - \int \dfrac{1}{x+1} d(x+1)\right]$

$= \dfrac{1}{2} [\ln|x-1| - \ln|x+1|] + C = \dfrac{1}{2} \ln\left|\dfrac{x-1}{x+1}\right| + C.$

（4） $\int \dfrac{1}{e^x+1} dx = \int \dfrac{1+e^x-e^x}{e^x+1} dx = \int \left(1 - \dfrac{e^x}{e^x+1}\right) dx = \int 1 dx - \int \dfrac{1}{e^x+1} d(e^x+1)$

$= x - \ln(e^x+1) + C.$

下面这 7 个积分公式经常遇到, 列表 4 – 2 以便查用.

表 4 – 2 常用的积分公式

14	$\int \tan x \, dx = -\ln|\cos x| + C$	15	$\int \cot x \, dx = \ln|\sin x| + C$
16	$\int \sec x \, dx = \ln|\sec x + \tan x| + C$	17	$\int \csc x \, dx = \ln|\csc x - \cot x| + C$
18	$\int \dfrac{1}{a^2+x^2} dx = \dfrac{1}{a} \arctan \dfrac{x}{a} + C \ (a \neq 0)$	19	$\int \dfrac{1}{\sqrt{a^2-x^2}} dx = \arcsin \dfrac{x}{a} + C(a > 0)$
20	$\int \dfrac{1}{x^2-a^2} dx = \dfrac{1}{2a} \ln\left|\dfrac{x-a}{x+a}\right| + C(a \neq 0)$		

二、第二类换元积分法

以上用第一类换元积分法求出了许多不定积分, 但有些不定积分用凑微分法难以求出来, 例如 $\int \dfrac{1}{\sqrt{x}+1} dx, \int \sqrt{a^2-x^2} dx$ 等, 需要另找方法. 这里的困难是根号, 为了去掉根号, 也可选择适当的代换, 方法过程如下:

$$\int f(x) dx \xrightarrow{\text{令 } x = \varphi(t) \text{ 换元}} \int f[\varphi(t)] d\varphi(t) = \int f[\varphi(t)] \varphi'(t) dt$$

$$\xrightarrow{\text{求积分}} F(t) + C \xrightarrow{\text{用 } t = \varphi^{-1}(x) \text{ 回代}} F[\varphi^{-1}(x)] + C.$$

这种积分方法称为不定积分的**第二类换元积分法**, 其中 $x = \varphi(t)$ 应是单调可导的函数, 且导数 $\varphi'(t)$ 连续, $\varphi'(t) \neq 0$.

例 4 计算积分 $\int \dfrac{1}{\sqrt{x}+1}\mathrm{d}x$.

解 可作变换 $\sqrt{x}=t$，即令 $x=t^2(x\geq 0)$. 此时 $\mathrm{d}x=2t\mathrm{d}t$，代入原式得

$$\int\dfrac{1}{\sqrt{x}+1}\mathrm{d}x = 2\int\dfrac{t}{t+1}\mathrm{d}t = 2\int\dfrac{t+1-1}{t+1}\mathrm{d}t = 2\int\left(1-\dfrac{1}{t+1}\right)\mathrm{d}t$$

$$= 2[t-\ln(t+1)]+C \xrightarrow{t=\sqrt{x}} 2[\sqrt{x}-\ln(\sqrt{x}+1)]+C.$$

从上例可以看出：若被积函数含有根式且被开方函数是一次式形如 $\sqrt[n]{ax+b}$，则可以令 $t=\sqrt[n]{ax+b}$ 消去根号，从而求得积分. 下面再讨论被积函数含有被开方函数是二次式的根式的情形.

例 5 求 $\int \sqrt{a^2-x^2}\mathrm{d}x\,(a>0)$.

解 为消去根号，把被开方式变成完全平方式即可. 联想到三角函数的平方关系式 $1-\sin^2 t=\cos^2 t$，作三角代换，令 $x=a\sin t\left(-\dfrac{\pi}{2}\leq t\leq\dfrac{\pi}{2}\right)$，则有

$$\sqrt{a^2-x^2}=a\sqrt{1-\sin^2 t}=a\cos t,\quad \mathrm{d}x=a\cos t\mathrm{d}t,$$

于是

$$\int\sqrt{a^2-x^2}\mathrm{d}x = \int a\cos t\cdot a\cos t\mathrm{d}t = a^2\int\cos^2 t\mathrm{d}t = a^2\int\dfrac{1+\cos 2t}{2}\mathrm{d}t$$

$$= \dfrac{a^2}{2}\left(t+\dfrac{1}{2}\sin 2t\right)+C = \dfrac{a^2}{2}(t+\sin t\cos t)+C.$$

为把 t 回代成原变量 x 的表达式，根据所设 $x=a\sin t$，作锐角为 t 的辅助直角三角形，如图 4-1 所示. 可以看出，$\cos t=\dfrac{\sqrt{a^2-x^2}}{a}$，与 $\sin t=\dfrac{x}{a}$，$t=\arcsin\dfrac{x}{a}$ 一起代入上式，得

$$\int\sqrt{a^2-x^2}\mathrm{d}x = \dfrac{a^2}{2}\arcsin\dfrac{x}{a}+\dfrac{1}{2}x\sqrt{a^2-x^2}+C.$$

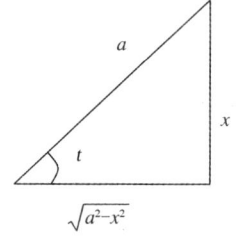

图 4-1

例 6 求 $\int\dfrac{1}{\sqrt{x^2+9}}\mathrm{d}x$.

解 为消去根号，利用平方关系式 $\tan^2 t+1=\sec^2 t$，设 $x=3\tan t\left(-\dfrac{\pi}{2}<t<\dfrac{\pi}{2}\right)$，则有 $\sqrt{x^2+9}=3\sqrt{\tan^2 t+1}=3\sec t$，$\mathrm{d}x=\mathrm{d}(3\tan t)=3\sec^2 t\mathrm{d}t$，代入原式，得

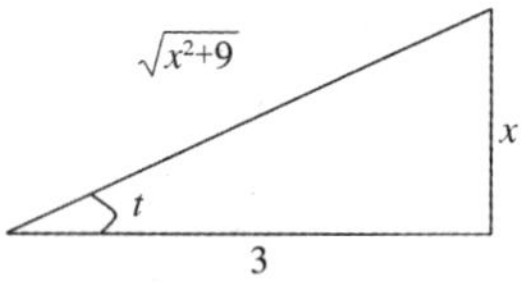

$$\int\dfrac{1}{\sqrt{x^2+9}}\mathrm{d}x = \int\dfrac{1}{3\sec t}\cdot 3\sec^2 t\mathrm{d}t$$

$$= \int\sec t\mathrm{d}t = \ln|\sec t+\tan t|+C_1.$$

图 4-2

根据 $x=3\tan t$，作锐角为 t 的直角三角形，如图 4-2 所示. 可以看出，$\sec t=\dfrac{\sqrt{x^2+9}}{3}$，

与 $\tan t = \dfrac{x}{3}$ 一起代入上式，得

$$\int \frac{1}{\sqrt{x^2+9}} dx = \ln\left|\frac{\sqrt{x^2+9}}{3} + \frac{x}{3}\right| + C_1$$

$$= \ln(\sqrt{x^2+9} + x) + C,$$

其中 $C = -\ln 3 + C_1$.

一般地，第二类换元积分法的代换可按照以下情形进行：

> （1）当被积函数中含有 $\sqrt[n]{ax+b}$ ($a \neq 0$) 时，可以令 $t = \sqrt[n]{ax+b}$，即 $x = \dfrac{t^n - b}{a}$；
>
> （2）当被积函数中含有 $\sqrt{a^2 - x^2}$ 时，可以作三角代换 $x = a\sin t$；
>
> （3）当被积函数中含有 $\sqrt{a^2 + x^2}$ 时，可以作三角代换 $x = a\tan t$；
>
> （4）当被积函数中含有 $\sqrt{x^2 - a^2}$ 时，可以作三角代换 $x = a\sec t$.

第二类换元积分法适用于某些被积函数中含有根式的情形，使用时选择适当的变换 $x = \varphi(t)$，消除被积函数中的根号. 但在解题时要灵活对待，如 $\int x\sqrt{a^2-x^2} dx$ 就不必使用三角代换，直接用凑微分法更为简单.

三、分部积分法

回顾一下乘积的微分法则，设 $u = u(x), v = v(x)$ 都具有连续的导数，则

$$d(uv) = udv + vdu,$$

移项得

$$udv = d(uv) - vdu,$$

两边积分得

$$\int u dv = uv - \int v du. \qquad (4-1)$$

这个公式称为**不定积分的分部积分公式**.

若被积函数是两种不同类型的函数的乘积，同时凑微分的方法也不能使用，这时我们可考虑使用分部积分公式.

如果 $\int u dv$ 不易求出，而 $\int v du$ 比较容易求出，那么使用上面的公式就可以化难为易，这种积分方法称为**分部积分法**.

例 7 求 $\int x e^x dx$.

分析 这里被积函数含有 x 和 e^x，选取 u 和 dv 的方法有两种，如何选取比较好呢？下面我们用两种方法分别尝试来做，比较一下.

解 设 $u = x, dv = e^x dx = d(e^x)$，即 $v = e^x$，由公式 (4-1)，得

$$\int x e^x dx = \int x d(e^x) = x e^x - \int e^x dx = x e^x - e^x + C.$$

若设 $u = e^x, dv = xdx = d\left(\frac{1}{2}x^2\right)$，即 $v = \frac{1}{2}x^2$，则

$$\int xe^x dx = \int e^x d\left(\frac{1}{2}x^2\right) = \frac{x^2}{2}e^x - \frac{1}{2}\int x^2 e^x dx.$$

用公式(4-1)得到的积分 $\int x^2 e^x dx$ 反而比原积分 $\int xe^x dx$ 更难求，可见这样设 u 和 dv 是不合适的.

注 正确运用分部积分法的关键是恰当地选取 u 和 dv，一般要考虑如下两点：

(1) v 要容易求出；

(2) $\int v du$ 比 $\int u dv$ 容易积出.

例 8 求 $\int x\cos x dx$.

解 设 $u = x, dv = \cos x dx = d(\sin x)$，即 $v = \sin x$，由公式(4-1)，得

$$\int x\cos x dx = \int x d(\sin x) = x\sin x - \int \sin x dx$$
$$= x\sin x + \cos x + C.$$

当熟悉分部积分法之后，u 和 dv 可记在心里，不必具体写出.

例 9 求 $\int x^2 \cos x dx$.

解
$$\int x^2 \cos x dx = \int x^2 d(\sin x) = x^2 \sin x - \int \sin x d(x^2)$$
$$= x^2 \sin x - 2\int x\sin x dx = x^2 \sin x + 2\int x d(\cos x)$$
$$= x^2 \sin x + 2x\cos x - 2\int \cos x dx$$
$$= x^2 \sin x + 2x\cos x - 2\sin x + C.$$

有些积分需要连续使用几次分部积分公式才能求出.

例 10 求 $\int x\ln x dx$.

解
$$\int x\ln x dx = \int \ln x d\left(\frac{1}{2}x^2\right) = \frac{1}{2}x^2 \ln x - \int \frac{1}{2}x^2 d(\ln x)$$
$$= \frac{1}{2}x^2 \ln x - \frac{1}{2}\int x^2 \cdot \frac{1}{x}dx = \frac{1}{2}x^2 \ln x - \frac{1}{2}\int x dx$$
$$= \frac{1}{2}x^2 \ln x - \frac{1}{4}x^2 + C.$$

例 11 求 $\int x\arctan x dx$.

解
$$\int x\arctan x dx = \frac{1}{2}\int \arctan x d(x^2) = \frac{1}{2}x^2 \arctan x - \frac{1}{2}\int x^2 d(\arctan x)$$
$$= \frac{1}{2}x^2 \arctan x - \frac{1}{2}\int \frac{x^2}{1+x^2}dx$$

$$= \frac{1}{2}x^2\arctan x - \frac{1}{2}\int \frac{x^2+1-1}{1+x^2}dx$$

$$= \frac{1}{2}x^2\arctan x - \frac{1}{2}\int \left(1 - \frac{1}{1+x^2}\right)dx$$

$$= \frac{1}{2}x^2\arctan x - \frac{1}{2}x + \frac{1}{2}\arctan x + C.$$

注 下面两种类型的积分都可用分部积分法来计算,而且有规律可循:

(1) $\int x^n e^{ax}dx, \int x^n \sin ax dx, \int x^n \cos ax dx (n \in \mathbf{N}^+)$ 类型,可设 $u = x^n$,被积表达式中其余部分为 dv;

(2) $\int x^n \ln x dx, \int x^n \arctan x dx, \int x^n \arcsin x dx (n \in \mathbf{Z}$ 且 $n \neq -1)$ 类型,可设 u 分别为 $\ln x$, $\arctan x$, $\arcsin x$,被积表达式中其余部分为 dv.

习题 4-2

1. 判断下列式子是否成立:

(1) $\int \cos^3 x dx = \frac{1}{4}\cos^4 x + C$; (2) $\int \sin^3 x d(\sin x) = \frac{1}{4}\sin^4 x + C.$

2. 求下列不定积分:

(1) $\int \sin\frac{2}{3}x dx$; (2) $\int e^{-x}dx$; (3) $\int (2x-1)^5 dx$;

(4) $\int \frac{1}{\sqrt{2-3x}}dx$; (5) $\int \frac{1}{1+x}dx$; (6) $\int \frac{x}{1+x^2}dx$;

(7) $\int e^x \sin(e^x)dx$; (8) $\int x\cos(x^2)dx$; (9) $\int \frac{1}{\sqrt{x}}e^{\sqrt{x}}dx$;

(10) $\int \frac{\sin\sqrt{x}}{\sqrt{x}}dx$; (11) $\int \frac{\ln x}{x}dx$; (12) $\int \frac{\arctan x}{1+x^2}dx$;

(13) $\int \frac{dx}{x(1+x)}$; (14) $\int \frac{x}{1+x^4}dx$; (15) $\int \frac{1}{\sqrt{9-x^2}}dx$;

(16) $\int x\sqrt{9-x^2}dx$; (17) $\int \cos^2 x dx$; (18) $\int \cos^3 x dx$;

(19) $\int \sec\frac{x}{2}dx$; (20) $\int \frac{1}{x\ln x}dx$; (21) $\int \frac{2x+3}{x^2+3x+2}dx$;

(22) $\int \frac{e^x}{e^x+1}dx$; (23) $\int \sec^4 x dx$; (24) $\int \frac{1}{\sqrt{x}(1+x)}dx.$

3. 求下列不定积分：

(1) $\int \dfrac{\sqrt{x}}{\sqrt{x}+1}\,dx$；

(2) $\int \dfrac{1}{\sqrt{x}+\sqrt[3]{x}}\,dx$；

(3) $\int \dfrac{1}{\sqrt{x+1}+1}\,dx$；

(4) $\int \dfrac{1}{x^{2}\sqrt{1-x^{2}}}\,dx$；

(5) $\int \dfrac{1}{\sqrt{(4+x^{2})^{3}}}\,dx$；

(6) $\int \dfrac{\sqrt{x^{2}-1}}{x}\,dx$；

(7) $\int \sqrt{e^{x}-1}\,dx$；

(8) $\int \dfrac{x}{\sqrt{1+x^{2}}}\,dx$.

4. 求下列不定积分：

(1) $\int x\sin x\,dx$；

(2) $\int x\cos 2x\,dx$；

(3) $\int x e^{-x}\,dx$；

(4) $\int x e^{2x}\,dx$；

(5) $\int x^{3}\ln x\,dx$；

(6) $\int \ln x\,dx$；

(7) $\int \arcsin x\,dx$；

(8) $\int x^{2}\sin x\,dx$；

(9) $\int x^{2}e^{x}\,dx$.

§4.3　定积分的概念与性质

一、两个实例

1. 曲边梯形的面积

所谓曲边梯形是指如图 4-3(a) 所示，由一条连续的曲线段 AB 和三条直线段所围成的平面图形，其中 $AC \perp CD$，$BD \perp CD$，AB 称为曲边. 特殊情形时，垂直于底边的两条直线段中的一条或两条均可缩成一个点，如图 4-3(b)、(c) 所示.

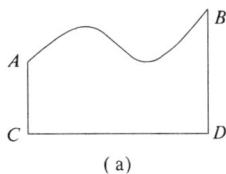
(a)
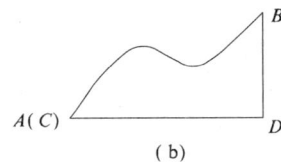
(b)
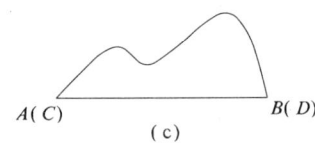
(c)

图 4-3

下面我们考察由连续曲线 $y=f(x)$ $(f(x)\geqslant 0)$，直线 $x=a$，$x=b$ 及 x 轴围成的曲边梯形 (见图 4-4) 的面积 A.

由于曲边梯形的曲边 $y=f(x)$ $(f(x)\geqslant 0)$ 在 $[a,b]$ 上连续变化，所以在微小的一段区间上它变化不大，可近似地看作不变. 我们设想，把 $[a,b]$ 划分成许多小区间，沿着分点作垂直于 x 轴的直线把曲边梯形分成若干个小曲边梯形，这样每个小曲边梯形可近似看成一个小矩形，那么所有小矩形面积的和就是曲边梯形面积的近似值. 显然，分割得越细，这个近似值就越接近曲边梯形的面积,因此当每一个小区间的长度都趋于零时,利用极限的概念和方法,所有小矩形面积和的极限就是曲边梯形面积的精确值了.

具体步骤如下:

(1) 分割. 在区间 $[a,b]$ 上从小到大任取分点 $x_1,x_2,\cdots,x_{n-1}$,即
$$a = x_0 < x_1 < x_2 < \cdots < x_{i-1} < x_i < \cdots < x_{n-1} < x_n = b,$$
把区间 $[a,b]$ 分成 n 个小区间 $[x_0,x_1],[x_1,x_2],\cdots,[x_{i-1},x_i],\cdots,[x_{n-1},x_n]$. 小区间 $[x_{i-1},x_i]$ 的长度记为 Δx_i,即 $\Delta x_i = x_i - x_{i-1}(i = 1,2,\cdots,n)$. 过各分点作 x 轴的垂线,把曲边梯形分成 n 个小曲边梯形,这些小曲边梯形的面积依次记为 $\Delta A_1,\Delta A_2,\cdots,\Delta A_i,\cdots,\Delta A_n$.

(2) 近似代替. 在每个区间 $[x_{i-1},x_i]$ 上任取一点 $\xi_i(x_{i-1} \leqslant \xi_i \leqslant x_i)$,则第 i 个小曲边梯形的面积 ΔA_i 可以用以 $f(\xi_i)$ 为长、Δx_i 为宽作的小矩形的面积 $f(\xi_i)\Delta x_i$ 近似代替,即 $\Delta A_i \approx f(\xi_i)\Delta x_i (i = 1,2,\cdots,n)$.

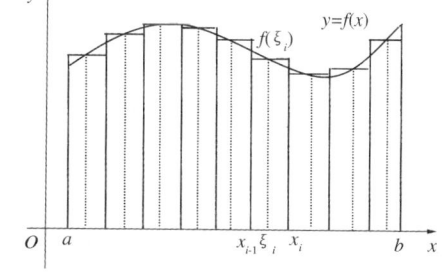

图 4-4

(3) 求和. 把 n 个小矩形的面积相加,就得到曲边梯形面积 A 的近似值,即
$$A = \sum_{i=1}^{n} \Delta A_i \approx \sum_{i=1}^{n} f(\xi_i)\Delta x_i.$$

(4) 取极限. 当分割无限细密,即 $\lambda \to 0$ 时(这里 $\lambda = \max_{1 \leqslant i \leqslant n}\{\Delta x_i\}$,表示 n 个小区间长度的最大值),和式 $\sum_{i=1}^{n} f(\xi_i)\Delta x_i$ 的极限就是所求曲边梯形的面积 A,即
$$A = \lim_{\lambda \to 0} \sum_{i=1}^{n} f(\xi_i)\Delta x_i.$$

2. 变速直线运动的路程

设一物体沿直线运动,已知速度 $v = v(t)$ 是时间段 $[T_1,T_2]$ 上的连续函数,且 $v(t) \geqslant 0$,计算在这段时间内物体所经过的路程 s.

我们知道,对于匀速直线运动,可用公式"路程 = 速度 × 时间"来计算. 而现在速度 $v(t)$ 随时间 t 而变化,因此所求路程 s 就不能直接用匀速直线运动的路程公式来计算. 但是速度是连续变化的,在很短的一段时间里速度变化很小,可近似看成是匀速的,因此,我们可采用与求曲边梯形面积相仿的四个步骤来计算路程.

具体步骤如下:

(1) 分割. 在时间区间 $[T_1,T_2]$ 上从小到大任取分点 $t_1,t_2,\cdots,t_{n-1}$,即
$$T_1 = t_0 < t_1 < t_2 < \cdots < t_{i-1} < t_i < \cdots < t_{n-1} < t_n = T_2,$$
这些分点将 $[T_1,T_2]$ 分成 n 个小区间 $[t_0,t_1],[t_1,t_2],\cdots,[t_{i-1},t_i],\cdots,[t_{n-1},t_n]$. 小区间 $[t_{i-1},t_i]$ 的长度记为 Δt_i,即 $\Delta t_i = t_i - t_{i-1}(i = 1,2,\cdots,n)$. 各小区间上经过的路程依次记为 $\Delta s_1,\Delta s_2,\cdots,\Delta s_i,\cdots,\Delta s_n$.

(2) 近似代替. 在每个小区间 $[t_{i-1},t_i]$ 上任取一点 $\xi_i(t_{i-1} \leqslant \xi_i \leqslant t_i)$,在 $[t_{i-1},t_i]$ 上物体可看成是速度为 $v(\xi_i)$ 的匀速运动,则物体在小区间 $[t_{i-1},t_i]$ 内所经过的路程 Δs_i 的近似值可表示为

$$\Delta s_i \approx v(\xi_i)\Delta t_i \quad (i=1,2,\cdots,n).$$

(3) 求和. 把 n 个小区间上 Δs_i 的近似值加起来,就得到时间段 $[T_1,T_2]$ 上所经过路程 s 的近似值,即

$$s = \sum_{i=1}^{n}\Delta s_i \approx \sum_{i=1}^{n}v(\xi_i)\Delta t_i.$$

(4) 取极限. 当分割无限细密,即 $\lambda \to 0$ 时,这里 $\lambda = \max\limits_{1\leq i\leq n}\{\Delta t_i\}$,和式 $\sum\limits_{i=1}^{n}v(\xi_i)\Delta t_i$ 的极限就是所求的路程,即

$$s = \lim_{\lambda \to 0}\sum_{i=1}^{n}v(\xi_i)\Delta t_i.$$

二、定积分的定义

如果我们抛开上面两个例子的背景,那么可以看到,所要求的量即曲边梯形的面积 A 与变速直线运动的路程 s,二者实际意义虽然不同,前者是几何问题,后者是物理问题,但解决问题所用的方法完全相同,可概括为**化整为零取近似**(局部以直代曲或以常代变)、**聚零为整取极限**,并且最后都归结为结构相同的一种和式的极限.

事实上,在实际问题中还有很多量需要采用类似的思想方法来计算,而且这些量最终都归结为计算和式的极限. 下面给出定积分的定义.

定义 4.3 设 $f(x)$ 是定义在区间 $[a,b]$ 上的函数. 在区间 $[a,b]$ 上任取分点且 $a = x_0 < x_1 < x_2 < \cdots < x_{i-1} < x_i < \cdots < x_{n-1} < x_n = b$,把区间 $[a,b]$ 分成 n 个小区间 $[x_0,x_1]$, $[x_1,x_2],\cdots,[x_{i-1},x_i],\cdots,[x_{n-1},x_n]$,小区间的长度为 $\Delta x_i = x_i - x_{i-1}$ $(i=1,2,\cdots,n)$,并记 $\lambda = \max\limits_{1\leq i\leq n}\{\Delta x_i\}$. 在每个小区间 $[x_{i-1},x_i]$ 上任取一点 ξ_i $(x_{i-1}\leq \xi_i \leq x_i)$,作乘积 $f(\xi_i)\Delta x_i$ 的和式 $\sum\limits_{i=1}^{n}f(\xi_i)\Delta x_i$. 如果不论区间 $[a,b]$ 如何分割,ξ_i 如何选取,当 $\lambda \to 0$ 时,这样的和式总存在相同的极限,那么就称函数 $f(x)$ 在区间 $[a,b]$ 上**可积**,并称这个极限值为函数 $f(x)$ 在区间 $[a,b]$ 上的**定积分**,记为 $\int_a^b f(x)\mathrm{d}x$,即

$$\int_a^b f(x)\mathrm{d}x = \lim_{\lambda \to 0}\sum_{i=1}^{n}f(\xi_i)\Delta x_i,$$

其中 $f(x)$ 叫作**被积函数**,$f(x)\mathrm{d}x$ 叫作**被积表达式**,x 叫作**积分变量**,a 叫作**积分下限**,b 叫作**积分上限**,$[a,b]$ 叫作**积分区间**.

根据定积分的定义,前面两个实际问题可以分别用定积分的形式来表示.

由曲线 $y=f(x)$ $(f(x)\geq 0)$,直线 $x=a$, $x=b$ 及 x 轴围成的曲边梯形的面积 A 用定积分可表示为 $A = \int_a^b f(x)\mathrm{d}x$.

从时刻 $t=T_1$ 到时刻 $t=T_2$,物体以速度 $v=v(t)$ $(v(t)\geq 0)$ 做直线运动,所经过的

路程 s 用定积分可表示为 $s = \int_{T_1}^{T_2} v(t) \mathrm{d}t$.

关于定积分定义的补充说明：

（1）若函数 $f(x)$ 在区间 $[a,b]$ 上可积，则定积分 $\int_a^b f(x) \mathrm{d}x$ 是一个数值，它由被积函数 $f(x)$ 和积分区间 $[a,b]$ 唯一确定，与积分变量的选择无关，即
$$\int_a^b f(x) \mathrm{d}x = \int_a^b f(u) \mathrm{d}u.$$

例如，$\int_0^1 x^2 \mathrm{d}x = \int_0^1 u^2 \mathrm{d}u = \dfrac{1}{3}$.

（2）在定积分的定义中，积分下限 a 是小于积分上限 b 的，为了以后计算和应用方便，作如下规定：

不论 $a < b$ 或 $a > b$，都有 $\int_a^b f(x) \mathrm{d}x = - \int_b^a f(x) \mathrm{d}x$；

当 $a = b$ 时，$\int_a^a f(x) \mathrm{d}x = 0$.

三、定积分的几何意义

从前面的讨论知道，若 $f(x)$ 在区间 $[a,b]$ 上连续，则当 $f(x) \geqslant 0$ 时，定积分 $\int_a^b f(x) \mathrm{d}x$ 在几何上表示的是由曲线 $y = f(x)$，直线 $x = a, x = b$ 及 x 轴围成的曲边梯形的面积 A，即
$$\int_a^b f(x) \mathrm{d}x = A.$$

当 $f(x) < 0$ 时，如图 4-5 所示，曲边梯形位于 x 轴的下方，$\int_a^b f(x) \mathrm{d}x < 0$，$\int_a^b f(x) \mathrm{d}x$ 在几何上表示相应曲边梯形面积的相反数，即
$$\int_a^b f(x) \mathrm{d}x = - A.$$

当 $f(x)$ 在区间 $[a,b]$ 上有正有负时，$\int_a^b f(x) \mathrm{d}x$ 在几何上表示 x 轴上方图形的面积减去 x 轴下方图形的面积. 如图 4-6 所示，有
$$\int_a^b f(x) \mathrm{d}x = A_1 - A_2 + A_3 - A_4.$$

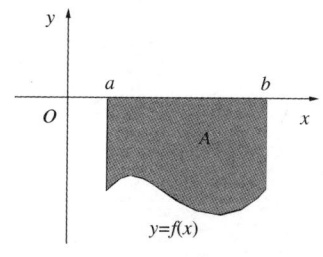

图 4-5

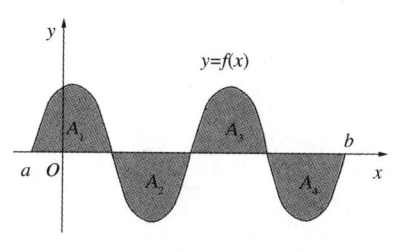

图 4-6

例1 利用定积分的几何意义求下列定积分:

(1) $\int_a^b 2\mathrm{d}x\ (a<b)$; (2) $\int_{-1}^0 x\mathrm{d}x$;

(3) $\int_0^{2\pi}\sin x\mathrm{d}x$; (4) $\int_0^r \sqrt{r^2-x^2}\mathrm{d}x\ (r>0)$.

解 (1) 如图 4-7 所示,由定积分的几何意义可知,$\int_a^b 2\mathrm{d}x$ 表示的是由直线 $y=2$, $x=a$, $x=b$ 及 x 轴所围成的矩形的面积,即 $\int_a^b 2\mathrm{d}x = A = 2(b-a)$.

对于任何常数 k,都有 $\int_a^b k\mathrm{d}x = k(b-a)$.

(2) 如图 4-8 所示,由定积分的几何意义可知,$\int_{-1}^0 x\mathrm{d}x$ 表示的是由直线 $y=x$, $x=-1$, $x=0$ 及 x 轴所围成的三角形面积的相反数,即

$$\int_{-1}^0 x\mathrm{d}x = -A = -\frac{1}{2}\times 1\times 1 = -\frac{1}{2}.$$

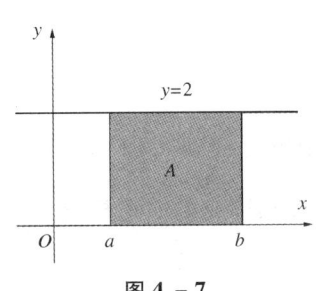

图 4-7

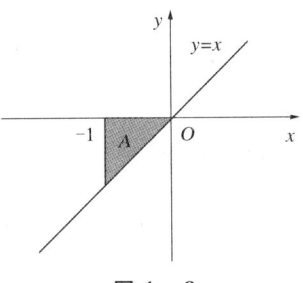

图 4-8

(3) 如图 4-9 所示,由定积分的几何意义可知,$\int_0^{2\pi}\sin x\mathrm{d}x$ 表示的是由曲线 $y=\sin x$, $x=0$, $x=2\pi$ 及 x 轴所围成的 x 轴上方图形的面积减去 x 轴下方图形的面积,即 $\int_0^{2\pi}\sin x\mathrm{d}x = A_1 - A_2 = 0$.

(4) 如图 4-10 所示,由定积分的几何意义可知,$\int_0^r \sqrt{r^2-x^2}\mathrm{d}x$ 表示的是由曲线 $y=\sqrt{r^2-x^2}$, $x=0$, $x=r$ 及 x 轴所围成的四分之一圆的面积,即

$$\int_0^r \sqrt{r^2-x^2}\mathrm{d}x = A = \frac{1}{4}\pi r^2.$$

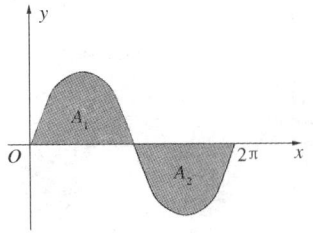

图 4-9

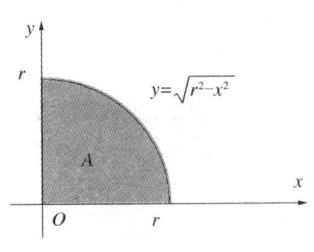

图 4-10

四、定积分的性质

由定积分的定义,可推得如下定积分的性质.

性质 1 $\int_a^b kf(x)\,dx = k\int_a^b f(x)\,dx$ (k 为常数). 特别地,有

$$\int_a^b k\,dx = k(b-a), \quad \int_a^b dx = b-a.$$

性质 2 $\int_a^b [f(x) \pm g(x)]\,dx = \int_a^b f(x)\,dx \pm \int_a^b g(x)\,dx.$

该性质可以推广到有限多个可积函数和(或差)的情形.

性质 3(区间可加性) $\int_a^b f(x)\,dx = \int_a^c f(x)\,dx + \int_c^b f(x)\,dx.$ (c 为任意实数)

性质 4(比较性质) 如果在区间 $[a,b]$ 上 $f(x), g(x)$ 都连续,且 $f(x) \geq g(x)$,那么 $\int_a^b f(x)\,dx \geq \int_a^b g(x)\,dx.$

性质 5(奇、偶函数在对称区间上的定积分性质)

(1) 如果函数 $f(x)$ 在区间 $[-a,a]$ 上连续且为奇函数,那么

$$\int_{-a}^a f(x)\,dx = 0.$$

(2) 如果函数 $f(x)$ 在区间 $[-a,a]$ 上连续且为偶函数,那么

$$\int_{-a}^a f(x)\,dx = 2\int_0^a f(x)\,dx.$$

如图 4-11 所示,结合定积分的几何意义,从直观上容易看出上面两个等式是成立的.

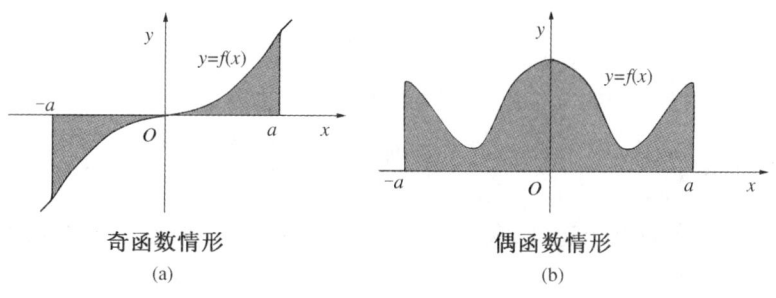

奇函数情形
(a)

偶函数情形
(b)

图 4-11

例 2 计算 $\int_0^2 (2x + \sqrt{4-x^2} - 1)\,dx.$

解 根据性质 1、性质 2 及定积分的几何意义,得

$$\int_0^2 (2x + \sqrt{4-x^2} - 1)\,dx = 2\int_0^2 x\,dx + \int_0^2 \sqrt{4-x^2}\,dx - \int_0^2 1\,dx$$

$$= 2 \times \frac{1}{2} \times 2 \times 2 + \frac{\pi}{4} \times 2^2 - (2-0) = 2 + \pi.$$

例 3 计算下列定积分:

(1) $\int_{-3}^{3} \dfrac{x\cos x}{1+x^2} dx$;   (2) $\int_{-2}^{2} |x| dx$.

解 (1) 因为函数 $f(x) = \dfrac{x\cos x}{1+x^2}$ 在对称区间 $[-3,3]$ 上连续且为奇函数, 所以根据性质 5, 得

$$\int_{-3}^{3} \dfrac{x\cos x}{1+x^2} dx = 0.$$

(2) 因为函数 $f(x) = |x|$ 在对称区间 $[-2,2]$ 上连续且为偶函数, 所以根据性质 5 及定积分的几何意义, 得

$$\int_{-2}^{2} |x| dx = 2\int_{0}^{2} x dx = 2 \times 2 = 4.$$

习 题 4-3

1. 填空题:

(1) $\int_{a}^{b} f(x) dx = \underline{\qquad} \int_{b}^{a} f(x) dx$.   (2) $\int_{a}^{a} f(x) dx = \underline{\qquad}$.

(3) $\int_{-1}^{1} (1+x^2) dx = \underline{\qquad} \int_{0}^{1} (1+x^2) dx$.   (4) $\int_{-1}^{2} dx = \underline{\qquad}$.

(5) $\int_{-1}^{1} \dfrac{x\cos x}{1+x^2} dx = \underline{\qquad}$.   (6) $\left[\int_{0}^{1} (x^4 + \sin x) dx\right]' = \underline{\qquad}$.

(7) $\int_{-3}^{3} (x^3 + 2\sin x + \sqrt{9-x^2}) dx = \underline{\qquad}$.

(8) 比较大小: $\int_{0}^{\frac{\pi}{4}} \cos x dx \underline{\qquad} \int_{0}^{\frac{\pi}{4}} \sin x dx$.

(9) 设 $f(x) = \begin{cases} 1, & -2\pi < x < 0 \\ \cos x, & 0 \leqslant x \leqslant 2\pi \end{cases}$; $\int_{-2\pi}^{2\pi} f(x) dx = \underline{\qquad}$.

(10) 已知一物体做直线运动, 速度 $v = 2t + 1 (m/s)$, 用定积分表示物体从 $t = 0(s)$ 到 $t = 2(s)$ 这段时间内所经过的路程 $s = \underline{\qquad}$, 并利用定积分的几何意义计算 s 的值是 $\underline{\qquad}$ (m).

2. 画图并利用定积分的几何意义求下列定积分的值:

(1) $\int_{-2}^{1} 3 dx$;   (2) $\int_{2}^{3} (x-4) dx$;   (3) $\int_{-\frac{\pi}{2}}^{\frac{\pi}{2}} \sin x dx$;   (4) $\int_{-1}^{1} \sqrt{1-x^2} dx$.

3. 用定积分表示由曲线 $y = x^2$, 直线 $x = 0, x = 1$ 及 x 轴所围成的图形面积.

4. 用定积分表示由曲线 $y = \ln x$, 直线 $x = \dfrac{1}{2}, x = 1$ 及 x 轴所围成的图形面积.

5. 用定积分表示图 4-12 中阴影部分的面积:

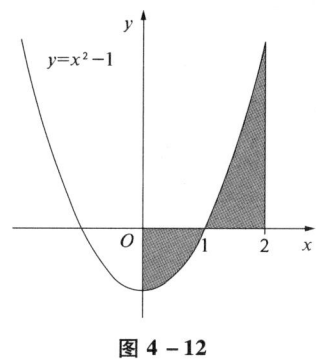

图 4–12

§4.4 微积分基本公式

定积分作为一种特定和式的极限,直接用定义来计算难度较大.事实上,除少数特殊情形外,按定义来求定积分是行不通的,所以必须寻找计算定积分的新途径和简便方法.由牛顿和莱布尼茨提出的微积分基本公式把定积分与不定积分两个不同的概念联系起来,解决了定积分的计算问题.

一、牛顿–莱布尼茨公式

如何根据微分运算与积分运算的互逆关系进行定积分的计算呢?先来看一个例子.

设做直线运动的物体在 t 时刻的速度和路程分别为 $v(t)$ 和 $s(t)$,现在来求它在时间段 $[T_1, T_2]$ 内经过的路程 s. 一方面,由上一节的讨论可知,已知速度函数 $v(t)$,则 $s = \int_{T_1}^{T_2} v(t)\mathrm{d}t$;另一方面,由路程函数 $s(t)$ 可得 $s = s(T_2) - s(T_1)$. 因此,有

$$s = \int_{T_1}^{T_2} v(t)\mathrm{d}t = s(T_2) - s(T_1). \tag{4-2}$$

因为 $s'(t) = v(t)$,所以式(4–2)又可叙述为速度 $v(t)$ 在 $[T_1, T_2]$ 上的定积分 $\int_{T_1}^{T_2} v(t)\mathrm{d}t$,等于它的原函数 $s(t)$ 在积分上限处的函数值 $s(T_2)$ 与积分下限处的函数值 $s(T_1)$ 之差.一般地,有下面的定理.

定理 4.1 设函数 $f(x)$ 在区间 $[a,b]$ 上连续,$F(x)$ 是 $f(x)$ 在 $[a,b]$ 上的一个原函数,则

$$\int_a^b f(x)\mathrm{d}x = F(b) - F(a). \tag{4-3}$$

式(4–3)称为**牛顿–莱布尼茨公式**,它揭示了定积分与被积函数的原函数之间的关系,即定积分与不定积分之间的内在联系,因此也叫作**微积分基本公式**.

为了简便,式(4-3)还常写成下列形式:
$$\int_a^b f(x)\mathrm{d}x = [F(x)]_a^b \text{ 或} \int_a^b f(x)\mathrm{d}x = F(x)\big|_a^b.$$

例 1 求下列定积分:

(1) $\int_0^1 x^2 \mathrm{d}x$; (2) $\int_{-1}^1 \frac{1}{1+x^2}\mathrm{d}x$; (3) $\int_1^2 \left(x^2 + \frac{1}{x^4}\right)\mathrm{d}x$.

解 (1) $\int_0^1 x^2 \mathrm{d}x = \frac{x^3}{3}\Big|_0^1 = \frac{1}{3} - \frac{0}{3} = \frac{1}{3}$.

(2) $\int_{-1}^1 \frac{1}{1+x^2}\mathrm{d}x = \arctan x\big|_{-1}^1 = \arctan 1 - \arctan(-1) = \frac{\pi}{4} - \left(-\frac{\pi}{4}\right) = \frac{\pi}{2}$.

(3) $\int_1^2 \left(x^2 + \frac{1}{x^4}\right)\mathrm{d}x = \left(\frac{x^3}{3} - \frac{1}{3x^3}\right)\Big|_1^2 = \left(\frac{8}{3} - \frac{1}{24}\right) - \left(\frac{1}{3} - \frac{1}{3}\right) = \frac{21}{8}$.

例 2 设 $f(x) = \begin{cases} x+1, & x \geq 1; \\ \frac{1}{2}x^2, & x < 1. \end{cases}$ 求 $\int_0^2 f(x)\mathrm{d}x$.

解 $\int_0^2 f(x)\mathrm{d}x = \int_0^1 \frac{1}{2}x^2 \mathrm{d}x + \int_1^2 (x+1)\mathrm{d}x = \frac{1}{6}x^3\Big|_0^1 + \left(\frac{1}{2}x^2 + x\right)\Big|_1^2 = \frac{8}{3}$.

二、定积分的计算

1. 定积分的换元积分法

一般地,如果函数 $f(x)$ 在区间 $[a,b]$ 上连续,且 $x = \varphi(t)$ 满足下列条件:
(1) $\varphi(\alpha) = a, \varphi(\beta) = b$,且 $a \leq \varphi(t) \leq b$;
(2) $x = \varphi(t)$ 在 $[\alpha,\beta]$(或 $[\beta,\alpha]$)上单调且有连续的导数,
则有
$$\int_a^b f(x)\mathrm{d}x = \int_\alpha^\beta f[\varphi(t)]\varphi'(t)\mathrm{d}t. \tag{4-4}$$

式(4-4)称为**定积分的换元公式**.这个公式与不定积分的换元公式很类似,不同之处在于定积分的换元法不必换回原积分变量,只需将积分限作相应的改变,即换元必须换限,且(原)上限对应(新)上限,(原)下限对应(新)下限.

例 3 求定积分 $\int_0^{\frac{\pi}{2}} \cos^5 x \sin x \mathrm{d}x$.

解一 令 $t = \cos x$,则 $\mathrm{d}t = -\sin x \mathrm{d}x$. 当 $x = 0$ 时,$t = 1$;当 $x = \frac{\pi}{2}$ 时,$t = 0$.

所以 $\int_0^{\frac{\pi}{2}} \cos^5 x \sin x \mathrm{d}x = -\int_1^0 t^5 \mathrm{d}t = \int_0^1 t^5 \mathrm{d}t = \frac{t^6}{6}\Big|_0^1 = \frac{1}{6}$.

上述解法明确地设出了新的积分变量 t.这时,只要替换积分上、下限,不必换回原积分变量.

解二 $\int_0^{\frac{\pi}{2}} \cos^5 x \sin x \mathrm{d}x = -\int_0^{\frac{\pi}{2}} \cos^5 x \mathrm{d}(\cos x) = -\frac{1}{6}\cos^6 x \Big|_0^{\frac{\pi}{2}} = \frac{1}{6}.$

解二没有引入新的积分变量 t，计算时，不需要替换积分上、下限. 对于能用"凑微分法"求原函数的积分，应尽可能用解二的方法求解.

例 4 求定积分 $\int_0^1 (2x-1)^4 \mathrm{d}x.$

解 $\int_0^1 (2x-1)^4 \mathrm{d}x = \frac{1}{2}\int_0^1 (2x-1)^4 \mathrm{d}(2x-1)$

$= \frac{1}{10}(2x-1)^5 \Big|_0^1 = \frac{1}{10} - \left(-\frac{1}{10}\right) = \frac{1}{5}.$

例 5 求定积分 $\int_1^4 \frac{1}{x+\sqrt{x}} \mathrm{d}x.$

解 令 $\sqrt{x} = t$，则 $x = t^2$，$\mathrm{d}x = 2t\mathrm{d}t$. 当 $x = 1$ 时，$t = 1$；当 $x = 4$ 时，$t = 2$. 于是，

$\int_1^4 \frac{1}{x+\sqrt{x}} \mathrm{d}x = \int_1^2 \frac{2t}{t^2+t} \mathrm{d}t = 2\int_1^2 \frac{1}{t+1} \mathrm{d}t = 2[\ln|t+1|]_1^2 = 2\ln\frac{3}{2}.$

2. 定积分的分部积分法

设函数 $u = u(x), v = v(x)$ 在区间 $[a,b]$ 上都具有连续的导数，则

$$[u(x)v(x)]' = u'(x)v(x) + u(x)v'(x),$$

移项，得 $u(x)v'(x) = [u(x)v(x)]' - u'(x)v(x).$

对上式两边取区间 $[a,b]$ 上的定积分，得

$$\int_a^b u(x)v'(x)\mathrm{d}x = \int_a^b [u(x)v(x)]'\mathrm{d}x - \int_a^b u'(x)v(x)\mathrm{d}x,$$

即 $\int_a^b u(x)\mathrm{d}v(x) = [u(x)v(x)]_a^b - \int_a^b v(x)\mathrm{d}u(x),$

简记为

$$\int_a^b u\mathrm{d}v = [uv]_a^b - \int_a^b v\mathrm{d}u. \tag{4-5}$$

式 (4-5) 称为**定积分的分部积分公式**.

例 6 求定积分 $\int_1^3 \ln x \mathrm{d}x.$

解 $\int_1^3 \ln x \mathrm{d}x = x\ln x \Big|_1^3 - \int_1^3 x\mathrm{d}(\ln x) = (3\ln 3 - 0) - \int_1^3 x \cdot \frac{1}{x} \mathrm{d}x$

$= 3\ln 3 - \int_1^3 \mathrm{d}x = 3\ln 3 - x\Big|_1^3 = 3\ln 3 - 2.$

例 7 求定积分 $\int_0^\pi x\cos x \mathrm{d}x.$

解 $\int_0^\pi x\cos x \mathrm{d}x = \int_0^\pi x\mathrm{d}(\sin x) = x\sin x \Big|_0^\pi - \int_0^\pi \sin x \mathrm{d}x$

$= -\int_0^\pi \sin x \mathrm{d}x = \cos x \Big|_0^\pi = -2.$

例 8 求定积分 $\int_0^1 \arctan x \mathrm{d}x.$

解 $\int_0^1 \arctan x \, dx = x \cdot \arctan x \Big|_0^1 - \int_0^1 x \, d(\arctan x)$

$= \arctan 1 - \int_0^1 \dfrac{x}{1+x^2} dx = \dfrac{\pi}{4} - \dfrac{1}{2}\int_0^1 \dfrac{1}{1+x^2} d(1+x^2)$

$= \dfrac{\pi}{4} - \dfrac{1}{2}\ln(1+x^2)\Big|_0^1 = \dfrac{\pi}{4} - \dfrac{1}{2}\ln 2.$

例 9 求 $\int_0^4 e^{\sqrt{x}} dx$.

解 先换元, 设 $\sqrt{x} = t$, 则 $x = t^2$, $dx = 2t\,dt$. 当 $x=0$ 时, $t=0$; 当 $x=4$ 时, $t=2$.

于是 $\int_0^4 e^{\sqrt{x}} dx = 2\int_0^2 e^t t \, dt = 2\int_0^2 t \, d(e^t) = 2[te^t]_0^2 - 2\int_0^2 e^t dt$

$= 4e^2 - 2[e^t]_0^2 = 4e^2 - 2e^2 + 2 = 2(e^2+1).$

习 题 4-4

1. 填空题:

(1) 若 $\int_k^2 3x^2 dx = 7$, 则 $k = $ _____.　　(2) 已知 $\int_0^1 (2x+k) dx = 2$, 则 $k = $ _____.

(3) $\int_1^5 \sqrt{2x-1} \, dx = $ _____.　　(4) $\int_0^1 x\sqrt{1-x^2} \, dx = $ _____.

(5) $\int_0^4 \dfrac{1}{1+2x} dx = $ _____.　　(6) $\int_0^3 e^{\frac{x}{3}} dx = $ _____.

2. 求下列定积分:

(1) $\int_{-3}^2 5 \, dx$;　　(2) $\int_1^2 4x^3 \, dx$;　　(3) $\int_0^{\frac{\pi}{2}} \cos x \, dx$;

(4) $\int_1^e \dfrac{1}{x} dx$;　　(5) $\int_0^{\frac{1}{2}} \dfrac{1}{\sqrt{1-x^2}} dx$;　　(6) $\int_0^{\frac{\pi}{2}} \sin x \, dx$;

(7) $\int_0^2 (1-3t^2) dt$;　　(8) $\int_0^2 (2e^x + 1) dx$;　　(9) $\int_0^{\frac{\pi}{4}} (\sin t + \cos t) dt$;

(10) $\int_0^\pi (e^x + \sin x) dx$;　　(11) $\int_4^9 \sqrt{x}(1+\sqrt{x}) dx$;　　(12) $\int_{-1}^1 \left(3 + \dfrac{1}{1+x^2}\right) dx$.

3. 设 $f(x) = \begin{cases} \sqrt{x}, & 0 \leq x \leq 1; \\ e^x, & 1 < x \leq 3. \end{cases}$ 求 $\int_0^3 f(x) dx$.

4. 求下列定积分:

(1) $\int_0^1 \sqrt{2x+1} \, dx$;　　(2) $\int_{\frac{\pi}{3}}^\pi \sin\left(x + \dfrac{\pi}{3}\right) dx$;　　(3) $\int_0^{\frac{\pi}{2}} \sin^3 x \cos x \, dx$;

(4) $\int_0^1 x e^{x^2} dx$;　　(5) $\int_0^1 \dfrac{x}{\sqrt{x^2+1}} dx$;　　(6) $\int_1^e \dfrac{\ln x}{x} dx$;

(7) $\int_1^e \dfrac{1+\ln x}{x}dx$; (8) $\int_1^4 \dfrac{\sin\sqrt{x}}{\sqrt{x}}dx$; (9) $\int_0^3 \dfrac{x}{1+\sqrt{1+x}}dx$.

5. 求下列定积分：

(1) $\int_0^1 xe^x dx$; (2) $\int_0^{\frac{\pi}{2}} x\sin x\,dx$; (3) $\int_0^1 \arccos x\,dx$;

(4) $\int_1^e x\ln x\,dx$; (5) $\int_0^1 x\arctan x\,dx$; (6) $\int_0^1 \ln(1+x^2)dx$.

§4.5 无限区间上的广义积分

前面所定义和计算的定积分，积分区间都是有限的，但在实际问题中，还会遇到区间无限的情形，看下面的例子．

例 1 考察曲线 $y=e^{-x}$ 以下，x 轴以上和 y 轴以右的无限区域（如图 4-13 所示）的面积 A．

解 从图中可以看出，对于所讨论的无限区域，x 的取值区间是 $[0,+\infty)$，这是一个无限区间．首先在无限区间 $[0,+\infty)$ 内任取一正数 b，作直线 $x=b$，可得到一个曲边梯形（图 4-13 中阴影部分）．由定积分的几何意义，可知曲边梯形的面积为

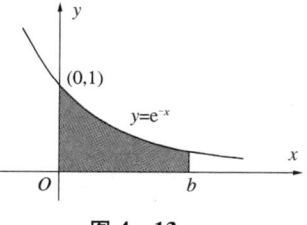

图 4-13

$$A_b = \int_0^b e^{-x}dx = -\int_0^b e^{-x}d(-x) = -e^{-x}\Big|_0^b = 1 - \dfrac{1}{e^b}.$$

可以看出，随着 b 的增大，$A_b = 1 - \dfrac{1}{e^b}$ 的值越来越接近于 1，取极限得

$$\lim_{b\to+\infty} A_b = \lim_{b\to+\infty}\int_0^b e^{-x}dx = \lim_{b\to+\infty}\left(1-\dfrac{1}{e^b}\right) = 1.$$

这说明当 $b\to+\infty$ 时，阴影部分面积的极限是 1，我们就把这一极限定义为所考察的无限区域的面积 A，并记作 $\int_0^{+\infty}e^{-x}dx$，即

$$A = \int_0^{+\infty} e^{-x}dx = \lim_{b\to+\infty}\int_0^b e^{-x}dx = 1.$$

一般地，有如下定义．

定义 4.4 设函数 $f(x)$ 在区间 $[a,+\infty)$ 上连续，$b>a$，记

$$\int_a^{+\infty} f(x)dx = \lim_{b\to+\infty}\int_a^b f(x)dx, \qquad (4-6)$$

则 $\int_a^{+\infty}f(x)dx$ 称为 $f(x)$ 在 $[a,+\infty)$ 上的**广义积分**．若上式右侧的极限存在，则称广义积分 $\int_a^{+\infty}f(x)dx$ **收敛**，否则称广义积分 $\int_a^{+\infty}f(x)dx$ **发散**．

类似地,定义 $f(x)$ 在区间 $(-\infty, b]$ 上的广义积分为

$$\int_{-\infty}^{b} f(x)\,dx = \lim_{a \to -\infty} \int_{a}^{b} f(x)\,dx. \qquad (4-7)$$

定义 $f(x)$ 在区间 $(-\infty, +\infty)$ 上的广义积分为

$$\int_{-\infty}^{+\infty} f(x)\,dx = \int_{-\infty}^{c} f(x)\,dx + \int_{c}^{+\infty} f(x)\,dx, \quad c \text{ 是任意实常数.} \qquad (4-8)$$

当式 (4-8) 右端的两个广义积分都收敛时,称广义积分 $\int_{-\infty}^{+\infty} f(x)\,dx$ 收敛,否则称它发散.

例 2 求 $\int_{-\infty}^{0} e^{x}\,dx$.

解 $\int_{-\infty}^{0} e^{x}\,dx = \lim\limits_{a \to -\infty} \int_{a}^{0} e^{x}\,dx = \lim\limits_{a \to -\infty} [e^{x}]_{a}^{0} = \lim\limits_{a \to -\infty} (1 - e^{a}) = 1.$

为了书写简便,广义积分的计算过程可仿照牛顿-莱布尼茨公式简记为

$$\int_{a}^{+\infty} f(x)\,dx = [F(x)]_{a}^{+\infty} = \lim_{x \to +\infty} F(x) - F(a),$$

$$\int_{-\infty}^{b} f(x)\,dx = [F(x)]_{-\infty}^{b} = F(b) - \lim_{x \to -\infty} F(x),$$

$$\int_{-\infty}^{+\infty} f(x)\,dx = [F(x)]_{-\infty}^{+\infty} = \lim_{x \to +\infty} F(x) - \lim_{x \to -\infty} F(x),$$

其中 $F(x)$ 是 $f(x)$ 的一个原函数.

按照这种简便书写格式,例 2 的计算过程可写为

$$\int_{-\infty}^{0} e^{x}\,dx = [e^{x}]_{-\infty}^{0} = 1 - \lim_{x \to -\infty} e^{x} = 1.$$

例 3 求 $\int_{-\infty}^{+\infty} \dfrac{1}{1+x^{2}}\,dx$.

解 $\int_{-\infty}^{+\infty} \dfrac{1}{1+x^{2}}\,dx = [\arctan x]_{-\infty}^{+\infty} = \lim\limits_{x \to +\infty} \arctan x - \lim\limits_{x \to -\infty} \arctan x$

$$= \dfrac{\pi}{2} - \left(-\dfrac{\pi}{2}\right) = \pi.$$

例 4 讨论广义积分 $\int_{1}^{+\infty} \dfrac{1}{x^{p}}\,dx$ 何时收敛,何时发散?

解 当 $p = 1$ 时,$\int_{1}^{+\infty} \dfrac{1}{x^{p}}\,dx = \int_{1}^{+\infty} \dfrac{1}{x}\,dx = [\ln |x|]_{1}^{+\infty} = +\infty.$

当 $p \neq 1$ 时,$\int_{1}^{+\infty} \dfrac{1}{x^{p}}\,dx = \left[\dfrac{1}{1-p} x^{1-p}\right]_{1}^{+\infty} = \begin{cases} +\infty, & p < 1; \\ \dfrac{1}{p-1}, & p > 1. \end{cases}$

因此,广义积分 $\int_{1}^{+\infty} \dfrac{1}{x^{p}}\,dx$ 当 $p > 1$ 时收敛,当 $p \leqslant 1$ 时发散.

习题 4-5

1. 填空题：

(1) $\int_1^{+\infty} x^{-\frac{3}{2}} dx = $ _____.

(2) 若 $\int_0^{+\infty} \dfrac{k}{1+x^2} dx = \pi$（$k$ 为常数），则 $k = $ _____.

(3) 若 $\int_0^{+\infty} e^{-kx} dx = \dfrac{1}{3}$（$k$ 为常数），则 $k = $ _____.

2. 讨论下列广义积分的敛散性，若收敛，求出其值：

(1) $\int_1^{+\infty} \dfrac{1}{x^3} dx$；　　　(2) $\int_1^{+\infty} \dfrac{1}{\sqrt{x}} dx$；　　　(3) $\int_4^{+\infty} \dfrac{1}{\sqrt{x^3}} dx$；

(4) $\int_0^{+\infty} e^{-\frac{x}{2}} dx$；　　　(5) $\int_0^{+\infty} \cos x \, dx$；　　　(6) $\int_0^{+\infty} 2x e^{-x^2} dx$；

(7) $\int_e^{+\infty} \dfrac{1}{x \ln^2 x} dx$；　　　(8) $\int_2^{+\infty} \dfrac{1}{x \ln x} dx$；　　　(9) $\int_0^{+\infty} \dfrac{x}{x^2+1} dx$.

§4.6 积分的应用

一、积分在经济分析中的应用

1. 由边际经济函数求原经济函数

由第3章介绍的边际分析可知，对一已知的经济函数 $F(x)$（如需求函数 $q(p)$，总成本函数 $C(q)$，总收入函数 $R(q)$ 和利润函数 $L(q)$ 等），它的边际函数就是它的导函数 $F'(x)$. 作为导数的逆运算，若对已知的边际函数 $F'(x)$ 求不定积分 $\int F'(x) dx$，则可求得原经济函数

$$F(x) = \int F'(x) dx + C,$$

其中积分常数 C 由 $F(0) = F_0$ 的具体条件确定.

也可由牛顿-莱布尼茨公式求出经济函数从 a 到 b 时的增量，即

$$\Delta F = F(b) - F(a) = \int_a^b F'(x) dx.$$

1) 需求函数

我们知道需求量 q 是价格 p 的函数 $q = q(p)$. 一般地,价格 $p = 0$ 时需求量最大,设最大需求量为 q_0,即 $q(0) = q_0$.

若已知边际需求为 $q'(p)$,则总需求函数可由下列公式求得:

$$q(p) = \int q'(p)\,dp + C,$$

其中积分常数 C 可由条件 $q(0) = q_0$ 确定.

例1 已知某商品的需求量 q 是价格 p 的函数,且边际需求 $q'(p) = -\dfrac{20}{p+1}$,该商品的最大需求量为 1000(即 $p = 0$ 时,$q = 1000$),求需求量与价格的函数关系.

解 因为 $q(p) = \int q'(p)\,dp = -\int \dfrac{20}{p+1}\,dp = -20\ln|p+1| + C.$

由 $q(0) = 1000$ 得 $C = 1000$,所以需求量与价格的函数关系是

$$q(p) = -20\ln|p+1| + 1000.$$

2) 总成本函数

设产量为 q 时的边际成本为 $C'(q)$,固定成本为 C_0,则产量为 q 时总成本函数可由下列公式求得:

$$C(q) = \int C'(q)\,dq + C,$$

其中积分常数 C 可由条件 $C(0) = C_0$ 确定.

例2 已知生产某产品的边际成本函数 $C'(q) = 0.6q + 3.2$(万元/百件),固定成本 $C_0 = 50$(万元),求:

(1) 总成本函数和平均成本函数;

(2) 当产量 q 由 2 百件增加到 7 百件时,总成本增加了多少万元?

解 (1) 因为

$$C(q) = \int C'(q)\,dq = \int (0.6q + 3.2)\,dq = 0.3q^2 + 3.2q + C.$$

由 $C(0) = 50$ 得 $C = 50$,所以总成本函数为

$$C(q) = 0.3q^2 + 3.2q + 50,$$

平均成本函数为 $\overline{C}(q) = \dfrac{C(q)}{q} = 0.3q + 3.2 + \dfrac{50}{q}.$

(2) 因为 $\Delta C = C(7) - C(2) = \int_2^7 C'(q)\,dq = \int_2^7 (0.6q + 3.2)\,dq$

$$= (0.3q^2 + 3.2q)\Big|_2^7 = 29.5(万元),$$

所以,当产量 q 由 2 百件增加到 7 百件时,总成本增加了 29.5 万元.

3) 总收入函数

设销售量为 q 时的边际收入为 $R'(q)$,则销售量为 q 时的总收入函数可由下列公式求得:

$$R(q) = \int R'(q)\,dq + C.$$

其中积分常数 C 可由条件 $R(0) = 0$ 确定(一般假定产量或销售量为 0 时,总收入为 0).

例 3 已知生产 q 个单位某产品时的边际收入为 $R'(q) = 80 - q$(元/单位),求:

(1) 总收入函数,生产 40 个单位产品时的总收入及平均收入;

(2) 在生产 40 个单位的基础上再生产 10 个单位时所增加的总收入.

解 (1) 因为

$$R(q) = \int R'(q) \mathrm{d}q = \int (80 - q) \mathrm{d}q = 80q - \frac{1}{2}q^2 + C,$$

由 $R(0) = 0$ 得 $C = 0$,所以总收入函数为

$$R(q) = 80q - \frac{1}{2}q^2.$$

生产 40 个单位时,总收入是

$$R(40) = 80 \times 40 - \frac{1}{2} \times 40^2 = 2400(元),$$

平均收入是

$$\overline{R}(40) = \frac{R(40)}{40} = 60(元/单位).$$

(2) 在生产 40 个单位的基础上再生产 10 个单位时所增加的总收入是

$$\Delta R = R(50) - R(40) = 80 \times 50 - \frac{1}{2} \times 50^2 - 2400 = 350(元).$$

4) 利润函数

设某产品的边际收入为 $R'(q)$,边际成本为 $C'(q)$,则利润函数为

$$L(q) = R(q) - C(q) = \int R'(q) \mathrm{d}q - \int C'(q) \mathrm{d}q,$$

其中 $L(q)$ 为纯利,纯利加上固定成本即为毛利.

例 4 已知生产某产品的边际收入为 $R'(q) = 30 - 2q$,边际成本为 $C'(q) = 18 - 4q$,固定成本 $C_0 = 5$,求:

(1) 利润函数;

(2) $q = 5$ 时的纯利和毛利.

解 (1) 因为

$$R(q) = \int R'(q) \mathrm{d}q = \int (30 - 2q) \mathrm{d}q = 30q - q^2 + C_1,$$

由 $R(0) = 0$ 得 $C_1 = 0$,所以总收入函数为

$$R(q) = 30q - q^2.$$

又因为

$$C(q) = \int C'(q) \mathrm{d}q = \int (18 - 4q) \mathrm{d}q = 18q - 2q^2 + C_2,$$

由 $C(0) = 5$ 得 $C_2 = 5$,所以总成本函数为

$$C(q) = 18q - 2q^2 + 5.$$

利润函数为

$$L(q) = R(q) - C(q) = (30q - q^2) - (18q - 2q^2 + 5) = 12q + q^2 - 5.$$

(2) 当 $q = 5$ 时,纯利为 $L(5) = 80$,毛利为 $L(5) + C_0 = 80 + 5 = 85$.

2. 由边际函数求最优化问题

用求函数最优化问题的方法,可讨论经济中的一些最优化问题.

例 5 已知某企业生产 q 吨产品时的边际成本为 $C'(q) = q + 6$(万元/吨),固定成本 $C_0 = 50$ 万元,且该产品以每吨 20 万元的价格出售,求利润达到最大时的产量和最大利润.

解 因为
$$C(q) = \int C'(q)\mathrm{d}q = \int (q+6)\mathrm{d}q = \frac{1}{2}q^2 + 6q + C,$$
由 $C(0) = 50$ 得 $C = 50$,所以总成本函数为
$$C(q) = \frac{1}{2}q^2 + 6q + 50.$$
总收入函数为
$$R(q) = 20q.$$
总利润函数为
$$L(q) = R(q) - C(q) = 20q - \left(\frac{1}{2}q^2 + 6q + 50\right)$$
$$= -\frac{1}{2}q^2 + 14q - 50,$$
$$L'(q) = -q + 14.$$
令 $L'(q) = 0$,解得 $q = 14$,又 $L''(q) = -1 < 0$,所以当产量 $q = 14$ 吨时利润最大,最大利润为 $L(14) = 48$(万元).

例 6 已知某厂生产 q 件产品时的边际成本为 $C'(q) = q + 36$(万元/千件),固定成本为 9800 万元,问:产量为多少时平均成本最低? 最低平均成本为多少?

解 因为
$$C(q) = \int C'(q)\mathrm{d}q = \int (q+36)\mathrm{d}q = \frac{1}{2}q^2 + 36q + C,$$
由 $C(0) = 9800$ 得 $C = 9800$,所以总成本函数为
$$C(q) = \frac{1}{2}q^2 + 36q + 9800,$$
平均成本函数为
$$\overline{C}(q) = \frac{1}{2}q + 36 + \frac{9800}{q},$$
$$\overline{C}'(q) = \frac{1}{2} - \frac{9800}{q^2}.$$
令 $\overline{C}'(q) = 0$,解得 $q_1 = 140$,$q_2 = -140$(舍去),又 $\overline{C}''(q) = \frac{19600}{q^3} > 0$,所以当产量 $q = 140$ 千件时平均成本最低,最低平均成本为 $\overline{C}(140) = 176$(万元/千件).

例 7 设某产品的边际收入函数为 $R'(q) = 9 - q$(万元/万台),边际成本函数为 $C'(q) = 4 + \frac{1}{4}q$(万元/万台),其中产量 q 以万台为单位,求:

(1) 当产量 q 为多少时利润最大?

(2) 当产量由 4 万台增加到 5 万台时利润的增量.

解 (1) 边际利润函数

$$L'(q) = R'(q) - C'(q) = (9-q) - \left(4 + \frac{1}{4}q\right) = 5 - \frac{5}{4}q.$$

令 $L'(q) = 0$,得 $q = 4$,又 $L''(q) = -\frac{5}{4} < 0$,所以当产量 $q = 4$ 万台时利润最大.

(2) 当产量 q 由 4 万台增加到 5 万台时,利润的增量是

$$\Delta L = L(5) - L(4) = \int_4^5 L'(q)\,dq = \int_4^5 \left(5 - \frac{5}{4}q\right)dq$$

$$= \left(5q - \frac{5}{8}q^2\right)\bigg|_4^5 = -\frac{5}{8}(万元).$$

由此可见,在产量为 4 万台的基础上再生产 1 万台,利润不但未增加反而减少.

二、平面图形的面积

根据定积分的定义,我们已经知道:由曲线 $y = f(x)$ ($f(x) \geq 0$),直线 $x = a, x = b$ 及 x 轴围成的曲边梯形的面积 A 用定积分可表示为 $A = \int_a^b f(x)\,dx$.

若 $f(x)$ 不都是非负的,则所围成的面积为 $A = \int_a^b |f(x)|\,dx$.

一般地,由曲线 $y = f(x), y = g(x)$ ($f(x) \geq g(x)$) 及直线 $x = a, x = b$ 所围成的平面图形(见图 4-14(a))的面积为

$$A = \int_a^b [f(x) - g(x)]\,dx. \tag{4-9}$$

由曲线 $x = \varphi(y), x = \psi(y)$ ($\varphi(y) \geq \psi(y)$) 及直线 $y = c, y = d$ 所围成的平面图形(见图 4-14(b))的面积为

$$A = \int_c^d [\varphi(y) - \psi(y)]\,dy. \tag{4-10}$$

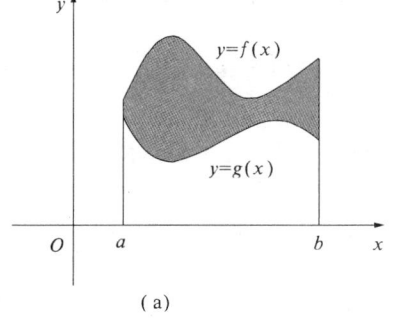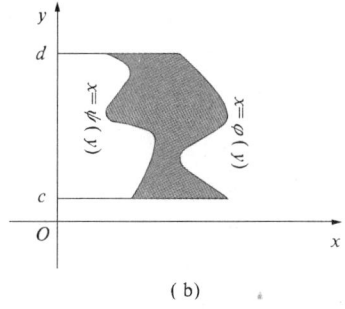

图 4-14

对上述两种情形及相应的面积公式(4-9)、(4-10)理解之后,可将计算过程简化如下:

(1) 作出平面图形,解方程求出交点坐标;
(2) 根据图形,选取合适的积分变量,并写出积分区间;
(3) 根据公式(4-9)或(4-10),将所求图形的面积表示成定积分,计算出结果.

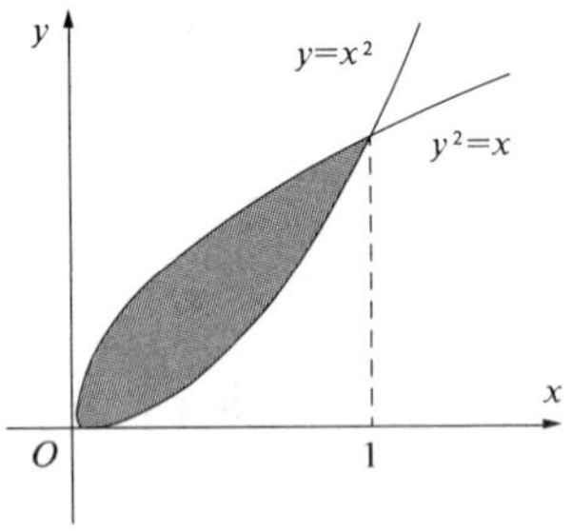

例8 求由曲线 $y^2 = x, y = x^2$ 所围成的图形的面积 A.

解 如图 4-15 所示,两条抛物线的交点为 $(0,0)$ 和 $(1,1)$.取 x 为积分变量,积分区间为 $[0,1]$.于是,所求图形的面积为

$$A = \int_0^1 (\sqrt{x} - x^2) \, dx = \left(\frac{2}{3} x^{\frac{3}{2}} - \frac{x^3}{3} \right) \Big|_0^1 = \frac{2}{3} - \frac{1}{3} = \frac{1}{3}.$$

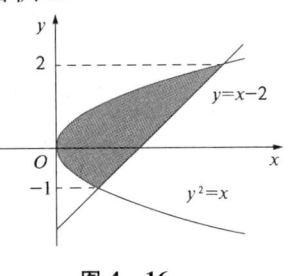

图 4-15

例9 求抛物线 $y^2 = x$ 与直线 $y = x - 2$ 所围成的平面图形的面积 A.

解 如图 4-16 所示,解方程组

$$\begin{cases} y^2 = x, \\ y = x - 2, \end{cases}$$

得抛物线 $y^2 = x$ 与直线 $y = x - 2$ 的交点为 $(1,-1)$ 和 $(4,2)$.取 y 为积分变量,积分区间为 $[-1,2]$.把抛物线 $y^2 = x$ 与直线 $y = x - 2$ 的方程分别改写为 $x = y^2, x = y + 2$.利用公式(4-10),可得所求图形的面积为

图 4-16

$$A = \int_{-1}^2 [(y+2) - y^2] \, dy = \left[\frac{1}{2} y^2 + 2y - \frac{1}{3} y^3 \right]_{-1}^2 = \frac{9}{2}.$$

习题 4-6

1. 已知某商品的需求量 q 是价格 p 的函数,且边际需求 $q'(p) = -5$,该商品的最大需求量为 100(即 $p = 0$ 时,$q = 100$),求需求量与价格的函数关系.

2. 已知某商品的需求量 q 是价格 p 的函数,且边际需求 $q'(p) = -1000 \cdot \ln 3 \cdot \left(\frac{1}{3} \right)^p$,该商品的最大需求量为 1000(即 $p = 0$ 时,$q = 1000$),求需求量与价格的函数关系.

3. 已知边际成本函数 $C'(q) = 2e^{0.2q}$,固定成本 $C_0 = 90$,求总成本函数.

4. 已知边际成本函数 $C'(q) = 25 + 30q - q^2$,固定成本 $C_0 = 55$,求总成本函数、平均成本函数与可变成本函数.

5. 已知生产 q 个单位某产品时的边际收入为 $R'(q) = 200 - 0.01q$(元/单位),求:
(1) 生产 50 个单位产品时的总收入;
(2) 在生产 100 个单位的基础上再生产 100 个单位时总收入的增量.

6. 某企业生产 q 吨产品时的边际成本为 $C'(q) = 0.04q + 2$(万元/吨),固定成本 $C_0 = 20$ 万元,且该产品以每吨 18 万元的价格出售,求利润达到最大时的产量,并求出最大利润.

7. 已知某企业生产 q 吨产品时的边际成本为 $C'(q) = \dfrac{1}{50}q + 30$（元／吨），固定成本为 900 元，求产量为多少时平均成本最低.

8. 设某产品的边际收入函数为 $R'(q) = 5 - q$（万元／百台），边际成本函数为 $C'(q) = 1$（万元／百台），其中产量 q 以百台为单位，求：

(1) 当产量 q 为多少时利润最大？

(2) 在上述产量（使利润最大）的基础上再生产 100 台，利润减少多少？

9. 求下列各曲线所围成的图形的面积：

(1) $y = e^x$ 与 $x = 0, x = 1$ 及 $y = 0$；　　(2) $y = x^2$ 与 $y = 2x$；

(3) $y = e^x, y = e^{-x}$ 与 $x = 1$；　　(4) $\sqrt{y} = x$ 与 $y = -x, y = 1$；

(5) $xy = 1, y = x$ 与 $x = 2$；　　(6) $y^2 = 2x$ 与 $y = x - 4$.

复习题 4

1. 选择题：

(1) $\displaystyle\int (\cos 3x)' \mathrm{d}x = ($ 　　)

　　A. $\cos 3x$　　　　B. $\cos 3x + C$　　　　C. $\cos 3x \mathrm{d}x$　　　　D. $\sin 3x$

(2) 下列式子正确的是(　　)

　　A. $\dfrac{\mathrm{d}}{\mathrm{d}x}\displaystyle\int x\sin x \mathrm{d}x = x\sin x$　　　　B. $\displaystyle\int \mathrm{d}(x\sin x) = x\sin x \mathrm{d}x$

　　C. $\displaystyle\int \mathrm{d}(x\sin x) = x\sin x$　　　　D. $\displaystyle\int_{-1}^{1} x\cos x \mathrm{d}x = \pi$

(3) 若 $F'(x) = f(x)$，则下列表述错误的是(　　)

　　A. $F(x)$ 是 $f(x)$ 的一个原函数　　　　B. $f(x)$ 是 $F(x)$ 的导函数

　　C. $F(x)$ 是 $f(x)$ 的不定积分　　　　D. $F(x) + C$ 是 $f(x)$ 的全部原函数

(4) 下列等式成立的是(　　)

　　A. $\displaystyle\int \sin 2x \mathrm{d}x = -\cos 2x + C$　　　　B. $\displaystyle\int e^{-x} \mathrm{d}x = e^{-x} + C$

　　C. $\displaystyle\int \dfrac{1}{\cos x} \mathrm{d}x = \ln|\cos x| + C$　　　　D. $\displaystyle\int \dfrac{1}{x-1} \mathrm{d}x = \ln|x-1| + C$

(5) 若 $\displaystyle\int_0^a x(2 - 3x) \mathrm{d}x = 2$，则 $a = ($ 　　)

　　A. 1　　　　B. -1　　　　C. 2　　　　D. -2

(6) 定积分 $\displaystyle\int_1^2 \dfrac{1}{2x-1} \mathrm{d}x = ($ 　　)

　　A. $\ln 3$　　　　B. $2\ln 3$　　　　C. $\dfrac{1}{2}\ln 3$　　　　D. $-\dfrac{1}{2}\ln 3$

(7) 定积分 $\int_0^{19} \dfrac{1}{\sqrt[3]{x+8}}dx$ 作适当变换后等于( )

A. $\int_2^3 3t\,dt$ B. $\int_0^3 3t\,dt$ C. $\int_0^2 3t\,dt$ D. $\int_{-2}^{-3} 3t\,dt$

(8) 下列广义积分中收敛的是( )

A. $\int_1^{+\infty} \dfrac{1}{x}dx$ B. $\int_1^{+\infty} \dfrac{1}{\sqrt{x}}dx$ C. $\int_1^{+\infty} \dfrac{1}{x^2}dx$ D. $\int_1^{+\infty} \sqrt{x}\,dx$

(9) 由曲线 $y = x^3, x = 1$ 及 x 轴所围成的图形的面积是( )

A. $\dfrac{1}{4}$ B. 1   C. 2   D. 3

(10) 由曲线 $y = x^2 (x \geq 0), y = 1$ 及 y 轴所围成的图形的面积是( )

A. $\int_0^1 (1-x^2)\,dx$ B. $\int_0^1 y^2\,dx$ C. $\int_0^1 x^2\,dy$ D. $\int_0^1 (1-\sqrt{x})\,dy$

2. 填空题：

(1) 设 x^2 为 $f(x)$ 的一个原函数，则 $f(x) = $ _____.

(2) $\int$ _____ $dx = \sqrt[3]{x} - 2x + C$.

(3) 函数 $2^x \ln 2$ 是函数 _____ 的一个原函数.

(4) $2^x \ln 2$ 的全部原函数是 _____.

(5) $\int_{-\pi}^{\pi} \dfrac{x\sin(x^2)}{16-x^2}dx = $ _____.

(6) $\dfrac{d}{dx}\int \dfrac{\cos^3 x}{4x+1}dx = $ _____.

(7) $\int_0^1 d\left(\dfrac{x^3}{3} - x\right) = $ _____.

(8) 设函数 $f(x)$ 在区间 $[a,b]$ 上连续，$F(x)$ 是 $f(x)$ 在 $[a,b]$ 上的一个原函数，则 $\int_a^b f(x)\,dx = $ _____.

(9) $\int_0^1 (x-1)\,dx + \int_0^{\pi/4} \cos x\,dx = $ _____.

(10) 设 $f(x) = \begin{cases} x, & 0 \leq x \leq 1; \\ 1, & 1 < x < 3. \end{cases}$ 则 $\int_0^3 f(x)\,dx = $ _____.

(11) $\int_{-1}^{1} \dfrac{e^x}{1+e^x}dx = $ _____.

(12) 若广义积分 $\int_0^{+\infty} e^{-kx}\,dx = 2$，则 $k = $ _____.

(13) 设某产品的边际利润为 $L'(q) = 10 - 0.02q$，则销量由 10 个单位增加到 20 个单位时增加的利润为 _____.

(14) 已知某产品的边际收入为 $R'(q) = 200 - \dfrac{1}{8}q$，则销量为 100 时总收入为 _____，平均收入为 _____，销量由 100 再增加 100 时收入的增加值为 _____.

3. 求下列不定积分：

(1) $\int \dfrac{\cos(3+\sqrt{x})}{\sqrt{x}} dx$；

(2) $\int \dfrac{x+3}{x^2+9} dx$；

(3) $\int \tan^3 x \, dx$；

(4) $\int \dfrac{1}{e^x+e^{-x}} dx$；

(5) $\int \dfrac{\cos x}{\sin^3 x} dx$；

(6) $\int x\sin \dfrac{x}{2} dx$；

(7) $\int \dfrac{\ln x}{x^2} dx$；

(8) $\int x \sec^2 x \, dx$；

(9) $\int e^{\sqrt{x}} dx$.

4. 求下列定积分：

(1) $\int_1^2 \dfrac{x^2}{x+1} dx$；

(2) $\int_0^\pi (3^x + \sin x) dx$；

(3) $\int_0^{\frac{1}{2}} \dfrac{1+x}{\sqrt{1-x^2}} dx$；

(4) $\int_0^1 \dfrac{x}{1+x^2} dx$；

(5) $\int_0^1 \dfrac{1}{1+e^{-x}} dx$；

(6) $\int_0^{\frac{\pi}{4}} \sin 2x \, dx$；

(7) $\int_1^e \dfrac{1}{x^2} e^{\frac{1}{x}} dx$；

(8) $\int_1^e x^2 \ln x \, dx$；

(9) $\int_{-2}^1 |1+x| dx$.

5. 已知某商品的边际成本为 $C'(q) = 10 + 0.02q$（元／件），固定成本 $C_0 = 500$ 元，每件售价 20 元，且商品能全部出售，求利润达到最大时的产量和最大利润. 若在最大利润基础上再多生产 20 件，则利润有何改变？

6. 已知某产品的边际成本 $C'(q) = 4q - 3$（万元／百台），q 为产量（单位：百台），固定成本为 18 万元，求：

(1) 该产品的平均成本函数；

(2) 最低平均成本.

第 5 章 多元函数的微分学

§5.1 空间直角坐标系简介

一、空间直角坐标系

在平面解析几何中,平面直角坐标系 xOy 是由垂足为 O 的两条互相垂直的数轴构成的,它所在的平面称为 xOy 面.如果将 xOy 面放在空间中,并过 O 作垂直于 xOy 面的数轴 z 轴,就得到一个空间直角坐标系(见图 5 – 1).

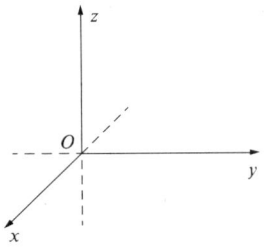

图 5 – 1

如图 5 – 1 所示,在空间内取定一点 O,以 O 为原点作三条两两垂直的数轴 Ox,Oy,Oz (它们通常具有相同的长度单位),它们分别称为 x 轴(横轴),y 轴(纵轴),z 轴(竖轴),统称为坐标轴,这样就构成了一个**空间直角坐标系**,常记为 $Oxyz$.其中三个坐标轴的正方向符合右手法则,即当右手握住 z 轴,右手的四个手指从正向 x 轴以 $\dfrac{\pi}{2}$ 角度转向正向 y 轴时,大拇指的指向就是 z 轴的正向.

如图 5 – 2 所示,由 x 轴和 y 轴所确定的平面称为 xOy 面,由 y 轴和 z 轴所确定的平面称为 yOz 面,由 z 轴和 x 轴所确定的平面称为 zOx 面,它们统称为**坐标面**.三个坐标面把空间分成八个部分,每一个部分称为一个**卦限**.以 x 轴,y 轴,z 轴的正半轴为棱的卦限称为第 I 卦限,在 xOy 面之上的其他三个卦限按逆时针方向依次称为第 II、III、IV 卦限.在 xOy 面之下第 I 卦限下方的卦限称为第 V 卦限,在 xOy 面之下的其他三个卦限按逆时针方向依次称为第 VI、VII、VIII 卦限.

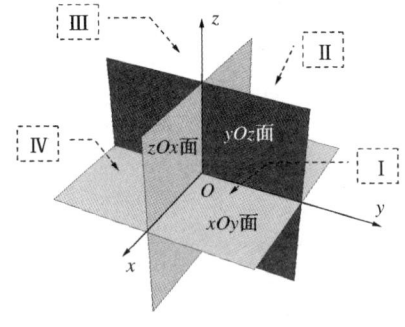

图 5 – 2

如图 5 – 3 所示,设 P_0 为空间中的任意一点,过点 P_0 作 xOy 面的垂线,垂足为 M_0(M_0 称为 P_0 在 xOy 面上的**投影**),设 M_0 在 xOy 面上的坐标为 $(x_0,y_0,0)$,再过点 P_0 作 z 轴的垂线,垂足在 z 轴的坐标为 z_0,这样空间的点 P_0 就对应了三个有序实数 (x_0,y_0,z_0);反之,给定三个有序实数 (x_0,y_0,z_0),可以先在 xOy 面上找到点 $M_0(x_0,y_0,0)$,再过点 M_0 作 xOy

面的垂线 M_0P_0,垂线的长度为 $|z_0|$(当 $z_0>0$ 时,P_0 在 xOy 面上方;当 $z_0<0$ 时,P_0 在 xOy 面下方). 于是,空间中的点 P_0 与有序实数组 (x_0,y_0,z_0) 一一对应,称有序实数组 (x_0,y_0,z_0) 为点 P_0 的**空间直角坐标**,记为 $P_0(x_0,y_0,z_0)$,其中 x_0,y_0,z_0 分别称为点 P 的**横坐标**、**纵坐标**和**竖坐标**.

图 5-4 表示出了点 $P(1,0,1)$ 和 $Q(1,3,-2)$ 在空间直角坐标系中的位置.

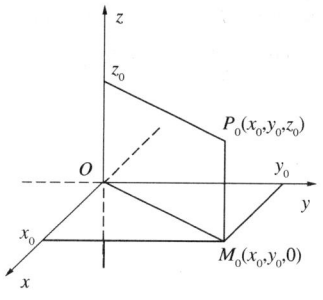

图 5-3

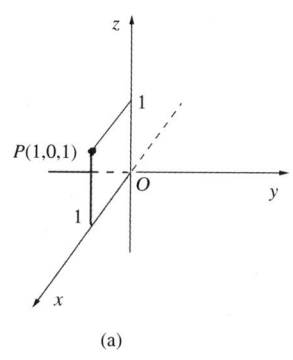

(a)

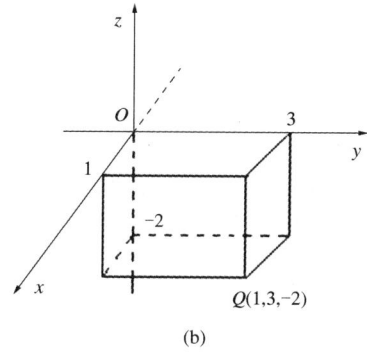

(b)

图 5-4

可以看出,xOy 面上任意点的竖坐标都是零,即 $z=0$,所以方程 $z=0$ 在空间直角坐标系中表示的是 xOy 面. 同理可知,在空间直角坐标系中,$y=0$ 表示的是 zOx 面,$x=0$ 表示的是 yOz 面.

二、空间内两点间的距离公式

如图 5-5 所示,设 $P_1(x_1,y_1,z_1)$,$P_2(x_2,y_2,z_2)$ 为空间内两点,点 M_1,M_2 分别是点 P_1,P_2 在 xOy 面上的投影,过点 P_1 作 M_2P_2 的垂线,垂足为 A,则

$$|AP_2|=|z_2-z_1|,$$
$$|AP_1|=|M_1M_2|=\sqrt{(x_2-x_1)^2+(y_2-y_1)^2}.$$

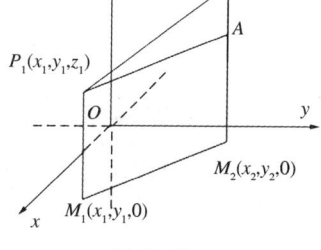

图 5-5

由勾股定理,得

$$|P_1P_2|^2=|AP_1|^2+|AP_2|^2$$
$$=(x_2-x_1)^2+(y_2-y_1)^2+(z_2-z_1)^2,$$

即

$$|P_1P_2|=\sqrt{(x_2-x_1)^2+(y_2-y_1)^2+(z_2-z_1)^2}. \tag{5-1}$$

这就是**空间内两点间的距离公式**.

例1 求以 $P_0(x_0,y_0,z_0)$ 为球心,R 为半径的球面方程.

解 设 $P(x,y,z)$ 为球面上任意一点,由于球面上任意一点 P 到球心的距离为 R,所以根据两点间的距离公式(5-1),得
$$\sqrt{(x-x_0)^2+(y-y_0)^2+(z-z_0)^2}=R,$$
即
$$(x-x_0)^2+(y-y_0)^2+(z-z_0)^2=R^2. \quad (5-2)$$

显然,球面上任意一点的坐标满足上述方程,而球面外的坐标不满足上述方程,所以方程(5-2)就是空间**球面的方程**.

三、平面

例 2 求连接空间一点 $M_0(x_0,y_0,z_0)$ 与坐标原点 O 的线段 OM_0 的垂直平分面的方程.

解 如图 5-6 所示,设 $M(x,y,z)$ 是所求平面上任一点,则由题意有 $|OM|=|MM_0|$,即

$$\sqrt{x^2+y^2+z^2}=\sqrt{(x-x_0)^2+(y-y_0)^2+(z-z_0)^2},$$

化简得所求方程为

$$2x_0x+2y_0y+2z_0z-(x_0^2+y_0^2+z_0^2)=0,$$

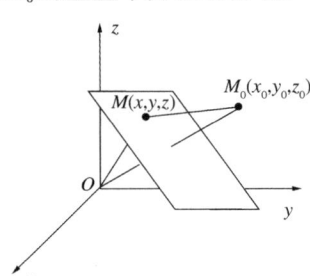

图 5-6

这就是由点 O 和 M_0 组成的线段 OM_0 的垂直平分面方程.

令 $A=2x_0, B=2y_0, C=2z_0, D=-(x_0^2+y_0^2+z_0^2)$,则线段 OM_0 的垂直平分面方程又可以表示为

$$Ax+By+Cz+D=0(D\neq 0),$$

其中由于点 M_0 是异于坐标原点 O 的点,因而 x_0,y_0,z_0 不全为零,所以 A,B,C 不全为零,$D\neq 0$. 由点 M_0 的任意性可知,上式可以表示空间内不过坐标原点 O 的任意平面.

例 3 求连接空间两点 $M_0(x_0,y_0,z_0)$ 与 $M_1(-x_0,-y_0,-z_0)$ 的线段 M_0M_1 的垂直平分面的方程.

解 设 $M(x,y,z)$ 是所求平面上任一点,仿照例 2,有

$$\sqrt{(x+x_0)^2+(y+y_0)^2+(z+z_0)^2}=\sqrt{(x-x_0)^2+(y-y_0)^2+(z-z_0)^2},$$

化简得所求方程为

$$2x_0x+2y_0y+2z_0z=0,$$

因为 M_0 与 M_1 关于坐标原点 O 对称,所以所求平面表示过坐标原点的平面. 该方程同样具有形式

$$Ax+By+Cz+D=0(D=0).$$

由例 2 和例 3 可知,方程 $Ax+By+Cz+D=0$ 表示了空间中的任意平面,因此我们称

$$Ax+By+Cz+D=0(A,B,C\ 不全为零) \quad (5-3)$$

为**平面的一般方程**.

由公式(5-3)可以看出:当 $D=0$ 时,公式(5-3)表示过坐标原点的平面;当 $D\neq 0$,$A=0$ 时,平面的方程为 $By+Cz+D=0$,它表示平行于 x 轴的平面,因为此时 x 轴上任意一

点 $M_0(x_0,0,0)$ 均不满足方程. 特别地, 当 $D=0, A=0$ 时, 平面的方程为 $By+Cz=0$, 点 M_0 满足方程, 说明平面过 x 轴. 同理可知, 平面 $Ax+Cz+D=0$ 和 $Ax+By+D=0$ 分别平行于 y 轴和 z 轴.

当 $A\neq 0, B=0, C=0$ 时, $x=-\dfrac{D}{A}$, 公式 $(5-3)$ 表示平行于 yOz 面的平面. 同理可知, 平面 $y=-\dfrac{D}{B}$ 和 $z=-\dfrac{D}{C}$ 分别表示平行于 zOx 面和 xOy 面的平面.

显然, 空间的直线可以看作是两个不平行的平面的交线, 而平面与空间曲面的交线则是平面曲线, 如图 $5-7(a)$ 和 (b) 所示, 它们分别表示平面与双曲抛物面(马鞍面)的交线——平面上的双曲线与抛物线.

了解一个平面与空间曲面的交线, 有助于了解这个曲面的某些特性.

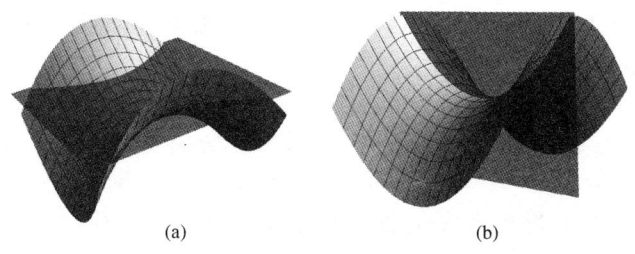

图 $5-7$

例 4 求通过点 $P(3,-1,2), Q(8,2,4), R(5,1,3)$ 的平面方程.

解 设所求平面方程为 $Ax+By+Cz+D=0$, 因为平面过点 P, Q, R, 所以三点的坐标必然是方程的解, 即
$$\begin{cases} 3A-B+2C+D=0, \\ 8A+2B+4C+D=0, \\ 5A+B+3C+D=0, \end{cases}$$
解上述方程组得
$$A=\frac{D}{6}, \quad B=\frac{D}{6}, \quad C=-\frac{2D}{3},$$
代入所设平面方程得
$$\frac{D}{6}x+\frac{D}{6}y-\frac{2D}{3}z+D=0,$$
化简可得
$$x+y-4z+6=0.$$

习题 5-1

1. 在空间直角坐标系中描绘出以下各点:

$A(1,2,3), B(1,2,-3), C(1,-2,3), D(-1,-2,-3), E(0,0,-2)$.

2. 在 y 轴上求一点 M，使得它到点 $A(-1,2,0)$ 和 $B(1,3,-2)$ 的距离相等.
3. 求过 x 轴且过点 $(1,1,-1)$ 的平面方程.
4. 求以原点为球心，1 为半径的球面方程.
5. 求过原点，球心在点 $(0,2,0)$ 的球面方程.

§5.2　多元函数　二元函数的极限

在对自然现象的研究中，涉及的自变量往往不止一个. 例如，气温的变化就是由地理位置（即经纬度）和时间决定的. 研究这些实际问题，就要研究具有两个或两个以上自变量的函数关系，即**多元函数**.

多元函数微分学是在一元函数微分学的基础上丰富、发展起来的. 它与一元函数微分学有许多相似之处，但是变量个数的增多使得有些地方将会出现一些重大差别，所以学习多元函数微分时，要注意它与一元函数微分之间的联系与区别.

虽然由一元函数微分过渡到二元函数微分有一些重大变化，但从二元函数微分推广到三元或更多元函数的微分时，则没有太多困难. 因此本章将以二元函数为重点，讨论它的极限、连续、偏导数和极值等基本概念和应用.

一、多元函数的概念

1. 二元函数

一元函数的自变量只有一个，但在实际问题中，有时会遇到自变量不止一个的情形. 例如，理想气体的状态方程

$$P = \frac{RT}{V},$$

其中 P 表示气体压强，T 表示温度，V 表示体积，R 是与这种气体有关的常数，压力 P 依赖于两个变量 T 和 V. 又如，长方体的体积依赖于长、宽、高三个变量.

一般地，具有多个自变量的函数称为多元函数，若自变量有 n 个，则称为 n 元函数，记为 $z = f(x_1, x_2, \cdots, x_n)$. 理想气体的状态方程就是一个二元函数.

> **定义 5.1**　设 D 是平面上的一个非空点集，若对于 D 中每一个点 $P(x,y)$，按照某一确定的对应关系，变量 z 都有唯一确定的值和它对应，则称 z 是变量 x,y 的**二元函数**（或点 P 的函数），记为
> $$z = f(x,y) \text{ 或 } z = f(P),$$
> 其中 x 和 y 称为自变量，z 称为因变量，D 称为函数的**定义域**.

类似地，可以定义三元以至更多元的函数.

二元函数的定义域，即自变量 x,y 的取值范围，可以是整个 xOy 平面，也可以是这个平面的一部分. 二元函数定义域的求法与一元函数定义域的求法类似. 函数 $z = f(x,y)$ 的

定义域是使函数表达式有意义的所有点(x,y)的集合. 对于实际问题,要根据自变量的实际意义确定函数的定义域.

例1 求函数$z=\ln(x^2+y^2-4)$的定义域.

解 因为零和负数没有对数,所以这个函数的定义域D是xOy面上以原点为圆心,2为半径的圆的外部(见图5-8),即
$$D=\{(x,y)\mid x^2+y^2>4\}.$$

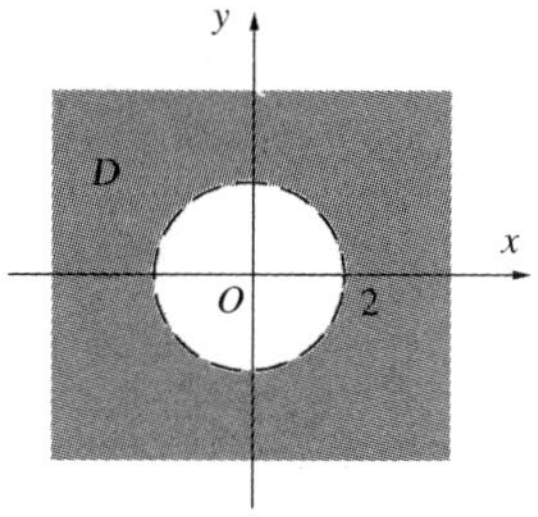

例2 求函数$f(x,y)=\sqrt{x^2+y^2-1}+\sqrt{4-x^2-y^2}$的定义域.

解 因为在实数范围内,偶次方根下的式子必须大于等于零,所以$f(x,y)$的定义域D是xOy平面上的两个同心圆周及其之间的环形部分(见图5-9),即
$$D=\{(x,y)\mid 1\leqslant x^2+y^2\leqslant 4\}.$$

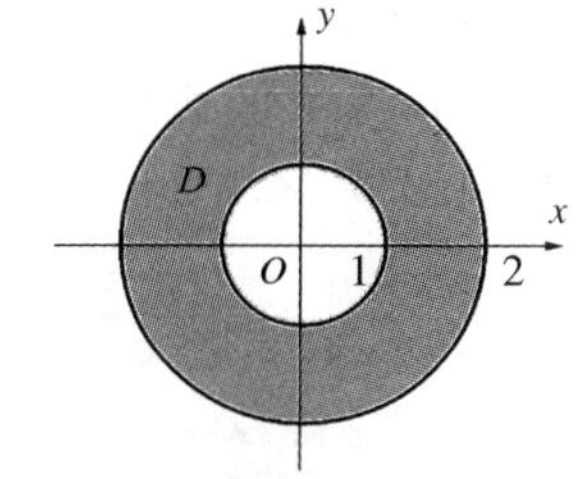

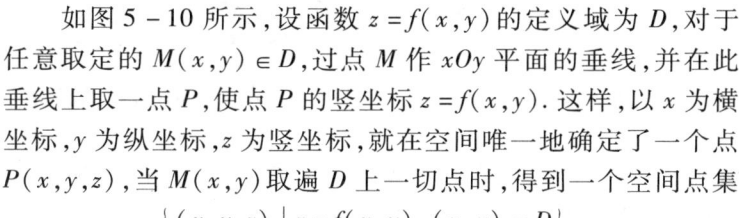

图5-8

由基本初等函数经过有限次的四则运算或复合步骤所构成的可用一个式子表示的多元函数叫作**多元初等函数**.

例如,$z=e^{x+y}$是由$z=e^u$和$u=x+y$复合而成的,它是二元初等函数.

一元函数$y=f(x)$的图像是平面上的一条曲线,二元函数$z=f(x,y)$的图像是空间的一张曲面,它在xOy平面上的投影区域就是定义域D.

图5-9

如图5-10所示,设函数$z=f(x,y)$的定义域为D,对于任意取定的$M(x,y)\in D$,过点M作xOy平面的垂线,并在此垂线上取一点P,使点P的竖坐标$z=f(x,y)$. 这样,以x为横坐标,y为纵坐标,z为竖坐标,就在空间唯一地确定了一个点$P(x,y,z)$,当$M(x,y)$取遍D上一切点时,得到一个空间点集
$$\{(x,y,z)\mid z=f(x,y),(x,y)\in D\},$$
这个点集称为**二元函数的图像**.

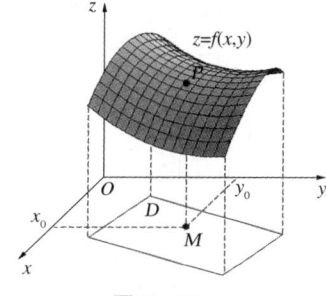

图5-10

例如,在习题5-1第4题中,我们知道$z=\sqrt{1-x^2-y^2}$表示一个以原点为球心的单位球的上半球面.

当z取常数时,$\begin{cases}z=f(x,y),\\ z=C\end{cases}$表示空间曲面$z=f(x,y)$与平面$z=C$的交线,称为函数$z=f(x,y)$的**等高线**.

2. 区域

设δ是某一正数,平面内与点$P_0(x_0,y_0)$的距离小于δ的点$P(x,y)$的集合,称为点P_0的δ**邻域**,也称为点P_0的**圆形δ邻域**(见图5-11),记为$U(P_0,\delta)$,即
$$U(P_0,\delta)=\{P\mid |PP_0|<\delta\}$$
$$=\{(x,y)\mid \sqrt{(x-x_0)^2+(y-y_0)^2}<\delta\}.$$

设E是平面上的一个非空点集,P是平面上的一个点,如果存在点P的某一个邻域$U(P,\delta)\subset E$,那么称点P为点集E的一个**内点**. 如果点集E的点都是内点,那么称点集E为**开集**(见图5-12).

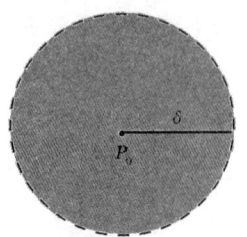
图 5-11

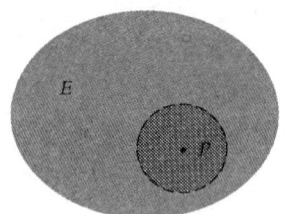
图 5-12

例如，$E = \{(x,y) \mid 1 < x^2 + y^2 < 2\}$ 即为开集.

设 D 是开集，如果对于 D 内的任何两点，都可用属于 D 的折线将它们联结起来，那么称开集 D 是**连通的**（见图 5-13）．连通的开集称为**开区域**．

如图 5-14 所示，如果点 P 的任一邻域内既有属于 E 的点，也有不属于 E 的点，那么称点 P 为 E 的**边界点**．E 的边界点的全体称为 E 的**边界**．开区域连同它的边界称为**闭区域**．显然开区域不包含边界上的点．

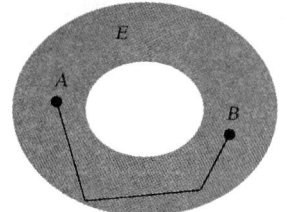
图 5-13

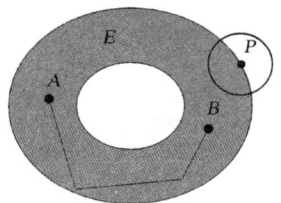
图 5-14

如果一个区域被包围在一个以坐标原点为中心的圆内，那么这样的区域称为**有界的**，否则称为**无界的**．

例如，图 5-8 所示的点集 $D = \{(x,y) \mid x^2 + y^2 > 4\}$ 是无界的开区域，图 5-9 所示的点集 $D = \{(x,y) \mid 1 \leq x^2 + y^2 \leq 4\}$ 是有界的闭区域．

二、二元函数的极限与连续性

1. 二元函数的极限

与一元函数的极限类似，二元函数的极限也是局部性质．要定义二元函数 $f(x,y)$ 在点 $P_0(x_0, y_0)$ 的极限，只需考查在 P_0 的邻域内，当 $P \to P_0$ 时函数值的变化趋势即可．

> **定义 5.2** 设函数 $f(x,y)$ 在点 $P_0(x_0, y_0)$ 的某一邻域内有定义，在点 P_0 处可以没有定义．如果当点 $P(x,y)$ 以任意方式趋近于 $P_0(x_0, y_0)$ 时，$f(x,y)$ 都无限接近于一个确定的常数 A，那么就称当 $P \to P_0$（或 $(x,y) \to (x_0, y_0)$）时，函数 $z = f(x,y)$ 的**极限**为 A，记作
> $$\lim_{\substack{x \to x_0 \\ y \to y_0}} f(x,y) = A \ (\text{或} \lim_{(x,y) \to (x_0, y_0)} f(x,y) = A \ \text{或} \lim_{P \to P_0} f(P) = A).$$

说明：(1) 对于一元函数的极限 $\lim_{x \to x_0} f(x) = A$，由于自变量的取值范围在数轴上，因此只要求 x 从 x_0 的两侧趋向于 x_0 时，$y \to A$ 即可．对于二元函数的极限，由于点 P 和 P_0 均在 xOy 平面内，因而意味着在 xOy 平面内点 P 沿着任意曲线趋向于 P_0 时，都有 $f(x,y) \to A$.

所以，二元函数的极限较一元函数的极限复杂得多.

(2) 由于 $P \to P_0$ 的任意性，所以若已知 $\lim\limits_{P \to P_0} f(P)$ 存在，则在计算 $\lim\limits_{P \to P_0} f(P)$ 时，可以选择便于计算的路径.

二元函数极限的运算法则与一元函数完全相似.

例 3 已知函数 $f(x,y) = \begin{cases} \dfrac{xy}{x^2+y^2}, & x^2+y^2 \neq 0; \\ 0, & x^2+y^2 = 0. \end{cases}$ 判断 $\lim\limits_{\substack{x \to 0 \\ y \to 0}} f(x,y)$ 是否存在.

解 当点 $M(x,y)$ 沿直线 $y = kx$ 趋向于点 $(0,0)$ 时，

$$\lim_{\substack{x \to 0 \\ y \to 0}} f(x,y) = \lim_{\substack{x \to 0 \\ y \to 0}} \frac{xy}{x^2+y^2} = \lim_{x \to 0} \frac{kx^2}{x^2+(kx)^2} = \lim_{x \to 0} \frac{k}{1+k^2} = \frac{k}{1+k^2}.$$

即点 $P(x,y)$ 沿不同直线趋向于点 $(0,0)$ 时，$f(x,y)$ 趋近于不同的值，因而 $\lim\limits_{\substack{x \to 0 \\ y \to 0}} f(x,y)$ 不存在.

例 4 求 $\lim\limits_{(x,y) \to (1,0)} \dfrac{\ln(x+e^y)}{\sqrt{x^2+y^2}}$.

解 $\lim\limits_{(x,y) \to (1,0)} \dfrac{\ln(x+e^y)}{\sqrt{x^2+y^2}} = \dfrac{\lim\limits_{(x,y) \to (1,0)} \ln(x+e^y)}{\lim\limits_{(x,y) \to (1,0)} \sqrt{x^2+y^2}} = \dfrac{\ln(1+e^0)}{1} = \ln 2.$

2. 二元函数的连续性

定义 5.3 设函数 $z = f(x,y)$ 在点 $P_0(x_0, y_0)$ 的某邻域内有定义，如果
$$\lim_{\substack{x \to x_0 \\ y \to y_0}} f(x,y) = f(x_0, y_0),$$
那么称函数 $z = f(x,y)$ 在点 $P_0(x_0, y_0)$ 处**连续**.

如果 $f(x,y)$ 在区域 D 内的每一个点处都连续，那么称 $f(x,y)$ 是 D 内的**连续函数**.

若函数 $f(x,y)$ 在点 P_0 处不连续，则称 P_0 是 $f(x,y)$ 的不连续点或**间断点**. 二元函数的间断点可能是孤立点也可能是一条曲线上的所有点. 例如，函数

$$z = \cos \frac{1}{\sqrt{x^2+y^2-4}}$$

在整个圆周 $x^2+y^2 = 4$ 上没有定义，所以圆周上的各点都是间断点.

关于二元函数的连续性有以下结论：**二元初等函数在其定义域内都是连续的**.

有界闭区域上的二元连续函数有如下性质：

有界闭区域 D 上的二元连续函数在 D 上一定有最大值和最小值.

习 题 5-2

1. 求下列函数的定义域，并画出定义域的图形：

   (1) $f(x,y) = \sqrt{x+y} + \sqrt{y-x}$； (2) $z = \sqrt{1-x^2-y^2}$；

(3) $z = \arcsin\dfrac{x}{3} + \sqrt{xy}$; (4) $z = \sqrt{4 - x^2 - y^2} + \ln(y^2 - 2x + 1)$.

2. 求下列极限：

(1) $\lim\limits_{(x,y)\to(1,2)} \dfrac{3xy + x^2 y^2}{x + y}$; (2) $\lim\limits_{(x,y)\to(3,0)} \dfrac{\sin xy}{y}$; (3) $\lim\limits_{(x,y)\to(0,0)} \dfrac{x^4 - y^4}{x^2 + y^2}$.

3. 求下列函数的不连续点：

(1) $z = \dfrac{1}{\sqrt{x^2 + y^2}}$; (2) $z = \dfrac{1}{xy}$.

§5.3 偏 导 数

一、偏导数的概念

1. 偏导数的定义

一元函数 $y = f(x)$ 对 x 求导数，就是求函数在 x 方向的变化率. 二元函数的偏导数，就是求函数 $z = f(x, y)$ 在点 (x_0, y_0) 处对变量 x（或 y）的变化率，即把变量 y（或 x）看作常量，求一元函数 $z = f(x, y_0)$（或 $z = f(x_0, y)$）的导数.

定义 5.4 设函数 $z = f(x, y)$ 在点 (x_0, y_0) 的某一邻域内有定义，当 y 固定在 y_0 而 x 在 x_0 处有增量 Δx 时，函数有相应的增量 $f(x_0 + \Delta x, y_0) - f(x_0, y_0)$，如果

$$\lim_{\Delta x \to 0} \dfrac{f(x_0 + \Delta x, y_0) - f(x_0, y_0)}{\Delta x}$$

存在，那么称此极限为函数 $z = f(x, y)$ 在点 (x_0, y_0) 处对 x 的**偏导数**，记为

$$\left.\dfrac{\partial z}{\partial x}\right|_{\substack{x=x_0 \\ y=y_0}}, \left.\dfrac{\partial f}{\partial x}\right|_{\substack{x=x_0 \\ y=y_0}}, \left.z_x\right|_{\substack{x=x_0 \\ y=y_0}} \text{或} f_x(x_0, y_0).$$

同理，如果

$$\lim_{\Delta y \to 0} \dfrac{f(x_0, y_0 + \Delta y) - f(x_0, y_0)}{\Delta y}$$

存在，那么称此极限为函数 $z = f(x, y)$ 在点 (x_0, y_0) 处对 y 的**偏导数**，记为

$$\left.\dfrac{\partial z}{\partial y}\right|_{\substack{x=x_0 \\ y=y_0}}, \left.\dfrac{\partial f}{\partial y}\right|_{\substack{x=x_0 \\ y=y_0}}, \left.z_y\right|_{\substack{x=x_0 \\ y=y_0}} \text{或} f_y(x_0, y_0).$$

如果函数 $z = f(x, y)$ 在区域 D 内任一点 (x, y) 处对 x 的偏导数都存在，那么这个偏导数就是 x, y 的函数，称为函数 $z = f(x, y)$ 对自变量 x 的偏导函数，简称为偏导数，记作

$$\dfrac{\partial z}{\partial x}, \dfrac{\partial f}{\partial x}, z_x \text{ 或 } f_x(x, y).$$

同理,可以说明函数 $z=f(x,y)$ 对自变量 y 的偏导数,并记作 $\dfrac{\partial z}{\partial y},\dfrac{\partial f}{\partial y},z_y$ 或 $f_y(x,y)$.

例如,在理想气体的状态方程 $P=\dfrac{RT}{V}$ 中,如果体积 V 一定,而温度 T 改变,那么压强 P 对温度 T 的变化率为

$$\dfrac{\partial P}{\partial T}=\dfrac{R}{V},$$

如果温度 T 一定,而体积 V 改变,那么压强 P 对体积 V 的变化率为

$$\dfrac{\partial P}{\partial V}=-\dfrac{RT}{V^2}.$$

二元函数的偏导数与一元函数导数的关系为

$$f_x(x_0,y_0)=[f(x,y_0)]'|_{x=x_0},\quad f_y(x_0,y_0)=[f(x_0,y)]'|_{y=y_0}.$$

例 1 设 $z=(y-1)\sqrt{1+x^2}\cdot\sin(xy)+x^3$,求 $z_x\big|_{\substack{x=2\\y=1}}$.

解 $z(x,1)=x^3,\quad z_x\big|_{\substack{x=2\\y=1}}=\dfrac{\mathrm{d}z(x,1)}{\mathrm{d}x}\bigg|_{x=2}=3x^2\big|_{x=2}=12.$

此题如果先求出 z_x,然后计算 $z_x\big|_{\substack{x=2\\y=1}}$,过程将非常繁琐.

例 2 已知 $z=x^y$,求 $\dfrac{\partial z}{\partial x},\dfrac{\partial z}{\partial y}.$

解 $\dfrac{\partial z}{\partial x}=yx^{y-1},\quad \dfrac{\partial z}{\partial y}=x^y\ln x.$

2. 偏导数的几何意义

如图 5-15 所示,设 M_0 为曲面 $z=f(x,y)$ 上的一个点,偏导数 $f_x(x_0,y_0)$ 是先固定 $y=y_0$,然后求出一元函数 $z=f(x,y_0)$(即曲线 C_1)在 x_0 处的导数,因此 $f_x(x_0,y_0)$ 就是曲面被平面 $y=y_0$ 所截得的曲线 C_1 在点 M_0 处的切线 M_0N 对 x 轴的斜率. 同理,偏导数 $f_y(x_0,y_0)$ 就是曲面被平面 $x=x_0$ 所截得的曲线 C_2 在点 M_0 处的切线 M_0M 对 y 轴的斜率.

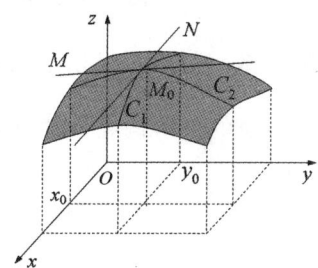

图 5-15

3. 全微分

在一元函数中,如果 $y=f(x)$ 在点 x_0 处有导数 $f'(x_0)$,那么有

$$\Delta y=f(x_0+\Delta x)-f(x_0)=f'(x_0)\Delta x+o(\Delta x),$$

其中 $o(\Delta x)$ 是当 $\Delta x\to 0$ 时比 Δx 高阶的无穷小. $f'(x_0)\Delta x$ 叫作 $y=f(x)$ 在点 x_0 处的微分,记作 $\mathrm{d}y$,即当 $|\Delta x|$ 相对较小时,有

$$\Delta y\approx\mathrm{d}y=f'(x)\Delta x=f'(x)\mathrm{d}x.$$

二元函数也有相应的结论.

定义 5.5 如果函数 $z=f(x,y)$ 在点 (x_0,y_0) 处的全增量 $\Delta z=f(x_0+\Delta x,y_0+\Delta y)-f(x_0,y_0)$ 可以表示为

$$\Delta z=f_x(x_0,y_0)\Delta x+f_y(x_0,y_0)\Delta y+o(\rho),$$

其中 $\rho=\sqrt{(\Delta x)^2+(\Delta y)^2}$，那么称上式的线性主要部分 $f_x(x_0,y_0)\Delta x+f_y(x_0,y_0)\Delta y$ 为函数 $z=f(x,y)$ 在点 (x_0,y_0) 处的**全微分**，记为

$$dz=f_x(x_0,y_0)\Delta x+f_y(x_0,y_0)\Delta y$$

或

$$dz=f_x(x_0,y_0)dx+f_y(x_0,y_0)dy.$$

由全微分的概念知，当 $|\Delta x|$，$|\Delta y|$ 都较小时，有 $\Delta z\approx dz$，即

$$f(x_0+\Delta x,y_0+\Delta y)-f(x_0,y_0)\approx f_x(x_0,y_0)\Delta x+f_y(x_0,y_0)\Delta y,$$

从而可以得到如下二元函数函数值的近似计算公式

$$f(x_0+\Delta x,y_0+\Delta y)\approx f(x_0,y_0)+f_x(x_0,y_0)\Delta x+f_y(x_0,y_0)\Delta y.$$

二、高阶偏导数

一般地，二元函数 $z=f(x,y)$ 的偏导数 $f_x(x,y)$ 和 $f_y(x,y)$ 还是 x,y 的函数，如果它们对 x 的偏导数 $\dfrac{\partial}{\partial x}\left(\dfrac{\partial z}{\partial x}\right)$ 和 $\dfrac{\partial}{\partial x}\left(\dfrac{\partial z}{\partial y}\right)$ 存在，那么这两个偏导数就称为函数 $z=f(x,y)$ 对 x 的**二阶偏导数**. 同样地，可以定义 $z=f(x,y)$ 对 y 的二阶偏导数 $\dfrac{\partial}{\partial y}\left(\dfrac{\partial z}{\partial x}\right)$ 和 $\dfrac{\partial}{\partial y}\left(\dfrac{\partial z}{\partial y}\right)$. 二元函数 $z=f(x,y)$ 的二阶偏导数共有以上四种，它们的记号如下：

$$\dfrac{\partial}{\partial x}\left(\dfrac{\partial z}{\partial x}\right) \text{记为} \dfrac{\partial^2 z}{\partial x^2}, f_{xx}(x,y) \text{ 或 } z_{xx};$$

$$\dfrac{\partial}{\partial y}\left(\dfrac{\partial z}{\partial x}\right) \text{记为} \dfrac{\partial^2 z}{\partial x\partial y}, f_{xy}(x,y) \text{ 或 } z_{xy};$$

$$\dfrac{\partial}{\partial x}\left(\dfrac{\partial z}{\partial y}\right) \text{记为} \dfrac{\partial^2 z}{\partial y\partial x}, f_{yx}(x,y) \text{ 或 } z_{yx};$$

$$\dfrac{\partial}{\partial y}\left(\dfrac{\partial z}{\partial y}\right) \text{记为} \dfrac{\partial^2 z}{\partial y^2}, f_{yy}(x,y) \text{ 或 } z_{yy}.$$

同理，可由 $n-1$ 阶偏导数定义 n 阶偏导数. 二阶及其以上的偏导数称为高阶偏导数，而 $\dfrac{\partial z}{\partial x}$ 和 $\dfrac{\partial z}{\partial y}$ 也称为一阶偏导数.

例 3 求函数 $z=x^2y^3+xy-1$ 的二阶偏导数.

解 函数的一阶偏导数为

$$\frac{\partial z}{\partial x} = 2xy^3 + y, \qquad \frac{\partial z}{\partial y} = 3x^2y^2 + x,$$

所以函数的四个二阶偏导数为

$$\frac{\partial^2 z}{\partial x^2} = \frac{\partial}{\partial x}\left(\frac{\partial z}{\partial x}\right) = 2y^3, \qquad \frac{\partial^2 z}{\partial x \partial y} = \frac{\partial}{\partial y}\left(\frac{\partial z}{\partial x}\right) = 6xy^2 + 1,$$

$$\frac{\partial^2 z}{\partial y \partial x} = \frac{\partial}{\partial x}\left(\frac{\partial z}{\partial y}\right) = 6xy^2 + 1, \qquad \frac{\partial^2 z}{\partial y^2} = \frac{\partial}{\partial y}\left(\frac{\partial z}{\partial y}\right) = 6x^2 y.$$

在例 3 中,我们看到 $\frac{\partial^2 z}{\partial x \partial y} = \frac{\partial^2 z}{\partial y \partial x}$,即二阶偏导数与对 x 和 y 的求导次序无关. 一般地,有如下结论.

定理 5.1 如果函数 $z = f(x,y)$ 的两个二阶偏导数 $\frac{\partial^2 z}{\partial x \partial y}$ 和 $\frac{\partial^2 z}{\partial y \partial x}$ 在区域 D 内连续,那么在该区域内这两个二阶偏导数相等.

习题 5-3

1. 求下列函数的一阶偏导数:

(1) $z = xe^y - y^2$;

(2) $z = \dfrac{\cos(x^2)}{y}$;

(3) $z = \ln\tan\dfrac{x}{y}$;

(4) $z = xy + \dfrac{x}{y}$;

(5) $z = x\sin(x+y)$;

(6) $z = e^{xy}$;

(7) $z = \dfrac{x}{\sqrt{x^2+y^2}}$;

(8) $z = \arctan\dfrac{x+y}{1-xy}$;

(9) $z = (1+xy)^y$.

2. 求 $z = x^4 + y^4 - 4x^2 y^2$ 在点 $(1,-1)$ 处的全微分.

3. 求下列函数的二阶偏导数 $\dfrac{\partial^2 z}{\partial x^2}, \dfrac{\partial^2 z}{\partial x \partial y}$ 和 $\dfrac{\partial^2 z}{\partial y^2}$:

(1) $z = x^3 + y^3 - 3xy(x-y)$;

(2) $z = x\ln(xy)$;

(3) $z = \dfrac{1}{2}\ln(x^2+y^2)$;

(4) $z = \sin(x+y^2)$.

4. (1) 设 $z = x^y (x>0, x \neq 1)$,求证:$\dfrac{x}{y} \cdot \dfrac{\partial z}{\partial x} + \dfrac{1}{\ln x} \cdot \dfrac{\partial z}{\partial y} = 2z$.

(2) 已知理想气体的状态方程为 $PV = RT$(R 为常数),求证:

$$\frac{\partial P}{\partial V} \cdot \frac{\partial V}{\partial T} \cdot \frac{\partial T}{\partial P} = -1.$$

§5.4 复合函数与隐函数求导法

一、复合函数求导法则

我们知道,对于一元复合函数 $\begin{cases} y = f(u), \\ u = \varphi(x), \end{cases}$ 有 $\dfrac{\mathrm{d}y}{\mathrm{d}x} = \dfrac{\mathrm{d}y}{\mathrm{d}u} \cdot \dfrac{\mathrm{d}u}{\mathrm{d}x}$. 设函数 $z = f(u,v)$ 通过中间变量 $u = \varphi(x,y)$ 及 $v = \psi(x,y)$ 成为 x, y 的复合函数. 与一元复合函数的求导法类似,可以证明以下结论成立.

> **定理 5.2** 设 $z = f(u,v)$ 对 u, v 有连续的偏导数,$u = \varphi(x,y)$,$v = \psi(x,y)$ 对 x, y 的偏导数都存在,则复合函数 $z = f[\varphi(x,y), \psi(x,y)]$ 对 x 和 y 的偏导数为
> $$\begin{aligned} \frac{\partial z}{\partial x} &= \frac{\partial f}{\partial u} \cdot \frac{\partial u}{\partial x} + \frac{\partial f}{\partial v} \cdot \frac{\partial v}{\partial x}, \\ \frac{\partial z}{\partial y} &= \frac{\partial f}{\partial u} \cdot \frac{\partial u}{\partial y} + \frac{\partial f}{\partial v} \cdot \frac{\partial v}{\partial y}. \end{aligned} \qquad (5-4)$$

上面的公式称为**连锁规则**. 图 5-16(a) 中的树图反映了公式右边变量间的关系及求导的次序. 例如,计算 $\dfrac{\partial z}{\partial x}$ 时,找出 f 到 x 的路径,如图 5-16(b) 所示,按照"同支连线相乘,分支相加"的方法进行计算即可.

对于三元复合函数也有类似的结论,不再赘述.

例 1 设函数 $z = \mathrm{e}^{xy} \sin(x+y)$,求 $\dfrac{\partial z}{\partial x}, \dfrac{\partial z}{\partial y}$.

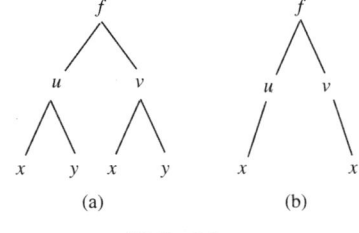

图 5-16

解 令 $u = xy, v = x+y$,则 $z = f(u,v) = \mathrm{e}^{u} \sin v$,根据连锁规则,

$$\begin{aligned} \frac{\partial z}{\partial x} &= \frac{\partial f}{\partial u} \cdot \frac{\partial u}{\partial x} + \frac{\partial f}{\partial v} \cdot \frac{\partial v}{\partial x} = \mathrm{e}^{u} \sin v \cdot y + \mathrm{e}^{u} \cos v \cdot 1 \\ &= \mathrm{e}^{xy} [y \sin(x+y) + \cos(x+y)], \\ \frac{\partial z}{\partial y} &= \frac{\partial f}{\partial u} \cdot \frac{\partial u}{\partial y} + \frac{\partial f}{\partial v} \cdot \frac{\partial v}{\partial y} = \mathrm{e}^{u} \sin v \cdot x + \mathrm{e}^{u} \cos v \cdot 1 \\ &= \mathrm{e}^{xy} [x \sin(x+y) + \cos(x+y)]. \end{aligned}$$

例 2 已知函数 $u = \varphi(t)$,$v = \psi(t)$ 均为 t 的可导函数,函数 $z = f(u,v)$ 在对应的点 (u,v) 处具有连续偏导数,求 $\dfrac{\mathrm{d}z}{\mathrm{d}t}$.

解 由题意,复合函数 $z = f[\varphi(t), \psi(t)]$ 只是关于一个自变量 t 的一元函数,因而导数 $\dfrac{\mathrm{d}z}{\mathrm{d}t}$ 叫作函数 z 对自变量 t 的**全导数**. 此时由连锁规则,有

$$\frac{dz}{dt} = \frac{\partial f}{\partial u} \cdot \frac{\partial u}{\partial t} + \frac{\partial f}{\partial v} \cdot \frac{\partial v}{\partial t}.$$

由于 $u = \varphi(t), v = \psi(t)$ 均为一元函数,因而 $\frac{\partial u}{\partial t} = \frac{du}{dt}, \frac{\partial v}{\partial t} = \frac{dv}{dt}$,所以

$$\frac{dz}{dt} = \frac{\partial f}{\partial u} \cdot \frac{du}{dt} + \frac{\partial f}{\partial v} \cdot \frac{dv}{dt}.$$

例 3 已知函数 $u = \varphi(x,y)$ 在点 (x,y) 处具有对 x 和 y 的偏导数,函数 $z = f(u,x,y)$ 具有连续偏导数,求复合函数 $z = f[\varphi(x,y),x,y]$ 对 x 和 y 的偏导数 $\frac{\partial z}{\partial x}, \frac{\partial z}{\partial y}$.

解 分别找到由 f 到 x 和 y 的路径(见图 5 - 17(a),(b)),由连锁规则得

$$\frac{\partial z}{\partial x} = \frac{\partial f}{\partial u} \cdot \frac{\partial u}{\partial x} + \frac{\partial f}{\partial x},$$

$$\frac{\partial z}{\partial y} = \frac{\partial f}{\partial u} \cdot \frac{\partial u}{\partial y} + \frac{\partial f}{\partial y}.$$

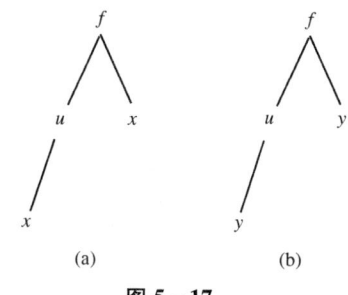

图 5 - 17

这里要注意到 $\frac{\partial z}{\partial x}$ 与 $\frac{\partial f}{\partial x}$ 是不同的,$\frac{\partial z}{\partial x}$ 是二元函数 $z = f[\varphi(x,y),x,y]$ 对 x 的偏导数,是将 y 视为常数对 x 求导,而 $\frac{\partial f}{\partial x}$ 是三元函数 $z = f(u,x,y)$ 对 x 的偏导数,是将 u,y 均视为常数对 x 求导. 类似地,可以理解 $\frac{\partial z}{\partial y}$ 与 $\frac{\partial f}{\partial y}$ 的区别.

根据多元复合函数的不同构成,连锁规则的使用也会有多种变化,但万变不离其宗,只要注意以下两点,问题就可以迎刃而解.

(1) 正确地画出变量间关系的树图;
(2) 按照"同支连线相乘,分支相加"的方式进行计算.

例 4 设 $z = uv - \cos t, u = e^t, v = \sin t$,求 $\frac{dz}{dt}$.

解 令 $z = f(u,v,t)$,又 $u = e^t, v = \sin t$,因此 z 实际上是关于 t 的一元函数. 由 f 到 t 的路径如图 5 - 18 所示,所以

$$\frac{dz}{dt} = \frac{\partial f}{\partial u} \cdot \frac{du}{dt} + \frac{\partial f}{\partial v} \cdot \frac{dv}{dt} + \frac{\partial f}{\partial t} = ve^t + u\cos t + \sin t$$
$$= e^t(\sin t + \cos t) + \sin t.$$

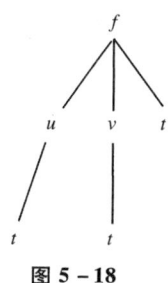

图 5 - 18

二、隐函数求导法

下面我们在隐函数及所涉及的各导数都存在的条件下,讨论隐函数的求导.

1. 由方程 $F(x,y) = 0$ 所确定的隐函数 $y = f(x)$ 的导数

方程两边同时对 x 求偏导数,得

$$\frac{\partial F}{\partial x} + \frac{\partial F}{\partial y} \cdot \frac{dy}{dx} = 0.$$

若简记 $\dfrac{\partial F}{\partial x} = F_x(x,y) = F_x, \dfrac{\partial F}{\partial y} = F_y(x,y) = F_y$，则当 $F_y(x,y) \neq 0$ 时，得

$$\frac{dy}{dx} = -\frac{F_x(x,y)}{F_y(x,y)} = -\frac{F_x}{F_y}. \tag{5-5}$$

2. 由方程 $F(x,y,z) = 0$ 所确定的隐函数 $z = f(x,y)$ 的偏导数

方程 $F(x,y,z) = 0$ 两边分别对 x,y 求偏导数，得

$$\frac{\partial F}{\partial x} + \frac{\partial F}{\partial z} \cdot \frac{\partial z}{\partial x} = 0, \quad \frac{\partial F}{\partial y} + \frac{\partial F}{\partial z} \cdot \frac{\partial z}{\partial y} = 0.$$

若简记 $\dfrac{\partial F}{\partial x} = F_x(x,y,z) = F_x, \dfrac{\partial F}{\partial y} = F_y(x,y,z) = F_y, \dfrac{\partial F}{\partial z} = F_z(x,y,z) = F_z$，则当 $F_z(x,y,z) \neq 0$ 时，即得

$$\frac{\partial z}{\partial x} = -\frac{F_x(x,y,z)}{F_z(x,y,z)} = -\frac{F_x}{F_z}, \quad \frac{\partial z}{\partial y} = -\frac{F_y(x,y,z)}{F_z(x,y,z)} = -\frac{F_y}{F_z}. \tag{5-6}$$

例 5 已知曲线的方程为 $xy - 2^x + 2^y = 0$，求曲线过点 $(0,0)$ 的切线方程．

解 令 $F(x,y) = xy - 2^x + 2^y$，因为

$$F_x = y - 2^x \ln 2, \quad F_y = x + 2^y \ln 2,$$

所以切线的斜率为

$$\frac{dy}{dx}\bigg|_{\substack{x=0 \\ y=0}} = -\frac{F_x}{F_y}\bigg|_{\substack{x=0 \\ y=0}} = -\frac{y - 2^x \ln 2}{x + 2^y \ln 2}\bigg|_{\substack{x=0 \\ y=0}} = 1,$$

所求切线方程为 $y = x$．

例 6 已知方程 $\dfrac{x^2}{a^2} + \dfrac{y^2}{b^2} + \dfrac{z^2}{c^2} = 1$，求 $\dfrac{\partial z}{\partial x}, \dfrac{\partial z}{\partial y}$．

解 令 $F(x,y,z) = \dfrac{x^2}{a^2} + \dfrac{y^2}{b^2} + \dfrac{z^2}{c^2} - 1 = 0$，因为

$$F_x = \frac{2x}{a^2}, \quad F_y = \frac{2y}{b^2}, \quad F_z = \frac{2z}{c^2},$$

所以只要 $F_z \neq 0$ 即 $z \neq 0$，就有

$$\frac{\partial z}{\partial x} = -\frac{c^2 x}{a^2 z}, \quad \frac{\partial z}{\partial y} = -\frac{c^2 y}{b^2 z}.$$

习 题 5-4

1. 求下列复合函数的一阶偏导数 $\dfrac{\partial z}{\partial x}$ 和 $\dfrac{\partial z}{\partial y}$：

（1）$z = u^2 + uv + v^2, u = x + y, v = xy$；

（2）$z = u^2 \ln v, u = \dfrac{x}{y}, v = 3x - 2y$；

（3）$z = \arctan \dfrac{u}{v}, u = x + y, v = x - y$；

（4）$z = e^u \cos v, u = xy, v = \sqrt{x^2 + y^2}$;

（5）$z = e^x(y+u), u = x\sin y$.

2. 求下列函数的全导数 $\dfrac{dz}{dt}$：

（1）$z = u^2 v + uv^2, u = t^2, v = t$；

（2）$z = \sqrt{x^2 + y^2}, x = \sin t, y = \cos t$；

（3）$z = e^{x-2y}, x = \sin t, y = t^3$；

（4）$z = \tan(3t + 2x^2 - y), x = \dfrac{1}{t}, y = \sqrt{t}$；

（5）$z = \dfrac{e^{ut}(y-x)}{a^2+1}, x = \cos t, y = a\sin t$.

3. 求下列方程所确定的隐函数的导数 $\dfrac{dy}{dx}$：

（1）$\ln\sqrt{x^2+y^2} = \arctan\dfrac{y}{x}$；　　　（2）$\ln(x+y) + xy = 0$.

4. 求下列方程所确定的隐函数的偏导数 $\dfrac{\partial z}{\partial x}$ 和 $\dfrac{\partial z}{\partial y}$：

（1）$x + y + z = e^z$；　　　（2）$x + y + z = xyz$；　　　（3）$\dfrac{x}{z} = \ln\dfrac{z}{y}$.

§5.5　多元函数的极值与最值

一、极值

定义 5.6　如果函数 $z = f(x, y)$ 在点 (x_0, y_0) 的某个去心邻域内满足不等式
$$f(x, y) < f(x_0, y_0)\ (f(x, y) > f(x_0, y_0)),$$
那么就称 $z = f(x, y)$ 在点 (x_0, y_0) 处有**极大值**（极小值）$f(x_0, y_0)$，点 (x_0, y_0) 叫作函数的**极大值点**（极小值点）.（见图 5-19，5-20）

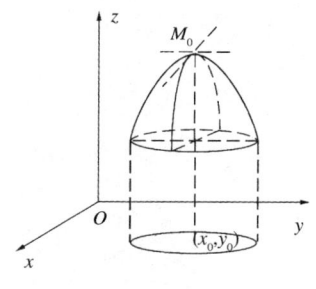

图 5-19

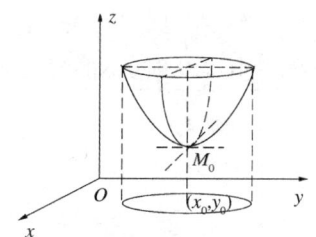

图 5-20

例1 旋转抛物面 $z = x^2 + y^2$ 在点 $(0,0)$ 处有极小值,因为点 $(0,0)$ 处的函数值为 0,所以在其去心邻域内均有 $z = x^2 + y^2 > 0$.

在一元函数微分学中,可导函数的极值点必为驻点. 对于二元函数,如图 5-19,5-20 所示,在极值点处曲面被平面 $y = y_0$ 所截得的曲线及被平面 $x = x_0$ 所截得的曲线,在点 M_0 处分别有平行于 x 轴, y 轴的切线,由偏导数的几何意义知,在极值点处函数的两个偏导数为零. 一般地,可以得出下面的二元函数极值的必要条件.

> **定理 5.3** 如果函数 $z = f(x,y)$ 在点 (x_0, y_0) 处有极值,且在点 (x_0, y_0) 的某个邻域内偏导数存在,那么
> $$f_x(x_0, y_0) = 0, \quad f_y(x_0, y_0) = 0.$$

证 令 $\varphi(x) = f(x, y_0)$,由于函数 $z = f(x,y)$ 在点 (x_0, y_0) 处有极值,因而一元函数 $\varphi(x)$ 也在点 (x_0, y_0) 处有极值,所以有
$$\varphi'(x_0) = f_x(x_0, y_0) = 0.$$
同理,可以证明 $f_y(x_0, y_0) = 0$.

使 $f_x(x,y) = 0, f_y(x,y) = 0$ 同时成立的点 (x_0, y_0) 叫作函数 $z = f(x,y)$ 的**驻点**. 上述定理说明可导函数的极值点必为驻点.

例2 如图 5-21 所示,函数 $f(x,y) = x^2 - y^2$(双曲抛物面)在点 $(0,0)$ 处的两个偏导数
$$f_x(0,0) = 2x\big|_{\substack{x=0\\y=0}} = 0, \quad f_y(0,0) = -2y\big|_{\substack{x=0\\y=0}} = 0,$$
所以点 $(0,0)$ 是此函数的驻点. 因为 $f(0,0) = 0$,而在点 $(0,0)$ 的任意一个邻域内函数既可取正值也可取负值,所以点 $(0,0)$ 不是 $z = x^2 - y^2$ 的极值点.

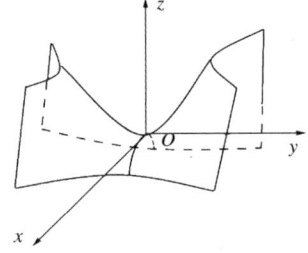

图 5-21

例 2 说明驻点未必是极值点. 只有满足一定条件时驻点才是极值点. 下面的定理给出了一个判定方法.

> **定理 5.4** 设函数 $z = f(x,y)$ 在点 $P_0(x_0, y_0)$ 的某个邻域内有连续的二阶偏导数,点 $P_0(x_0, y_0)$ 是 $f(x,y)$ 的驻点,即 $f_x(x_0, y_0) = 0, f_y(x_0, y_0) = 0$. 令
> $$f_{xx}(x_0, y_0) = A, \quad f_{xy}(x_0, y_0) = B, \quad f_{yy}(x_0, y_0) = C,$$
> 那么
> (1) $B^2 - AC < 0$ 时, $P_0(x_0, y_0)$ 是极值点,且当 $A < 0$ 时 P_0 是极大值点,当 $A > 0$ 时 P_0 是极小值点;
> (2) $B^2 - AC > 0$ 时, $P_0(x_0, y_0)$ 不是极值点;
> (3) $B^2 - AC = 0$ 时,不能确定 P_0 是否为极值点.

例3 求函数 $z = x^3 + y^3 - 3xy$ 的极值.

解 解方程组
$$\begin{cases} f_x(x,y) = 3x^2 - 3y = 0, \\ f_y(x,y) = 3y^2 - 3x = 0, \end{cases}$$
得驻点 $(0,0)$ 和 $(1,1)$. 而

$$A = f_{xx} = 6x, \quad B = f_{xy} = -3, \quad C = f_{yy} = 6y.$$

在点 $(0,0)$ 处,$B^2 - AC = (-3)^2 - 0 > 0$,所以 $(0,0)$ 不是极值点. 在点 $(1,1)$ 处,$B^2 - AC = (-3)^2 - 36 = -27 < 0$ 且 $A = 6 > 0$,所以 $(1,1)$ 是极小值点,极小值为 $f(1,1) = -1$.

例 4 求函数 $z = 2xy - 3x^2 - 2y^2 + 10$ 的极值.

解 解方程组

$$\begin{cases} f_x(x,y) = 2y - 6x = 0, \\ f_y(x,y) = 2x - 4y = 0, \end{cases}$$

得驻点 $(0,0)$. 因为

$$A = f_{xx} = -6, \quad B = f_{xy} = 2, \quad C = f_{yy} = -4,$$

在点 $(0,0)$ 处,$B^2 - AC = -20 < 0$ 且 $A = -6 < 0$,所以 $(0,0)$ 是极大值点,极大值为 $f(0,0) = 10$.

二、最大值与最小值

由闭区域上连续函数的性质知,有界闭区域 D 上的连续函数 $z = f(x,y)$ 必有最大值与最小值. 假定 $z = f(x,y)$ 在区域 D 内可导,如果最值点出现在区域 D 的内部,那么它一定是极值点,因而也是驻点;如果最值点出现在区域 D 的边界上,那么它一定是边界曲线的最值. 求最值的步骤为

(1) 求出区域 D 内函数 $z = f(x,y)$ 的驻点;
(2) 计算驻点处的函数值;
(3) 在区域 D 的边界上求函数的最值;
(4) 比较 (2) 和 (3) 中函数值的大小得区域上的最大值与最小值.

例 5 求函数 $z = x^3 - 3x^2 - 3y^2$ 在区域 $D = \{(x,y) \mid x^2 + y^2 \leq 16\}$ 上的最大值.

解 解方程组

$$\begin{cases} f_x(x,y) = 3x^2 - 6x = 0, \\ f_y(x,y) = -6y = 0, \end{cases}$$

得驻点 $(0,0)$ 和 $(2,0)$,$f(0,0) = 0$,$f(2,0) = -4$.

在边界上,即当 $x^2 + y^2 = 16$ 时,$z = x^3 - 48$ $(-4 \leq x \leq 4)$,由一元函数求最值的方法知,边界上的最大值 $z|_{x=4} = 16$.

比较驻点处的函数值和边界上的最大值知,函数 $z = x^3 - 3x^2 - 3y^2$ 在区域 D 上的最大值为 16.

在实际问题中,如果根据问题的性质,知道函数 $f(x,y)$ 的最大值(最小值)一定在 D 的内部取得,而函数在 D 内只有一个驻点,那么可以肯定该驻点处的函数值就是函数 $f(x,y)$ 在 D 上的最大值(最小值).

三、条件极值

在上述极值问题中,自变量可以在定义域内任意取值,这类极值称为**无条件极值**. 在

实际问题中,常常会遇到自变量既要受到定义域的限制还要受到其他条件约束的极值问题,这种极值称为**条件极值**. 条件极值就是求满足**约束条件** $\varphi(x,y) = 0$ 的**目标函数** $z = f(x,y)$ 的极值. 约束条件可以有多个,我们仅以一个约束条件为例,讨论如何用拉格朗日乘数法来求极值.

假定约束条件 $\varphi(x,y) = 0$ 所确定的隐函数为 $y = g(x)$,则 $\dfrac{dy}{dx} = -\dfrac{\varphi_x(x,y)}{\varphi_y(x,y)}$. 将 $y = g(x)$ 代入目标函数 $z = f(x,y)$,得

$$z = f[x, g(x)].$$

此时问题变成一元函数的无条件极值问题,因而在极值点处 $\varphi(x,y) = 0$,同时

$$\frac{dz}{dx} = f_x(x,y) + f_y(x,y)\frac{dy}{dx} = f_x(x,y) - f_y(x,y) \cdot \frac{\varphi_x(x,y)}{\varphi_y(x,y)} = 0,$$

从而

$$\frac{f_x(x,y)}{\varphi_x(x,y)} = \frac{f_y(x,y)}{\varphi_y(x,y)}.$$

令上述比值等于 $-\lambda$,则有

$$\begin{cases} f_x(x,y) + \lambda \varphi_x(x,y) = 0, \\ f_y(x,y) + \lambda \varphi_y(x,y) = 0. \end{cases}$$

所以,函数可能的极值点满足上述条件. 上面的 λ 称为**拉格朗日乘数**.

拉格朗日乘数法

(1) 引入辅助函数(即拉格朗日函数) $L(x,y,\lambda) = f(x,y) + \lambda \varphi(x,y)$.

(2) 解方程组

$$\begin{cases} L_x(x,y,\lambda) = f_x(x,y) + \lambda \varphi_x(x,y) = 0, \\ L_y(x,y,\lambda) = f_y(x,y) + \lambda \varphi_y(x,y) = 0, \\ L_\lambda(x,y,\lambda) = \varphi(x,y) = 0, \end{cases} \tag{5-7}$$

消去 λ 解出 $P_0(x_0, y_0)$. 点 P_0 是函数 $z = f(x,y)$ 满足约束条件 $\varphi(x,y) = 0$ 的可能的极值点.

(3) 根据函数表达式或实际问题的特点,判断 $P_0(x_0, y_0)$ 是否为极值点.

这种方法可以推广到自变量多于两个而条件多于一个的情形.

例 6 已知一个上半部分为半圆、下半部分为矩形的窗子(如图 5 - 22 所示),窗子的周长为定长 l(单位:m),问:如何设计可以使窗子的采光面积最大?

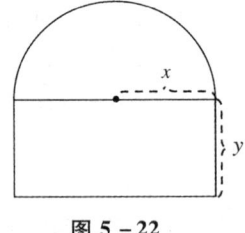

图 5 - 22

解一 如图 5 - 22 所示,设窗子的面积为 s,窗子上半部分半圆的半径为 x,下半部分矩形的宽为 y,则窗子的面积即目标函数为

$$s = f(x,y) = 2xy + \frac{1}{2}\pi x^2 \quad (x > 0, y > 0),$$

周长为 $l = 2x + 2y + \pi x$,即约束条件为

$$\varphi(x,y) = 2x + 2y + \pi x - l = 0.$$

构造辅助函数

$$F(x,y,\lambda) = 2xy + \frac{1}{2}\pi x^2 + \lambda(2x + 2y + \pi x - l),$$

解方程组

$$\begin{cases} F_x(x,y,\lambda) = 2y + \pi x + 2\lambda + \pi\lambda = 0, \\ F_y(x,y,\lambda) = 2x + 2\lambda = 0, \\ F_\lambda(x,y,\lambda) = 2x + 2y + \pi x - l = 0, \end{cases}$$

得唯一的驻点 $\left(\dfrac{l}{\pi+4}, \dfrac{l}{\pi+4}\right)$.

根据题意,窗子的采光面积一定可以达到最大,且函数在 D 内只有一个驻点,所以当 $x = y = \dfrac{l}{\pi+4}$,即窗子上半部分半圆的半径为 $\dfrac{l}{\pi+4}$ m,下半部分矩形的长为 $\dfrac{2l}{\pi+4}$ m,宽为 $\dfrac{l}{\pi+4}$ m 时,窗子的采光面积最大.

解二 化为无条件极值求解. 由约束条件 $\varphi(x,y) = 2x + 2y + \pi x - l = 0$ 解出

$$y = \frac{l}{2} - \frac{2+\pi}{2}x,$$

代入目标函数 $s = 2xy + \dfrac{1}{2}\pi x^2$,得

$$s = lx - \left(2 + \frac{1}{2}\pi\right)x^2.$$

解方程 $s' = l - (4+\pi)x = 0$,得唯一驻点 $x = \dfrac{l}{\pi+4}$,结论与解一同.

从上述例子可以看出:求函数 $z = f(x,y)$ 的条件极值时,如果可以从约束条件 $\varphi(x,y) = 0$ 中解出 $y = y(x)$,那么可以把 $y = y(x)$ 代入目标函数,从而将问题转化为无条件极值求解.

习题 5-5

1. 求下列函数的极值:
   (1) $f(x,y) = 4(x-y) - x^2 - y^2$;
   (2) $f(x,y) = e^{2x}(x + y^2 + 2y)$;
   (3) $f(x,y) = x^3 - y^3 + 3x^2 + 3y^2 - 9x$;
   (4) $f(x,y) = (6x - x^2)(4y - y^2)$.

2. 求下列函数在指定条件下的极值:
   (1) 目标函数 $z = f(x,y) = xy$,约束条件 $x + y = 1$;
   (2) 目标函数 $z = f(x,y) = x^2 + y^2$,约束条件 $x + y = 1$;
   (3) 目标函数 $z = f(x,y) = x + y$,约束条件 $x^2 + y^2 = 1$.

3. 在 xOy 面上求一点,使得该点到 $x = 0, y = 0$ 及 $x + 2y - 16 = 0$ 这三条直线的距离的平方和最小.

4. 要以最少材料制造容积为 a^3 的无盖长方体容器,应如何设计长方体的长、宽、高 (不计材料厚度)?

5. 求抛物线 $y=x^2$ 上到直线 $x-y-2=0$ 距离最短的点,并求该点到直线的距离.

§5.6 偏导数在经济分析中的应用

设二元函数 $z=f(x,y)$ 的两个偏导数都存在,称 $\dfrac{\partial z}{\partial x}$ 为 $f(x,y)$ 关于 x 的边际函数,它表示当 y 保持不变而 x 改变一个单位时,函数 $z=f(x,y)$ 的变化量;称 $\dfrac{\partial z}{\partial y}$ 为 $f(x,y)$ 关于 y 的边际函数,它表示当 x 保持不变而 y 改变一个单位时,函数 $z=f(x,y)$ 的变化量.

一、边际成本

设某企业生产 A,B 两种产品,如果生产 x 台 A 产品和生产 y 台 B 产品的总成本函数为

$$C=f(x,y)=3500+120x+\frac{1}{2}x^2+3xy+\frac{5}{2}y^2 (元),$$

求当 $x=40, y=60$ 时的边际成本.

总成本对 x 的边际成本为

$$\frac{\partial C}{\partial x}=120+x+3y,$$

总成本对 y 的边际成本为

$$\frac{\partial C}{\partial y}=3x+5y,$$

所以

$$\left.\frac{\partial C}{\partial x}\right|_{\substack{x=40\\y=60}}=120+40+3\times 60=340(元/台),$$

$$\left.\frac{\partial C}{\partial y}\right|_{\substack{x=40\\y=60}}=3\times 40+5\times 60=420(元/台).$$

说明当 B 产品的产量为 60 台,A 产品的产量从 40 台再增加 1 台时,总成本将增加 340 元;当 A 产品的产量为 40 台,B 产品的产量从 60 台再增加 1 台时,总成本将增加 420 元.

二、边际需求

两种**相关**商品,比如鱼的价格变化会影响人们对猪肉的消费需求,反之亦然.

设两种相关商品 A 和 B 的需求函数为

$$Q_1 = f_1(P_1, P_2), \quad Q_2 = f_2(P_1, P_2),$$

其中 Q_1, Q_2 为 A,B 商品的需求量,P_1, P_2 分别表示 A 和 B 的价格. 需求量 Q_1, Q_2 的偏导数为**边际需求函数**:

$\dfrac{\partial Q_1}{\partial P_1}$ 表示 B 商品的价格 P_2 不变的情况下,A 商品的价格 P_1 变化时,A 商品的需求量 Q_1 对价格 P_1 的变化率,称其为 A 商品关于自身价格 P_1 的边际需求;$\dfrac{\partial Q_1}{\partial P_2}$ 表示 A 商品的价格 P_1 不变的情况下,B 商品的价格 P_2 变化时,A 商品的需求量 Q_1 对价格 P_2 的变化率,称其为 A 商品关于 B 商品价格 P_2 的边际需求.

类似地,可以解释 $\dfrac{\partial Q_2}{\partial P_1}, \dfrac{\partial Q_2}{\partial P_2}$.

三、偏导数的符号与边际需求的关系

商品 A 的价格 P_1 上升,则商品 A 的需求量会下降;商品 B 的价格 P_2 上升,则商品 B 的需求量会下降. 因此,当 P_2 不变时,函数 Q_1 是 P_1 的单减函数;当 P_1 不变时,函数 Q_2 是 P_2 的单减函数. 即

$$\frac{\partial Q_1}{\partial P_1} < 0, \quad \frac{\partial Q_2}{\partial P_2} < 0.$$

有时,一种商品需求的减少会导致另一种商品需求的增加. 如国产汽车与进口汽车,猪肉和牛肉等.

如果商品 B 的价格上升时,商品 A 的需求量增加,那么当 P_1 不变时,函数 Q_1 是 P_2 的单增函数;如果商品 A 的价格上升时,商品 B 的需求量增加,那么当 P_2 不变时,函数 Q_2 是 P_1 的单增函数. 即

$$\frac{\partial Q_1}{\partial P_2} > 0, \quad \frac{\partial Q_2}{\partial P_1} > 0.$$

有时,一种商品的需求增加时,另一种商品的需求也跟着增加. 如高尔夫球杆与高尔夫球鞋,CD 机和光盘等.

在这种情形下,当商品 B 的价格上升时,商品 A 的需求量会减少. 因此,当 P_1 不变时,函数 Q_1 是 P_2 的单减函数;当 P_2 不变时,函数 Q_2 是 P_1 的单减函数. 即

$$\frac{\partial Q_1}{\partial P_2} < 0, \quad \frac{\partial Q_2}{\partial P_1} < 0.$$

类似地,还可以讨论二元函数的边际产量、边际利润、边际收益等概念,不再赘述.

四、边际效用

消费者消费 x, y 两种商品,可以有多种选择,如 5 单位 x 和 6 单位 y,或 6 单位 x 和 5 单位 y 等. 在实际生活中,消费者可能会偏好其中的一组商品,这种关系就是偏好关系.

如果偏好关系符合一定的性质,我们就可以找到一个连续的二元函数来表示这种偏好关系. 求出的效用函数值越大,代表消费者越偏好这组商品.

如一种偏好关系可以被效用函数

$$U(x,y) = 2x^{0.5}y^{0.5}$$

表示(此类效用函数称为**柯布-道格拉斯函数**,是一种经济学中的常用函数. 该效用函数之所以常用,是因为如果对两边同时取对数再求导,如对 x 求导,则右边是 $\frac{1}{x} \cdot 0.5$,左边是 $\frac{\partial U}{\partial x}/U$,经济学意义是 x 增加 1%, U 增加 0.5%),其中 x, y 代表两种消费的商品的数量.

如果给定商品 y 的数量为 y_0,那么 x 的**边际效用**(Marginal Utility,简记为 MU)

$$\mathrm{MU}_x = \frac{\partial U}{\partial x} = x^{-0.5}y_0^{0.5},$$

可以看出,边际效用是效用函数的偏导数,即效用函数对某商品的变化率. 它表示如果固定其他商品不变,每多增加一单位该商品,总效用的增量.

若 $y_0 = 1$,则在 $x = 4$ 时, x 的边际效用为 0.5,也即当 $y = 1$, $x = 4$ 时,每增加 1 单位 x 可以将效用提高 0.5.

我们对 U 求 x 的二阶偏导数,显然有

$$\frac{\partial^2 U}{\partial x^2} = -0.5x^{-1.5}y^{0.5} < 0.$$

上式说明效用函数 U 的一阶偏导数 $\mathrm{MU}_x = \frac{\partial U}{\partial x}$ 相对于 x 单调减少,即边际效用单调减少. 这意味着 x 越多,边际效用 U 越低,也即 x 越多,每增加一单位 x,总效用的增加越少. 如果把效用比喻为满足感,那么就好比当你口渴时喝第一口肯定满足感特别强烈,但是随着越喝越多,每喝一口水你获得的满足感就会越少.

这就是**边际效用递减**.

效用函数可以衡量消费者的偏好(一组商品的效用比另一组商品更大意味着消费者更偏好这一组商品),在可能的情况下,消费者总是会选择导致效用值更大的一组商品.

而 $\frac{\partial^2 U}{\partial x \partial y} = 0.5x^{-0.5}y^{-0.5} > 0$,这意味着 $\mathrm{MU}_x = \frac{\partial U}{\partial x}$ 相对于 y 单调增加. 它表明如果增加 y,那么 x 的边际效用会增加,其对应的经济学意义是如果一个人喜欢均衡的消费,各种东西都有一点,那么他已经有很多 y 了,就更渴望多来点 x.

五、边际替代率

边际替代率(Marginal Rate of Substitution,简记为 MRS)用来衡量消费者的状况不变(即效用不变)时,增加一单位 x 消费者愿意放弃的 y 的数量,即

$$\mathrm{MRS} = -\frac{\mathrm{d}y}{\mathrm{d}x}.$$

由于效用不变,所以效用函数 $U(x,y)$ 的全微分为零:

$$dU = \frac{\partial U}{\partial x}dx + \frac{\partial U}{\partial y}dy = 0,$$

整理得

$$\text{MRS} = -\frac{dy}{dx} = \frac{\text{MU}_x}{\text{MU}_y} = \frac{\frac{\partial U}{\partial x}}{\frac{\partial U}{\partial y}}.$$

如果效用函数为 $U(x,y) = 2x^{0.5}y^{0.5}$，那么 $\text{MRS} = \frac{y}{x}$. 当 $y=1$, $x=4$ 时，边际替代率为 $\frac{1}{4} = 0.25$，意味着此时如果多给你 1 单位 x，你愿意放弃 0.25 单位 y，也即你愿意拿 0.25 单位 y 来换 1 单位 x.

六、无约束最大化的应用（利润最大化）

一个厂商用 K,L 两种生产要素生产商品（K 可以代表资本，L 代表劳动），生产函数为 $F(K,L) = 5K^{0.6}L^{0.2}$，假设产品的价格 $P=1$，劳动和资本每单位价格为 0.1 和 0.2，成本 $C = 0.1L + 0.2K$，那么利润为

$$\pi(K,L) = P \cdot F(K,L) - C = 5K^{0.6}L^{0.2} - 0.1L - 0.2K.$$

可以直接通过一阶偏导数求出最优值：

$$\frac{\partial \pi}{\partial K} = 3K^{-0.4}L^{0.2} - 0.2 = 0, \tag{5-8}$$

$$\frac{\partial \pi}{\partial L} = K^{0.6}L^{-0.8} - 0.1 = 0. \tag{5-9}$$

由式（5-8）和（5-9）可得

$$L = \frac{2}{3}K,$$

代入式（5-9）得

$$K = \left(\frac{3}{2}\right)^4 \cdot 10^5 = 506250, \quad L = 337500.$$

利润函数在点 $(506\,250, 337\,500)$ 处的二阶偏导数

$$A = \frac{\partial^2 \pi}{\partial K^2} = -1.58025 \times 10^{-7},$$

$$B = \frac{\partial^2 \pi}{\partial K \partial L} = 1.18519 \times 10^{-7},$$

$$C = \frac{\partial^2 \pi}{\partial L^2} = -2.37037 \times 10^{-7},$$

由于

$$B^2 - AC = -2.34111 \times 10^{-14} < 0, \quad A = -1.58025 \times 10^{-7} < 0,$$

所以 $K = 506250, L = 337500$ 时，得利润的最大值为 33750.

七、预算约束下消费者的消费

消费者消费两种产品,产品 x 的价格是 1,产品 y 的价格是 2,消费者的预算是 10,效用函数 $U(x,y) = 2x^{0.5}y^{0.5}$.

由题意知预算约束条件为 $x + 2y = 10$,构造辅助函数

$$L(x,y,\lambda) = 2x^{0.5}y^{0.5} + \lambda(10 - x - 2y),$$

令

$$\begin{cases} L_x(x,y,\lambda) = x^{-0.5}y^{0.5} - \lambda = 0, & (5-10) \\ L_y(x,y,\lambda) = x^{0.5}y^{-0.5} - 2\lambda = 0, & (5-11) \\ L_\lambda(x,y,\lambda) = 10 - x - 2y = 0, & (5-12) \end{cases}$$

由式(5-10),(5-11)得

$$\frac{y}{x} = \frac{1}{2}.$$

它实际上就是边际替代率,因为 $\mathrm{MRS} = -\dfrac{\mathrm{d}y}{\mathrm{d}x} = \dfrac{\mathrm{MU}_x}{\mathrm{MU}_y} = \dfrac{\dfrac{\partial U}{\partial x}}{\dfrac{\partial U}{\partial y}} = \dfrac{y}{x} = \dfrac{1}{2}$,代入式(5-12)得

$$x = 5, \quad y = 2.5,$$

由问题的实际意义可知,这就是消费者的最优消费.

习题 5-6

1. 某工厂生产同类不同型号的产品,生产 x 台甲产品,y 台乙产品的总成本函数为
$$C(x,y) = 0.1x^2 + 120x + 0.3y^2 + 160y + 5000,$$
求当 $x = 50, y = 70$ 时的边际成本.

2. 已知效用函数:
$$U(x,y) = x^{0.2}y^{0.5}.$$
(1) 求出当 $y = 9$ 时,x 的边际效用函数;
(2) 求出当 $y = 9, x = 32$ 时具体的边际效用值;
(3) 用 x 的二阶导数证明边际效用递减;
(4) 求出 $x = 2, y = 4$ 时的边际替代率.

3. 某工厂生产甲、乙两种产品,其销售价格分别为 10 千元/台和 9 千元/台,生产 x 台甲产品及 y 台乙产品的总成本为
$$C(x,y) = 0.03x^2 + 0.01xy + 0.03y^2 + 2x + 3y + 400(千元),$$
求两种产品各生产多少台时可获得最大利润,并求出最大利润.

4. 设劳动和资本每单位价格分别为 1 和 2，产品的价格为 1，成本 $C = L + 2K$，生产函数为 $F(K,L) = 2K^{0.8}L^{0.2}$，假如厂商要生产 100 单位产品，则最小成本如何求？

复 习 题 5

1. 求下列函数的定义域，并画出定义域的图形：

(1) $f(x,y) = \dfrac{\sqrt{x+y+1}}{x-1}$；　　　　(2) $f(x,y) = \sqrt{\ln \dfrac{4}{x^2+y^2}} + \arcsin \dfrac{1}{x^2+y^2}$.

2. 设 $f\left(xy, \dfrac{x}{y}\right) = (x+y)^2$，求 $f(x,y)$.

3. 设 $z = e^{x-2y}$，$x = \sin t$，$y = t^3$，求 $\dfrac{dz}{dt}$.

4. 设 $z = \tan(3t + 2x^2 - y)$，$x = \dfrac{1}{t}$，$y = \sqrt{t}$，求 $\dfrac{dz}{dt}$.

5. 求下列函数的一阶偏导数：

(1) $z = e^{xy} + \sqrt{x+y^2}$；　　　　(2) $z = x^{\ln y}$；

(3) $z = x\ln(xy)$；　　　　(4) $z = \sqrt{\ln(xy)}$.

6. 求下列函数的二阶偏导数 $\dfrac{\partial^2 z}{\partial x^2}$，$\dfrac{\partial^2 z}{\partial x \partial y}$ 和 $\dfrac{\partial^2 z}{\partial y^2}$：

(1) $z = \ln(2x + y^2)$；　　　　(2) $z = x^2 y + y^x$.

7. 已知 $xy - \ln y = 0$，求 $\dfrac{dy}{dx}$.

8. 求下列函数的全微分：

(1) $z = \dfrac{y}{\sqrt{x^2+y^2}}$；　　　　(2) $z = e^{\frac{y}{x}}$.

9. 求由下列方程所确定的函数 $z = f(x,y)$ 的偏导数 $\dfrac{\partial z}{\partial x}$ 和 $\dfrac{\partial z}{\partial y}$：

(1) $x + 2y + z - 2\sqrt{xyz} = 0$；　　　　(2) $\dfrac{x}{z} = \ln \dfrac{z}{y}$.

10. 求函数 $f(x,y) = x^2 + xy + y^2 + x - y + 1$ 的极值.

11. 设 $z = 2\cos^2\left(x - \dfrac{y}{2}\right)$，证明：$2\dfrac{\partial^2 z}{\partial y^2} + \dfrac{\partial^2 z}{\partial x \partial y} = 0$.

12. 建造一个宽与深相同的长方体水池，已知材料费共计 a 元，四周的单位面积材料费为底面单位面积材料费的 1.2 倍，问：水池的长与宽为多少米时才能使容积最大？

13. 已知生产函数为 $P(K,L) = 20K^{0.3}L^{0.7}$，其中 P 表示产量，K 表示资本，L 表示劳动. 求 $P_K(1,1)$ 及 $P_L(1,1)$，并解释其含义.

14. 某企业生产两种商品的产量分别为 x, y 单位，利润函数为

$$L = -14 + 64x - 2x^2 + 32y + 4xy - 4y^2,$$

求最大利润.

15. 某厂生产 A, B 两产品, 产量分别为 x 和 y(单位: 千件), 利润函数为
$$L = 6x - x^2 + 16y - 4y^2 - 2 (万元).$$
已知生产两产品时, 每千件消耗某原料 2000 kg, 现有该原料 12000 kg, 问: 两产品各生产多少时, 总利润最大?

16. 某工厂预估其生产函数为 $P(K,L) = 100K^{\frac{1}{4}}L^{\frac{3}{4}}$, 其中 K 与 L 分别代表资本和劳动力的单位数量. 每单位的资本成本为 200 元, 每单位的劳动力成本为 100 元. 若每日所能使用的资本及劳动力成本限制为 8000 元, 求日产量达到最大时资本与劳动力的配置数量及最大日产量.

第6章 数学软件 Matlab 简介

美国 MathWorks 公司研究开发的计算机软件 Matlab,是目前世界上最流行的科学计算与工程计算软件之一. Matlab 由 Matrix 和 Laboratory 这两个单词的前 3 个字母组成,意思是"矩阵实验室". Matlab 自 1984 年推向市场以来,经过多年的完善,现在已经发展成一个包括众多学科和多种工程计算的庞大系统. Matlab 不仅应用于数值计算和符号计算,它还有许多面向专门领域的工具箱:小波工具箱、神经网络工具箱、信号处理工具箱、图像处理工具箱等,它们广泛应用于信号和图像处理、金融分析、神经网络等领域. Matlab 具有功能强大、简单易学、编程效率高等特点.

本章以 Matlab7 为基础,仅对本教材所涉及的相关内容作简单介绍,更多详细的内容请参阅 Matlab 的 Help 菜单和其他相关书籍.

§6.1 基本操作与基本运算

一、基本操作

1. 启动

安装好 Matlab 程序后,有两种启动方式:一是直接双击桌面上的 Matlab 快捷方式,可以进入如图 6-1 所示的界面;二是单击:开始 -> 程序 -> Matlab.

2. 退出

常用的退出方式有两种:一是单击界面上右上角的关闭图标 ⊠,二是在命令窗口中键入"exit"或者"quit"命令后按回车键.

3. Matlab 主界面

Matlab 的主界面主要有如图 6-1 所示的几个部分:

(1) 菜单栏:File、Edit、Debug、Desktop、Window、Help 等.

(2) 常用的工具按钮:新建、打开、复制、粘贴、帮助等.

(3) Command Window:命令窗口,用于输入命令和显示结果.

Matlab 是交互式的语言,输入命令即给出运算结果,而命令窗口则是 Matlab 的主要交互窗口,用于输入和编辑命令行等信息,显示结果(图形除外). 在命令窗口可以将运算式、指令直接打入提示号(>>)之后,并按"Enter"回车键,指令才能被 Matlab 执行.

(4) Workspace：工作空间管理窗口，用于存储命令窗口输入的所有变量值．

在工作空间可以对变量进行观察、编辑、保存和删除．如果在命令窗口使用了"clear"命令或关闭了 Matlab 系统，那么保存在工作空间中的自定义变量就会被清除．在命令窗口中键入"whos"命令，可以显示出保存在工作空间中的所有变量的名称、大小、数据类型等信息，若键入"who"命令，则只显示变量的名称．

(5) Command History：历史命令记录窗口．

历史命令记录窗口记录用户每一次启动 Matlab 的时间以及在命令窗口运行过的所有指令．历史命令记录窗口中的指令可以被复制到命令窗口重新运行．如果要清除掉这些记录，可以选择"Edit"菜单中的"Clear Command History"项．

(6) Current Directory：当前目录窗口，用于显示当前路径．

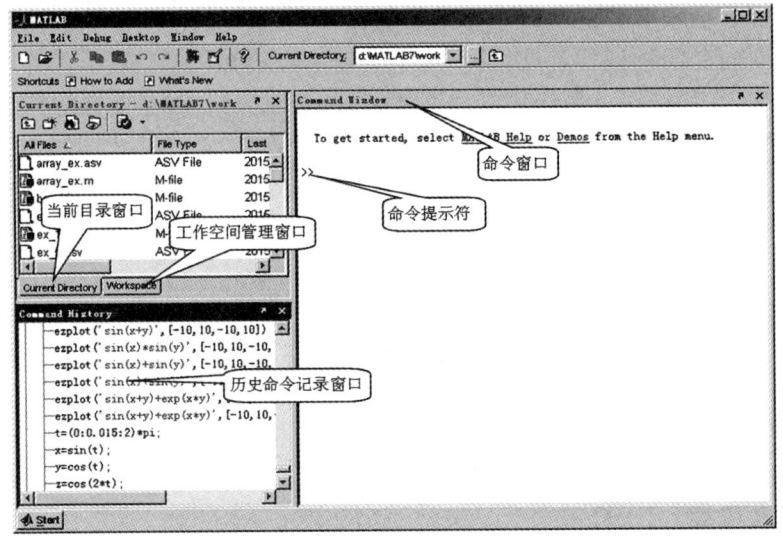

图 6－1

当前目录指的是 Matlab 运行文件时的工作目录．只有在当前目录下的文件及函数可以被运用或调用，数据文件也储存在当前目录下．

如果要建立自己的工作目录，那么在运行文件前必须将该文件所在目录设置为当前目录，方法是右击桌面上 Matlab 的快捷方式 -> 属性 -> 更改起始位置为所希望的默认目录．比如，Matlab 若安装在 D 盘下，则默认的工作目录是 D:\MATLAB7\work，可以在属性里将其更改为用户自己的路径目录．

4. 帮助系统

帮助命令是查询函数语法的最基本方法，查询信息直接显示在命令窗口中．帮助命令有 help，lookfor．

(1) help：在命令窗口直接输入 help，显示主要的在线帮助主题．

(2) help 函数名：显示某个具体函数的功能、调用格式及相关函数．

(3) help 帮助主题：列出指定主题下的函数．例如：help elfun，结果列出所有 Elementary math functions（初等数学函数）．如图 6－2 所示，为部分初等函数的帮助信息．

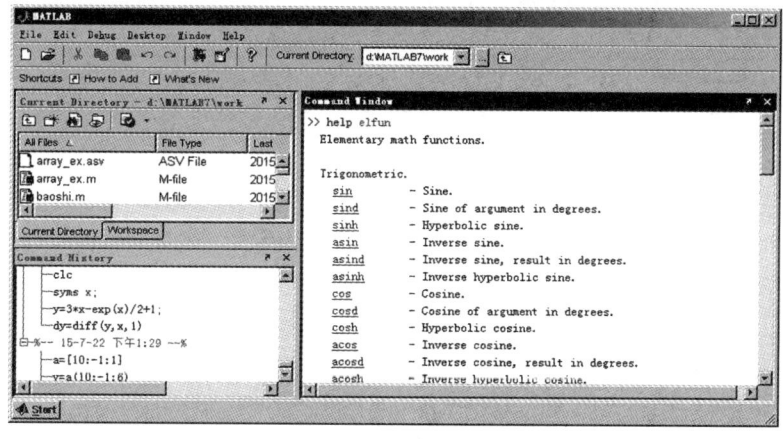

图 6-2

(4) lookfor image：查找有关图像的函数和命令.

(5) 在线帮助浏览器：在 Help 菜单中选择了 Matlab Help 选项时,可以打开帮助浏览器,也可以通过在工具栏中单击按钮，或者按"F1"功能键来打开.

(6) 演示帮助：选择 Help 菜单中的 Demos 选项,可以打开演示窗口,观看要查询项的动画演示.

5. Matlab 的运行方式

Matlab 有两种运行方式. 第一,命令行运行方式,是直接在命令窗口输入命令行来实现运算、画图等功能,简单直观,但是在运行大的程序时,修改和处理会很麻烦. 第二,M 文件运行方式,M 文件又分为两种：**脚本 M 文件**和**函数 M 文件**,就是用户建立一个以 .m 为扩展名的 M 文件,将一系列的数据、命令保存在这个 M 文件中,Matlab 运行 M 文件,就会依次执行这些命令,可以把 M 文件看作是命令的集合. M 文件的编辑、保存和运行方法,将在 §6.3 中介绍.

6. 文件保存

Matlab 中的 M 文件在保存的时候,都是以".m"为扩展名,保存在工作目录中. 保存的方法是单击窗口中的"File"菜单 -> "Save as"命令,然后在弹出来的"另存为"对话框中设置文件名即可.

二、基本运算

1. 变量的表示

Matlab 中变量的命名规则：

(1) 变量名必须以字母打头,之后可以是任意字母、数字或下划线；

(2) 变量名中不允许使用标点符号、空格等字符；

(3) 变量名区分大小写；

(4) 变量名最多不超过 19 个字符.

自定义变量一般不能与 Matlab 中的特殊变量名相同,特殊变量如表 6-1 所示.

表 6 – 1 Matlab 中的特殊变量

特殊变量	取值
ans	缺省变量名
pi	圆周率
eps	计算机的最小数,和 1 相加时产生一个比 1 大的数
flops	浮点运算数
inf	无穷大,如 1/0
NaN	不定量,如 0/0
i,j	$i = j = \sqrt{-1}$
nargin	所用函数的输入变量数目
nargout	所用函数的输出变量数目
realmin	最小可用正实数
realmax	最大可用正实数

例如,下面的变量命名是正确的:

a, MyFun, A1, Name_var.

2. 数学函数

Matlab 中的常用函数(部分)如表 6 – 2 所示.

表 6 – 2 Matlab 中的常用函数

函数	名称	函数	名称
sin(x)	正弦函数	asin(x)	反正弦函数
cos(x)	余弦函数	acos(x)	反余弦函数
tan(x)	正切函数	atan(x)	反正切函数
abs(x)	绝对值	max(x)	最大值
min(x)	最小值	sum(x)	求和函数
sqrt(x)	开平方	exp(x)	以 e 为底的指数
log(x)	自然对数	$\log_{10}(x)$	以 10 为底的对数
sign(x)	符号函数	fix(x)	取整

3. 运算符

1) 四则运算、乘方和开方

在 Matlab 中,加、减、乘、除和乘方运算分别用下列符号表示:

+ , - , * , / , ^.

2*3 表示 2 与 3 的乘积,开方可以用分数指数的形式表示,如 $\sqrt[3]{2}$ 等价于 2^(1/3). 上述运算的优先顺序与通常的数学运算完全一致.

2) 点乘、点除、点乘幂与左除、点左除运算

点乘运算符:.*,两个同型矩阵对应元素相乘;

点除运算符:./,两个同型矩阵对应元素相除;

点乘幂运算符:.^,一个矩阵中各个元素的多少次方;

左除运算符:\,两个可除矩阵相除(A\B 表示 $A^{-1}B$);

点左除运算符:.\,两个同型矩阵对应元素左除.

在以后的矩阵运算中我们会举例说明以上运算符的使用方法.

3）关系运算符

关系运算符主要用于比较数、字符串、矩阵之间的大小或不等关系,其返回值是 0 或者 1. 关系运算符有以下几种：

  > 大于

  < 小于

  = = 等于

  > = 大于或等于

  < = 小于或等于

  ~ 不等于

4）逻辑运算符

逻辑运算符主要用于逻辑表达式和逻辑运算,参加运算的以 0 代表"假",以任意非 0 数代表"真". 逻辑表达式和逻辑函数的值以 0 代表"假",以 1 代表"真". 逻辑运算符有以下几种：

  & "与"运算

  | "或"运算

  ~ "非"运算

例如：(1) 求 $y = \sin 2\pi$.

程序：y = sin(2 * pi)

运行结果：

$y = -2.4493\mathrm{e} - 016$ % 表示 $y = -2.4493 \times 10^{-16}$

(2) 求 $y = \sqrt{2 \cdot 3^2 + (5-2) \cdot 4^3}$.

程序：y = sqrt(2 * 3^2 + (5 - 2) * 4^3) % sqrt( )是求平方根函数

运行结果：

$y = 14.4914$

(3) 给出 x 取 0 或者 3 时,求表达式 $\{x \geq 2\} \cup \{x < 0\}$ 的值.

程序：x = 0;y = (x > = 2)|(x < 0)

运行结果：

$y = 0$ % 结果为 0,表达式的值为"假"

程序：x = 3;y = (x > = 2)|(x < 0)

运行结果：

$y = 1$ % 结果为 1,表达式的值为"真"

4. 表达式

表达式是由常量、变量、运算符和函数构成的代数式,Matlab 中书写表达式的规则与"手写算式"类似,所有表达式都要以纯文本形式输入,通常有两种形式：

(1) 表达式；

(2) 变量 = 表达式.

例如,计算表达式 $\cos(\pi) \cdot \mathrm{e}^{-0.2 \times 4^2}$ 的值.

程序：$y = \cos(\text{pi}) * \exp(-0.2 * 4\hat{\ }2)$

运行结果：

$y = -0.0408$

形式(2)中"="号的左边是变量名,不能是表达式.

例如程序：$a + b = \sin(\text{pi}/2) * \exp(-2 * 0.5)$

运行结果：

??? $a + b = \sin(\text{pi}/2) * \exp(-2 * 0.5)$

Error：The expression to the left of the equals sign is not a valid target for an assignment.

提示出错信息.

5. 标点符号

Matlab 中的标点符号的含义：

(1)若每条命令后面为逗号或无标点符号,则显示命令的结果；若命令后为分号,则不显示结果.

(2)符号"%"后面为注释.

(3)符号"…"表示续行.

例如,求$[2 \times (7 - 4.5) + 10] \div 2^3$的值.

程序：$(2 * (7 - 4.5) + 10)/2\hat{\ }3$

运行结果：

ans = 1.8750

ans 是系统的临时变量名,如图 6 - 3(a)所示.

若程序修改为

$(2 * (7 - 4.5) + 10)/2\hat{\ }3$;

则命令窗口中没有显示运算的结果,变量 ans 的结果只会显示在"workspace"窗口中,如图 6 - 3(b)所示.

如果想清空所有的变量,可以使用"clear"命令.

如果想清空命令窗口中原来的命令,可以使用"clc"命令.

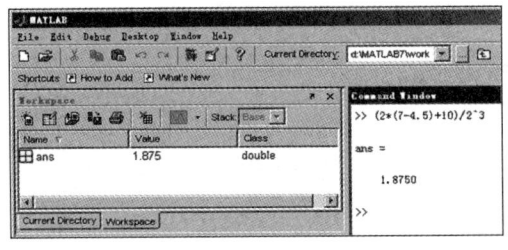

(a)

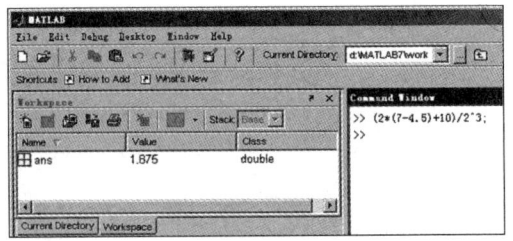

(b)

图 6 - 3

§6.2 数组与矩阵

数组就是相同数据类型的元素按一定顺序排列构成的集合,组成数组的各个变量称为数组的元素.矩阵是指纵横排列的二维数据表格.矩阵是高等代数学中的常见工具.例如,$A = \begin{pmatrix} 6 & 3 & 1 \\ 0 & 4 & 8 \end{pmatrix}$ 是一个 2×3 的矩阵,则这个矩阵就由 2 行 3 列一共 6 个元素组成.

一、数组

1. 数组的建立方法

创建数组常用的三种格式为

(1) $a = [a_1, a_2, \cdots, a_m]$,创建包含 m 个数的数组,元素间用逗号分隔;

(2) $a = f:n:l$,创建数组从 f 开始到 l 结束,步长为 n,缺省值为 1;

(3) $a = \text{linspace}(m, n, r)$,创建从 m 到 n,间隔相同的 r 个数.

例 1 创建数组 $[1,2,3,4,5,6]$ 和数组 $[1, 3.5, 6]$.

解 程序:$a = [1,2,3,4,5,6], b = 1:6, c = 1:1:6, d = \text{linspace}(1,6,3)$

运行结果:

a =   1   2   3   4   5   6
b =   1   2   3   4   5   6
c =   1   2   3   4   5   6
d =   1.0000   3.5000   6.0000

说明:以空格和逗号分隔的元素指定的是不同列的元素,而以分号分隔的元素指定的是不同行的元素. b′是 b 的转置.

例如程序:$a = [1;2;3], b = [1,2,3], c = b'$

运行结果:

a =   1
        2
        3
b =   1   2   3
c =   1
        2
        3

2. 数组元素的访问

(1) 访问一个元素,用下标访问,格式为 a(i),表示访问数组 a 的第 i 个元素.

例如程序:$a = [6;4;2], x = a(2)$

运行结果:

a =　　6
　　　　4
　　　　2
x =　　4

(2)访问一块元素,格式为 a(b:c:d),表示访问数组 a,从第 b 个元素开始,步长为 c,到第 d 个元素结束. c 可以为负数,缺省值是 1.

例如程序:a = [10,9,8,7,6,5,4,3,2,1], x = a(1:2:5), y = a(10:-1:6), z = a(1:5)

运行结果:

a =	10	9	8	7	6	5	4	3	2	1
x =	10	8	6							
y =	1	2	3	4	5					
z =	10	9	8	7	6					

3. 数组运算

1) 标量与数组的运算

在 Matlab 中,标量(常数)与数组的加、减、乘、除、乘方运算,就是标量与数组中的每个元素做加、减、乘、除、乘方运算.

例如程序:a = [1,2,3,4,5], c = 2, b = a + c, d = a - c, e = a.*c, f = a./c, g = a.^c

运行结果:

a =	1	2	3	4	5
c =	2				
b =	3	4	5	6	7
d =	-1	0	1	2	3
e =	2	4	6	8	10
f =	0.5000	1.0000	1.5000	2.0000	2.5000
g =	1	4	9	16	25

2) 数组间元素的运算

当两个数组有相同的维数时,加、减、乘、除、幂运算就是两数组对应元素间的运算.

例如程序:a = [1,2,3], b = [4,5,6], c = a + b, d = b - a, e = a.*b, f = a./b, g = a.^b

运行结果:

a =	1	2	3
b =	4	5	6
c =	5	7	9
d =	3	3	3
e =	4	10	18
f =	0.2500	0.4000	0.5000
g =	1	32	729

注意:维数不同的数组之间不能进行运算,否则就会出错,下面的例题说明了出错时

的提醒,系统会用红色的字显示.

例如程序:a = [1,2,3,4],b = [1,2,3],c = a + b

运行结果:

a =   1   2   3   4
b =   1   2   3

??? Error using ==> plus

Matrix dimensions must agree.(系统中这两行为红色字显示)

说明:点乘(.*)、点除(./)、点幂(.^)运算,是指一个常数与数组中的元素相乘、相除、做幂运算,或者是两个数组中相对应的元素之间的运算.不能用"*""/"和"^",会有出错提示.下面举例说明.

例如程序:a = [1,2,3,4],b = [4,5,6,7],c = a * b

运行结果:

a =   1   2   3   4
b =   4   5   6   7

??? Error using ==> mtimes

Inner matrix dimensions must agree.(系统中这两行为红色字显示)

那什么情况下能用"*"和"/",在后面学习到矩阵运算的时候,我们会介绍.

二、矩阵

1. 矩阵的建立方法

上面介绍的是一行或者一列的数组的建立方法,矩阵是具有几个行或列的形式.矩阵的建立方法遵循创建数组的方式,逗号或者空格用来分隔某一行中的元素,分号用于区别不同的行,按"Enter"键也可以开始新一行.

例如程序:a = [1,9,5;2,4,6;8,4,2]

运行结果:

a =   1   9   5
       2   4   6
       8   4   2

注意:在建立矩阵的时候,一定要求所有的行有相同的列元素个数,否则出错.

例如程序:a = [1,9,5;2,4,6;8,4]

运行结果:

??? Error using ==> vertcat

All rows in the bracketed expression must have the same

number of columns.(系统提示出错)

Matlab 中有一些建立矩阵的函数:

A = [ ]   生成一个空矩阵

B = ones(m,n)   生成一个 m 行 n 列的元素全为 1 的矩阵

C = zeros(m,n)　　　生成一个 m 行 n 列的零矩阵
D = eye(n)　　　　　生成一个 n 阶单位矩阵
E = diag(a)　　　　　生成一个对角矩阵或者对角元素的提取
F = magic(n)　　　　生成一个 n*n 的魔方矩阵,它的每行、列以及对角线的数之和相等,该和的值为 $1+2+3+\cdots+n^2$ 再除以 n,n 必须为大于或等于 3 的整数
P = pascal(n)　　　　生成一个由杨辉三角形表组成的矩阵,称为帕斯卡(Pascal)矩阵

Pascal 矩阵的第一行元素和第一列元素都为 1,其余位置处的元素是该元素的左边元素加上一行对应位置元素所得.

例 2　利用函数建立特殊矩阵示例.

(1)程序:B = ones(3,2)

运行结果:

B =　1　1
　　　1　1
　　　1　1

(2)程序:C = zeros(3,4)

运行结果:

C =　0　0　0　0
　　　0　0　0　0
　　　0　0　0　0

(3)程序:D = eye(3)

运行结果:

D =　1　0　0
　　　0　1　0
　　　0　0　1

(4)程序:a = [1,2,3],X = diag(a)

运行结果:

a =　1　2　3
X =　1　0　0
　　　0　2　0
　　　0　0　3

(5)程序:X = [4,7,3;2,6,5;3,4,9],a = diag(X)

运行结果:

X =　4　7　3
　　　2　6　5
　　　3　4　9
a =　4
　　　6
　　　9

(6)程序：f = magic(3)
运行结果：
f =　8　1　6
　　　3　5　7
　　　4　9　2
(7)程序：P = pascal(4)
运行结果：
P =　1　1　1　1
　　　1　2　3　4
　　　1　3　6　10
　　　1　4　10　20

2. 矩阵元素的操作
矩阵中元素的操作有以下几种：
(1)取矩阵 A 的第 i 行：A(i,:);
(2)取矩阵 A 的第 j 列：A(:,j);
(3)取矩阵 A 的第 i 行第 j 列元素：A(i,j);
(4)取矩阵 A 的第 i1~i2 行,第 j1~j2 列构成一个新矩阵：A(i1:i2,j1:j2);
(5)将矩阵 A 和 B 拼接成新矩阵：[A B]或者[A;B].
例如建立两个矩阵：
程序：A = [1,2,3;4,5,6;7,8,9],B = eye(3,3)
运行结果：
A =　1　2　3
　　　4　5　6
　　　7　8　9
B =　1　0　0
　　　0　1　0
　　　0　0　1
然后对矩阵中的元素进行操作：
程序：C = A(2,:),D = B(:,2),E = [A B],F = [A;B]
运行结果：
C =　4　5　6
D =　0
　　　1
　　　0
E =　1　2　3　1　0　0
　　　4　5　6　0　1　0
　　　7　8　9　0　0　1
F =　1　2　3

```
4  5  6
7  8  9
1  0  0
0  1  0
0  0  1
```

§6.3 Matlab 程序和 M 文件

Matlab 与其他的计算机语言一样,可以进行编程,充分利用 Matlab 结构的特点,可以使程序结构简单,提高编程效率.本节将介绍程序结构和 M 文件.

一、M 文件

Matlab 的程序除了在命令窗口直接键入命令的方式,还有一个方式,就是用户在编程窗口中建立程序文件,以.m 为扩展名保存文件.M 文件又分为两类,一类是脚本 M 文件,另一类是函数 M 文件.对于脚本 M 文件,可以在命令窗口中输入程序的主文件名,然后系统开始执行程序.而对于函数 M 文件,要输入文件名和参数后,系统才执行程序.

1.函数 M 文件

Matlab 中有非常丰富的函数,但是在 Matlab 中,用户也可以自己定义函数,也就是自己来编写函数 M 文件.

建立 M 文件的方法:

在 Matlab 窗口中单击"File"(文件)菜单,依次选择菜单"New"(新建)-> "M-File" (M 文件),打开 M 文件编辑窗口(Editor),在该窗口中输入程序文件.

函数 M 文件的一般格式:

function 因变量名 = 函数名(参数)

函数表达式

注意:(1)function 是系统关键字,这个单词出现时,会自动改变颜色,变为蓝色显示.

(2)存盘时,主文件名必须与函数名一致,函数名的命名方法类似于变量名的命名方法,最后以.m 为扩展名存储.

运行函数 M 文件,要在命令窗口输入函数名及参数.下面举例说明用法.

例 1 编写函数文件,求函数 $f(x_1,x_2) = 10(x_2 - x_1^2)^2 + (1-x_1)^2$ 在点 $(0,1)$ 处的函数值.

解 (1)建立 M 文件 myfun1.m:

function f = myfun1(x)

f = 10 * (x(2) - x(1)^2)^2 + (1 - x(1))^2

(2)在 Matlab 命令窗口中键入命令:

x = [0,1];

myfun1(x)

说明:(1)函数 M 文件的文件名必须与函数名相同. 本例中函数名是 myfun1,存盘的文件名也应是 myfun1. m.

(2)函数 M 文件中的参数在调用的时候,要求与文件规定的参数匹配. 本例中的 x 是一个向量,有两个元素,就是 x(1),x(2).

(3)函数 M 文件必须以关键字 function 开头,后面写:因变量名 = 函数名(参数). 例如,本例中 function f = myfun1(x).

2. 脚本 M 文件

脚本 M 文件的建立方法类似于函数 M 文件. 在 Matlab 窗口中单击"File"(文件)菜单,依次选择菜单"New"(新建)-> "M-File"(M 文件),打开 M 文件编辑窗口(Editor),在该窗口中输入程序文件.

保存脚本 M 文件,以. m 为文件扩展名.

运行脚本 M 文件,只要在 M 文件编辑窗口中的"Debug"(调试)菜单中选择"Run"(运行)按钮,或者单击按钮 .

例 2 编写一个数组运算的脚本 M 文件:array_ex. m.

解 单击"File"-> "New"-> "M-File",在弹出的编辑窗口输入以下程序:

a = [1,2,3,4];
c = 2;
a1 = a + c
a2 = a * c
a3 = a. /c
a4 = a. \c
a5 = a. ^c
a6 = c. ^a

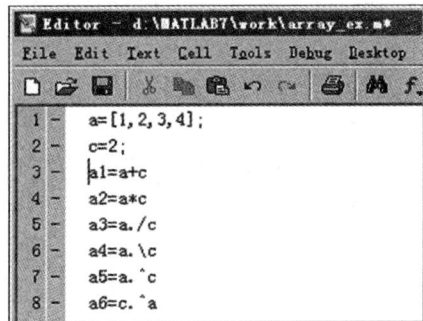

图 6 - 4

程序如图 6 - 4 所示.

单击按钮 ,保存文件名为 array_ex. m. 单击运行按钮 ,得运行结果:

a1 = 3	4	5	6
a2 = 2	4	6	8
a3 = 0.5000	1.0000	1.5000	2.0000
a4 = 2.0000	1.0000	0.6667	0.5000
a5 = 1	4	9	16
a6 = 2	4	8	16

二、程序结构

1. 顺序结构

1)输入数据

input 函数,调用格式:

a = input('提示信息',选项)

例如程序:y = input('请输入年龄 y = ')

执行语句后,屏幕上显示提示信息"请输入年龄 y = ",然后等待用户从键盘上输入年龄 y 的值.

运行结果:

请输入年龄 y = 6(数字 6 是用户输入系统的)

y = 6

例如程序:name = input('请输入姓名','s')

其中's'选项允许用户输入一个字符串.

运行结果:

请输入姓名测试(测试两个字是用户输入系统的)

name = 测试

2)输出数据

输出函数有 disp 和 fprintf,调用格式如下:

disp(输入项)

fprintf('输出提示信息',选项)

例如程序:H = '你好';disp(H)

运行结果:

你好

例如程序:fprintf('圆周率 Pi = %10.9f',pi)   %按浮点型输出有 9 位小数、1 位整数的圆周率的值

运行结果:

圆周率 Pi = 3.141592654

其中%f 表示输出浮点型数,%d 表示输出整型数.

3)程序暂停

程序运行时,如果想查看程序中间结果或者输出图形,可以暂停程序的执行,使用 pause 函数,调用格式:

pause(延迟秒数)

如省略延迟秒数,则程序暂停,直到用户按任意键后程序才继续执行.

2.分支结构

在 Matlab 中,分支结构是根据给定的条件成立或不成立,分别执行后面的语句,用 if 语句来实现.

1)两路分支结构 if 语句

if (expression)

　　{commands1}

else

　　{commands2}

end

如果表达式(expression)为真,就执行命令集{commands1},否则执行命令集{commands2}.

例3 设函数
$$f(x) = \begin{cases} x, & x \leq 1; \\ x^2 + 1, & x > 1. \end{cases} \quad 求 f(0), f(2).$$

解 先建立函数 M 文件 IfFun1.m:
function f = IfFun1(x)
if x > 1
　　f = x^2 + 1
else
　　f = x
end

然后在 Matlab 命令窗口中输入 IfFun1(0), IfFun1(2), 即可求得结果 IfFun1(0) = 0, IfFun1(2) = 5.

2) 有三个或更多分支结构的 if 语句
if (expression1)
　　{commands1}
else if (expression2)
　　　　{commands2}
　　　　else if (expression3)
　　　　　　　{commands3}
　　　　　　　else if (expression 4)
　　　　　　　　　……
　　　　　　　　　else
　　　　　　　　　　{commands}
　　　　　　　　end
　　　　　　end
　　　　end
end

例4 分段函数 $f(x) = \begin{cases} 2x^2 + 1, & x \leq 0; \\ 2x, & 0 < x \leq 1; \\ x^3, & x > 1. \end{cases}$ 求 $f(3), f(0.5), f(-1)$.

解 先建立函数 M 文件 IfFun2.m:
function f = IfFun2(x)
if x > 1
　　f = x^3
else if x > 0
　　　　f = 2 * x

```
        else
            f = 2 * x^2 + 1
        end
end
```

在 Matlab 命令窗口中输入 IfFun2(3),IfFun2(0.5),IfFun2(-1),即可求得结果 IfFun2(3)=27,IfFun2(0.5)=1,IfFun2(-1)=3.

3. for 循环

for 循环的一般形式:

```
for  x = array
        {commands}
end
```

当 x 每取一次数组 array 中的一个元素,系统就执行一次命令集{commands},在每一次迭代中,x 被指定为数组的下一个元素,即在第 n 次循环中,x = array(:,n).

例 5 编程求 $\sum_{n=1}^{10} n!$.

分析:$n! = n \times (n-1) \times (n-2) \times \cdots \times 3 \times 2 \times 1$,比如 $1!=1,2!=2\times1=2$,$10! = 10 \times 9 \times 8 \times 7 \times 6 \times 5 \times 4 \times 3 \times 2 \times 1$. $\sum$ 是求和的符号,则

$$\sum_{n=1}^{10} n! = 10! + 9! + 8! + \cdots + 3! + 2! + 1!.$$

解 编写 M 文件 forfun.m:

```
s = [0];x = [1];
for  n = 1:10
    x = x * n;
    s = s + x;
end
s
```

运行结果:
s = 4037913

4. while 循环

while 循环的一般形式:

```
while (expression)
        {commands}
end
```

当表达式(expression)的值为真时,就执行{commands}命令集,当表达式(expression)的值为假时,退出循环.

例 6 设银行年利率为 4.8%,将 10 万元存入银行,则多长时间能连本带利翻一番?

分析:10 万翻一番是指 10 万乘以 2 的一次方,即 20 万.若本钱设为 m,初值 $m=100000$,存入银行时 $y=0$,每过一年,$y=y+1$,则钱数和年数的关系为 $m = 100000 \times$

$(1+4.8\%)^y$. 循环语句的表达式可以取 $m<200000$，即只要 m 比 200000 小就进入循环体，当 m 等于或者大于 200000 时，循环结束.

解 编写 M 文件 whilefun.m：
m = 100000;
y = 0;
while m < 200000
    y = y + 1;
    m = m * (1 + 4.8/100);
end
y
m
运行结果：
y = 15
m = 2.0203e + 005

§6.4 函 数 作 图

一、二维图形绘制

Matlab 作图是通过描点、连线来实现的，在画一个曲线图形之前，必须先取得该图形上一系列点的坐标（即横坐标和纵坐标），然后将该点集的坐标传给 Matlab 函数画图.

1. 用 plot 函数

在 Matlab 中，最常用的二维曲线绘图函数是 plot，plot 命令会打开一个图形窗口，若已经存在一个图形窗口，则 plot 命令会清除当前图形窗口的图形，绘制新的图形.

plot 函数的调用格式：

plot(x,y,'s','LineWidth',n)   画一条曲线

plot(x,y1,'s1',x,y2,'s2',…,x,yn,'sn')   在同一坐标系中画多条曲线

x,y 是坐标向量，s 是线型、颜色参数，可以省略，缺省值为蓝色实线. 参数 LineWidth 确定曲线的粗细为 n 磅，缺省值为 1 磅.

s 常用的取值如表 6 - 3 所示.

表 6-3 线型、颜色参数表

线型	颜色	标记
- 实线	r 红色	. 点
: 虚线	y 黄色	o 圈
- - 长虚线	g 绿色	+ 加号
-. 点划	b 蓝色	* 星号
	k 黑色	× 叉号
	m 紫色	

例1 在 $[0,2\pi]$ 区间内画函数 $y=\cos x$ 的图像.

解 程序如下：

```
clear all;
x = linspace(0,2*pi,50);        %50 个点的 x 坐标
y = cos(x);                     % 对应的 y 坐标
plot(x,y,'k')                   % 图形如图 6-5(a)所示
```

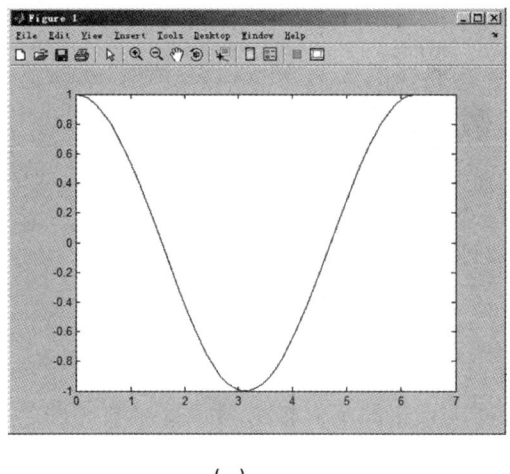
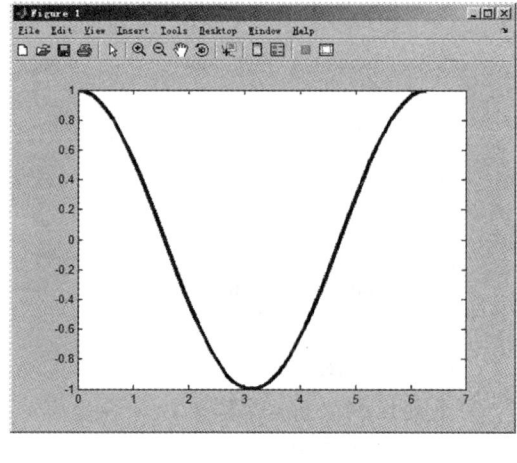

(a)　　　　　　　　　　　(b)

图 6-5

若程序最后一句换为

　　plot(x,y,'k','LineWidth',3)　　% 曲线的宽度为 3 磅

则效果如图 6-5(b)所示.

若要把若干条曲线绘制在一个窗口中，例如：

　　x = linspace(0,2*pi,50);　　%50 个点的 x 坐标

　　plot(x,sin(x),'r*',x,cos(x),'g-','LineWidth',2)　　% 将正弦和余弦曲线绘制在一个窗口中

则效果如图 6-6 所示.

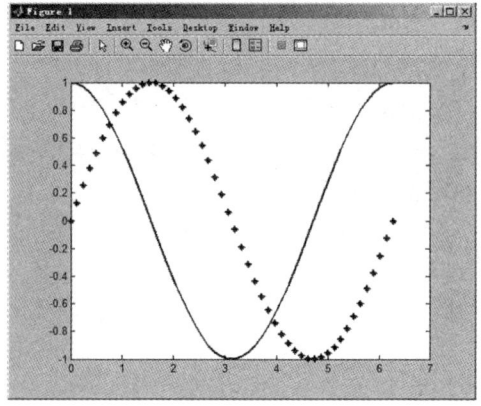

图 6-6

2. 用 ezplot 函数

在 Matlab 中 plot 函数用于显函数作图,符号函数的画图可以使用函数 ezplot,它可用于显函数、隐函数和参数方程的作图,调用格式如下:

ezplot(f,[a,b]),用于显函数作图,表示在 x 的区间[a,b]内绘制 f = f(x)的函数图像.

ezplot(f,[xmin,xmax,ymin,ymax]),用于隐函数作图,表示在 x 和 y 的取值区间内绘制 f(x,y) = 0 的函数图像,也可用 ezplot(f,[xmin,xmax],[ymin,ymax])的形式.

ezplot(x,y,[tmin,tmax]),用于参数方程作图,表示在区间[tmin,tmax]内绘制参数方程 x = x(t),y = y(t)的函数图像.

例 2 绘制下列函数在取值范围内的图像.

(1)绘制函数 $y = \sin x$ 在$[0,\pi]$上的图像.

解 程序如下:

```
h = ezplot('sin(x)',[0,pi])
set(h,'Color','r')              % 设置曲线的颜色
set(h,'LineWidth',2)            % 设置曲线的宽度
title('sin(x)')                 % 在图形上增加函数标题
```

运行结果如图 6-7 所示.

(2)绘制 $f = \sin(x+y) + e^{xy} = 0$ 的函数图像.

解 程序如下:

ezplot('sin(x + y) + exp(x * y)')   % 隐函数作图,省略了 x,y 的范围

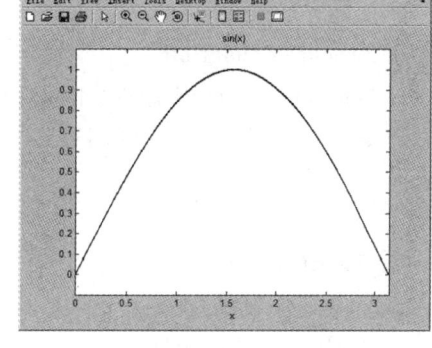

图 6-7

运行后的效果如图 6-8(a)所示.

若给出函数的取值范围,例如:

ezplot('sin(x + y) + exp(x * y)',[-10,10],[-10,10])

则效果如图 6-8(b)所示.

比较图 6-8(a)和 6-8(b)可以看到,两个图的坐标轴取值范围不同.

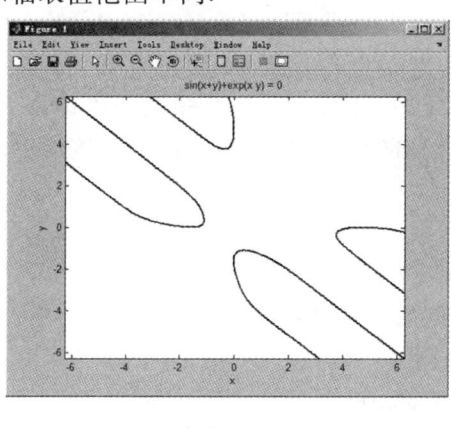
(a)

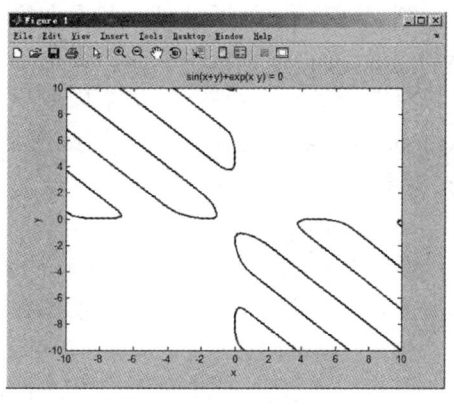
(b)

图 6-8

例3 绘制星形线 $\begin{cases} x = \cos^3 t, \\ y = \sin^3 t, \end{cases} t \in [0, 2\pi]$ 的图像.

解 程序如下:
ezplot('cos(t)^3','sin(t)^3',[0,2*pi])   %参数方程作图

星形线效果如图6-9所示.

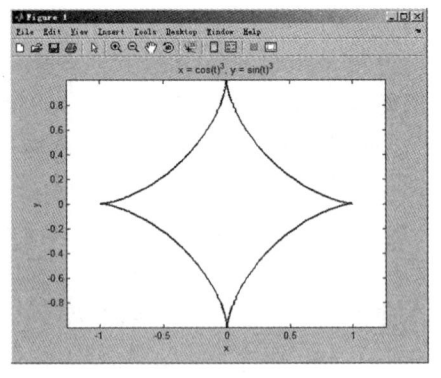

图6-9

3. 图形控件函数

1) axis 函数

axis 函数一般用来设置坐标轴(axes)的样式, 可以调用的样式如下:

axis([xmin,xmax,ymin,ymax])	指定坐标轴中 x 和 y 的显示范围
axis equal	将坐标轴的长度单位设成相等
axis square	产生正方形坐标系(默认为矩形)
axis auto	使用默认设置
axis off	取消坐标轴
axis on	显示坐标轴

2) hold on/hold off

hold on   保持当前轴及图形,在此基础上画图
hold off   刷新窗口画图

3) 图形标注

title('图形名称')	给图形加标题名称
xlabel('x 轴说明')	给坐标轴 x 轴加说明
ylabel('y 轴说明')	给坐标轴 y 轴加说明
text(x,y,'图形说明')	在坐标点(x,y)处添加图形说明

4) 图形窗口分割

我们可能会需要在一个图形窗口中绘制若干个独立的图形,这就需要对图形窗口进行分割.分割后的图形窗口由若干个绘图区组成,每一个绘图区可以建立独立的坐标系并绘制图形.同一图形窗口下的不同图形称为子图. Matlab 提供了 subplot 函数用来将当前窗口分割成若干个绘图区,每个区域代表一个独立的子图,也是一个独立的坐标系,可以通过 subplot 函数激活某一区,该区为活动区,所发出的绘图命令都是作用于该活动区域的. 调用格式如下:

subplot(m,n,p)

该函数把当前窗口分成 m×n 个绘图区, m 行,每行 n 个绘图区,按行优先编号,其中第 p 个区为当前绘图区. 每一个绘图区允许以不同的坐标系单独绘制图形.

例4 绘制圆 $(x-3)^2 + y^2 = 9$ 在 x 轴上方的图像.

分析: 可以用 ezplot 函数作图, x 的取值范围为 [0,6], y 的取值范围为 [0,3].

解 程序如下:
ezplot('(x-3)^2+y^2-9',[0,6,0,3])

运行结果如图 6-10(a)所示.

但是很显然这个不是半圆,原因是坐标轴的单位长度不一致.如果想得到正圆,要增加一句控制图像的语句:

ezplot('(x-3)^2+y^2-9',[0,6,0,3])

axis equal   %使坐标轴的长度相等

效果如图 6-10(b)所示.

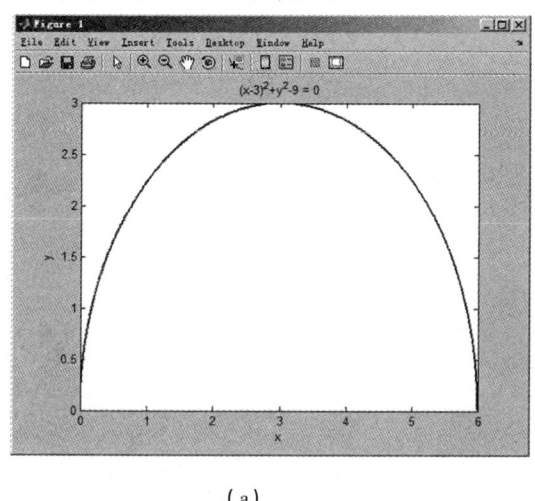

(a)

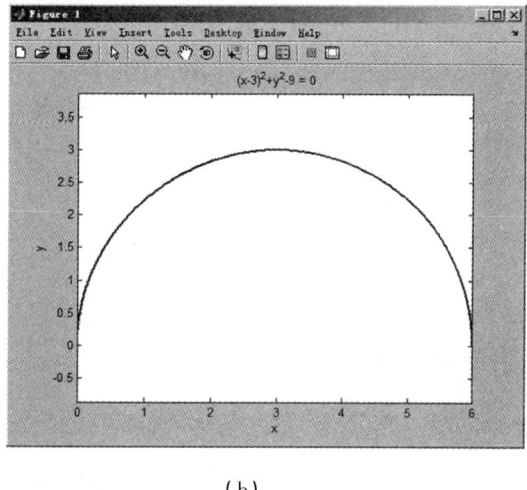

(b)

图 6-10

例 5 在一个窗口中分别画出四个函数的图像:当 $x \in [0,2\pi]$ 时,第一个子窗口画 $\sin x$ 和 $\cos x$ 的图像,第二个子窗口画 $\sin x + \cos x$ 的图像,第三个子窗口画 $\sin x \cdot \cos x$ 的图像,第四个子窗口画 $\sin x / \cos x$ 的图像.

解 程序如下:

```
x = linspace(0,2*pi,50);
y = sin(x) + cos(x);
z = sin(x).*cos(x);
f = sin(x)./(cos(x) + eps);
subplot(2,2,1);              %分割窗口为 4 个区,将图绘制在第一区中
plot(x,sin(x),'k',x,cos(x),'k','LineWidth',2);
title('sin(x)和 cos(x)');    %给图形加标题
subplot(2,2,2);              %将图绘制在第二区中
plot(x,y,'k','LineWidth',2);
title('sin(x) + cos(x)');
subplot(2,2,3);              %将图绘制在第三区中
plot(x,z,'k','LineWidth',2);
title('sin(x) * cos(x)');
subplot(2,2,4);              %将图绘制在第四区中
plot(x,f,'k','LineWidth',2);
```

title('sin(x)/cos(x)');

运行结果如图 6-11 所示.

例 6 分别将两个函数 $y=\mathrm{e}^{-\frac{x}{3}}\sin 3x, x\in[0,4\pi]$ 和 $y=x\mathrm{e}^{-2x}, x\in[0,5]$ 绘制在两个不同的窗口中.

解 程序如下:
```
x1 = 0:pi/50:4 * pi;
y1 = exp( - x1./3).* sin(3.* x1);
subplot(1,2,1)
plot(x1,y1,'r')
title('y = exp( - x/3)sin(3x)')
x2 = 0:0.01:5;
y2 = x2.* exp( - 2.* x2);
subplot(1,2,2)
plot(x2,y2,'b')
axis([0,5, -0.5,0.5]);   % 指定坐标轴大小
xlabel('\bf\it x');   % x 轴用斜粗体标出
ylabel('\bf\it y');
grid on;   % 显示网格
title('y = x * exp( - 2 * x)')
```
运行结果如图 6-12 所示.

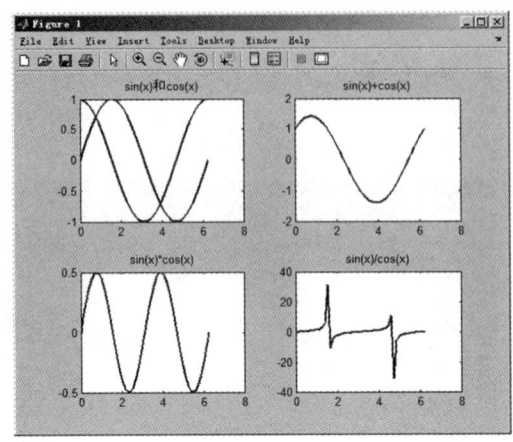

图 6-11

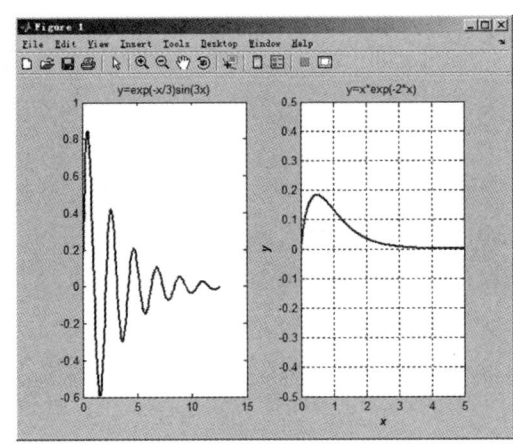

图 6-12

二、三维图形绘制

1. 三维曲线绘制

最基本的三维曲线函数为 plot3,其调用方式如下:

plot3(x,y,z,'s')

其中 x,y,z 是 n 维向量,分别表示曲线上点集的横坐标、纵坐标、函数值,s 指线型选项.选项与二维曲线的完全一致,如表 6-3 所示.

例 7 绘制螺旋线,其参数方程为 $\begin{cases} x=\sin t, \\ y=\cos t, \\ z=t. \end{cases}$

解 程序如下:
```
t = 0:pi/100:5 * pi;
plot3(sin(t),cos(t),t)
rotate3d          % 3D 旋转
```

3D 旋转也可以通过在绘图窗口中单击按钮 ⊙ 实现.

螺旋线如图 6-13 所示.

例 8 绘制宝石链,其参数方程为 $\begin{cases} x = \sin t, \\ y = \cos t, \\ z = \cos 2t. \end{cases}$

解 建立 M 文件程序如下:

t = (0:0.015:2) * pi;
x = sin(t);
y = cos(t);
z = cos(2 * t);
plot3(x,y,z,'b-',x,y,z,'bd');
view([-82,58]);
box on;
legend('链','宝石');

运行结果如图 6-14 所示.

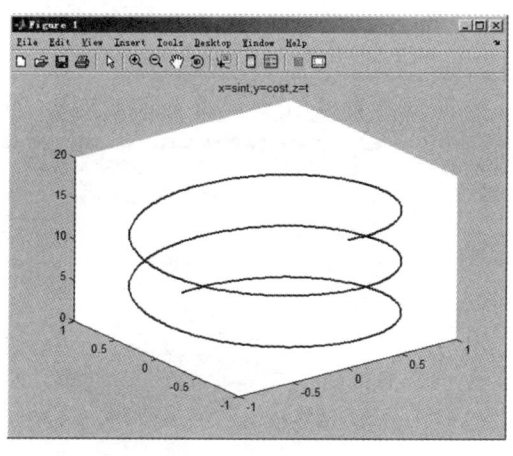

图 6-13　　　　　　　　　　图 6-14

2. 三维曲面

1)平面网格坐标矩阵的生成

当绘制 $z = f(x,y)$ 所代表的三维曲面图时,先要在 xOy 平面选定一矩形区域. 假定矩形区域为 $D = [a,b] \times [c,d]$,将 $[a,b]$ 在 x 方向分成 m 份,将 $[c,d]$ 在 y 方向分成 n 份,由各划分点做平行轴的直线,把区域 D 分成 $m \times n$ 个小矩形. 由此生成代表每一个小矩形顶点坐标的平面网格坐标矩阵,最后利用有关函数绘图.

产生平面区域内的网格坐标矩阵有两种方法:

(1)利用矩阵运算生成.

x = a:dx:b;
y = (c:dy:d)';

X = ones(size(y)) * x;
Y = y * ones(size(x));

上述语句执行后,矩阵 X 的每一行都是向量 x,行数等于向量 y 的元素个数,矩阵 Y 的每一列都是向量 y,列数等于向量 x 的元素个数.

(2)利用 meshgrid 函数生成.

x = a:dx:b;
y = c:dy:d;
[X,Y] = meshgrid(x,y);

当 x = y 时,可以写成 meshgrid(x).

2)绘制三维曲面的函数

Matlab 提供了 mesh 函数和 surf 函数来绘制三维曲面图. mesh 函数用来绘制三维网格图,而 surf 用来绘制三维曲面图,各线条之间的补面用颜色填充. 它们的调用格式如下:

mesh(x,y,z,c)
surf(x,y,z,c)

一般情况下,x,y,z 是维数相同的矩阵,x,y 是网格坐标矩阵,z 是网格点上的高度矩阵,c 用于指定在不同高度下的颜色范围. c 省略时,Matlab 认为 c = z,也即颜色的设定是正比于图形的高度的. 这样就可以得到层次分明的三维图形. 当 x,y 是向量时,要求 x 的长度必须等于 z 矩阵的列,y 的长度必须等于 z 的行,x,y 向量元素的组合构成网格点的 x,y 坐标,z 坐标则取自 z 矩阵,然后绘制三维曲线.

例 9 用 surf 函数画函数 $z = (x+y)^2$ 的图像.

解 程序如下:

x = -3:0.1:3;
y = 1:0.1:5;
[X,Y] = meshgrid(x,y);
Z = (X+Y).^2;
surf(X,Y,Z)
shading flat   % 将当前图形变得平滑

运行结果如图 6-15 所示.

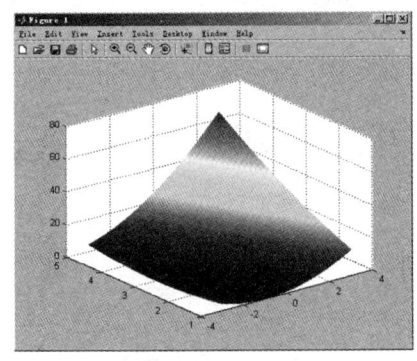

图 6-15

例 10 用 mesh 函数画函数 $z = (x+y)^2$ 的图像.

解 程序如下:

x = -3:0.1:3;
y = 1:0.1:5;
[X,Y] = meshgrid(x,y);
Z = (X+Y).^2;
mesh(X,Y,Z)
shading flat   % 将当前图形变得平滑

运行结果如图 6-16 所示.

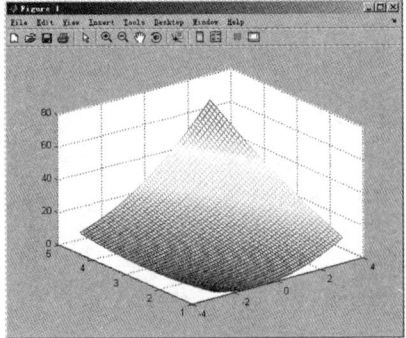

图 6-16

例 11 绘制马鞍面 $z = \dfrac{x^2}{9} - \dfrac{y^2}{4}$ ($-25 \leqslant x \leqslant 25$, $-25 \leqslant y \leqslant 25$).

解 程序如下:
[X,Y] = meshgrid(-25:1:25);
Z = X.^2/9 - Y.^2/4;
surf(X,Y,Z)
shading flat
title('马鞍面')
grid off

运行结果如图 6-17 所示.

例 12 绘制由函数 $z = \dfrac{\sin(\sqrt{x^2+y^2})}{\sqrt{x^2+y^2}}$ 确定的曲面,绘图区域取为 $[-8,8,-8,8]$.

解 程序如下:
x = [-8:0.5:8]; y = [-8:0.5:8];
[X,Y] = meshgrid(x,y);
r = sqrt(X.^2 + Y.^2) + eps;
Z = sin(r)./r;
surf(X,Y,Z)
shading flat
title('墨西哥帽子')

运行结果如图 6-18 所示.

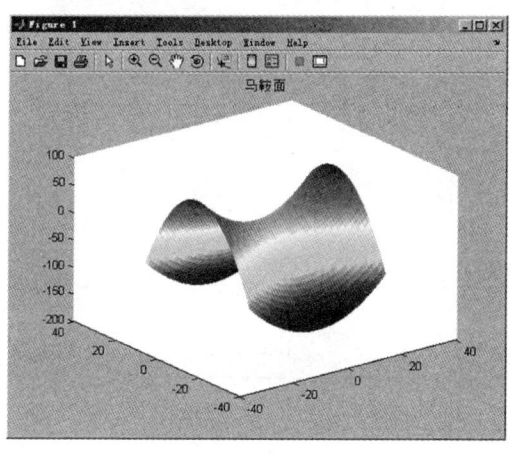

图 6-17

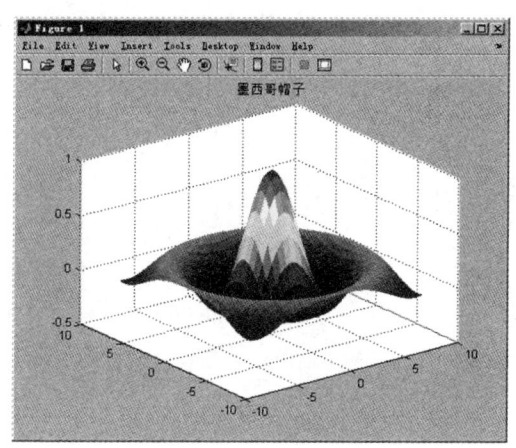

图 6-18

例 13 画球面.

解 程序如下:
[X0,Y0,Z0] = sphere(30);   % 产生单位球面的三维坐标
X = 2*X0; Y = 2*Y0; Z = 2*Z0;   % 产生半径为 2 的球面的三维坐标

```
surf(X0,Y0,Z0);            % 画单位球面
shading interp             % 采用插补明暗处理
hold on;
mesh(X,Y,Z);
hold off                   % 画外球面
hidden off                 % 产生透视效果
axis off                   % 不显示坐标轴
axis equal
```
运行结果如图 6-19 所示.

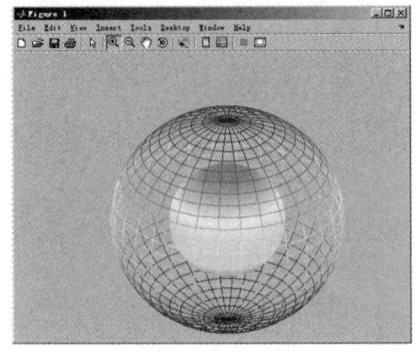

图 6-19

§6.5 求极限、导数和积分运算

一、求极限和导数运算

1. 求极限运算

Matlab 中求极限的函数是 limit,使用方法如表 6-4 所示.

表 6-4 函数 limit 的使用方法

极限	使用格式	数学运算
双侧	limit(f,x,a)	$\lim\limits_{x \to a} f(x)$
	limit(f,x,inf)	$\lim\limits_{x \to \infty} f(x)$
	limit(f)	$\lim\limits_{x \to 0} f(x)$
单侧	limit(f,x,a,'right')	$\lim\limits_{x \to a^+} f(x)$
	limit(f,x,a,'left')	$\lim\limits_{x \to a^-} f(x)$
	limit(f(x),x,inf,'left')	$\lim\limits_{x \to +\infty} f(x)$
	limit(f(x),x,-inf)	$\lim\limits_{x \to -\infty} f(x)$

例1 求下列函数的极限.

(1) $\lim\limits_{x \to 0} \dfrac{\sin x}{x}$; (2) $\lim\limits_{x \to \infty} \left(1 + \dfrac{1}{x}\right)^x$.

解 (1)程序如下:

```
syms x                     % 生成符号变量 x
limit(sin(x)/x,x,0)
```
运行结果:
ans = 1

所以 $\lim\limits_{x\to 0}\dfrac{\sin x}{x}=1$.

（2）程序如下：

```
clear
syms x
limit((1+1/x)^x,x,inf)
```

运行结果：

ans = exp(1)

所以 $\lim\limits_{x\to\infty}\left(1+\dfrac{1}{x}\right)^x=e$.

例 2 求函数 $y=e^{-x}$ 当 $x\to+\infty$ 时的极限，并作图观察函数图像，判断极限是否与程序所求一致.

解 求极限程序：

```
syms x
y=limit('exp(-x)',x,inf,'left')
```

运行结果：

y = 0

作图程序：

```
x=[0.1:0.1:10];
y=exp(-x);
plot(x,y,'k','LineWidth',2)
title('exp(-x)')
```

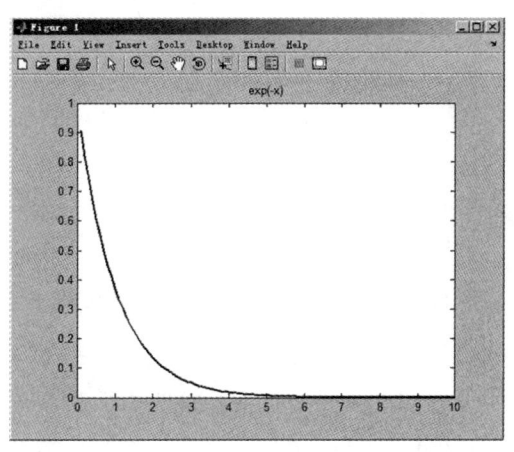

图 6 – 20

运行结果如图 6 – 20 所示. 由图可知，当 $x\to+\infty$ 时，函数 $y=e^{-x}$ 的极限为 0，与程序所求结果一致.

例 3 分别作函数 $y=\cos\dfrac{1}{x}$ 在区间 $[-1,-0.01]$,$[0.01,1]$ 上的图像，观测图像在 $x=0$ 附近的形状. 根据图像，能否判断出极限 $\lim\limits_{x\to 0}\cos\dfrac{1}{x}$ 的存在性？

解 首先在区间 $[-1,-0.01]$ 上绘图.

程序如下：

```
x=(-1):0.0001:(-0.01);
y=cos(1./x);
plot(x,y)
```

结果如图 6 – 21(a) 所示. 同理，绘制出函数在区间 $[0.01,1]$ 上的图像，如图 6 – 21(b) 所示.

由两个区间上的函数图像可以看出来，在 $x=0$ 的左右，图像在 –1 和 1 之间震荡，极限不存在.

当然，可用 limit 命令直接求极限，相应的 Matlab 程序为

clear;

syms x;　　　% x 为符号变量

limit(cos(1/x),x,0)

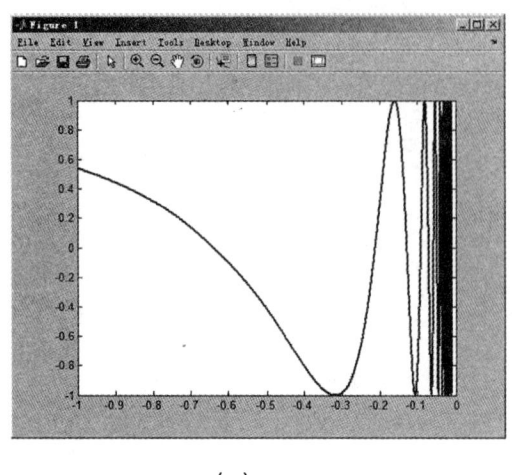

(a)

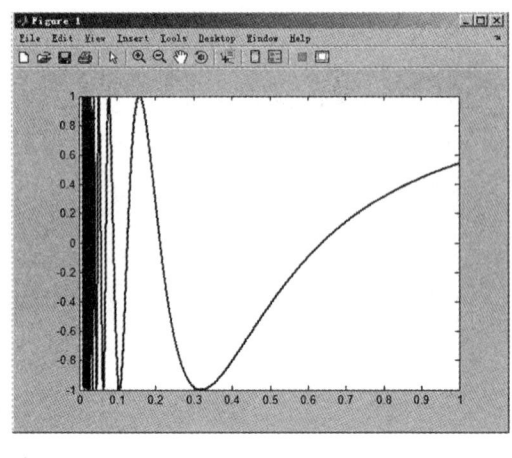

(b)

图 6-21

运行结果：

ans = -1..1

即函数值在 -1 和 1 之间，而极限若存在则必唯一，故极限 $\lim\limits_{x\to 0}\cos\dfrac{1}{x}$ 不存在.

2. 求导数运算

在 Matlab 中，求导函数是 diff，其调用格式如下：

diff(f(x),x,n)

表示求函数 $f(x)$ 对 x 的 n 阶导数，即 $y^{(n)} = f^{(n)}(x)$.

例 4　（1）求 $y = 3x - \dfrac{e^x}{2} + 1$ 的一阶导数 y'.

解　程序如下：

clear

syms x;

y = 3 * x - exp(x)/2 + 1;

dy = diff(y,x,1)　　　　% 或者 dy = diff(y)，可省略其他参数

运行结果：

dy = 3 - 1/2 * exp(x)

即 $y' = 3 - \dfrac{1}{2}e^x$.

（2）求 $y = \cos^2 x \ln x$ 的二阶导数.

解　程序如下：

clear

syms x;

```
dy = diff((cos(x))^2 * log(x),2)        % 求函数的二阶导数
simple(dy)                               % 化简函数
```
运行结果:

ans = 1/2 * (-4 * log(x) * cos(2 * x) * x^2 - 4 * sin(2 * x) * x - cos(2 * x) - 1)/x^2

二、求积分运算

Matlab 中求不定积分和定积分的函数为 int.

求不定积分 $\int f(x)\,\mathrm{d}x$ 的调用格式:

F = int(y,x)

求定积分 $\int_a^b f(x)\,\mathrm{d}x$ 的调用格式:

S = int(y,x,a,b)

说明: (1) y 是被积函数,是符号表达式;

(2) x 是积分变量,是符号变量,若积分表达式中有多个符号变量,最好指定某个积分变量;

(3) a,b 是积分上、下限;

(4) 不定积分的结果 F 是符号表达式,定积分的结果 S 是符号表达式或是数值.

例 5 (1) 求不定积分 $\int e^{ax}\sin(bx+d)\,\mathrm{d}x$.

解 程序如下:

```
syms x a b c d
f = exp(a * x) * sin(b * x + d);
F = int(f);
y = simple(F) + c;
F,y
```
运行结果:

F = - b/(a^2 + b^2) * exp(a * x) * cos(b * x + d) + a/(a^2 + b^2) * exp(a * x) * sin(b * x + d)

y = exp(a * x) * (- b * cos(b * x + d) + a * sin(b * x + d))/(a^2 + b^2) + c

(2) 求定积分 $\int_1^2 \dfrac{2x^2}{\sqrt{9-x^2}}\,\mathrm{d}x$.

解 程序如下:

```
syms x
f = (2 * x^2)/(sqrt(9 - x^2));
F = int(f,1,2)
```
运行结果:

F = - 2 * 5^(1/2) + 9 * asin(2/3) + 2 * 2^(1/2) - 9 * asin(1/3)

为了使计算结果显示成一个实数,可以继续输入:
vpa(F,5)　　　　% vpa 控制变量计算结果的显示位数
运行结果:
F = 1.8653

§6.6　解方程和求最值运算

一、解方程

1. 解一元方程

Matlab 中解方程的函数是 solve,一般的调用格式如下:
solve('s','x')
其中 s 是代数方程,x 是变量.

例 1　解方程 $x^2 + 100x + 99 = 0$.

解　程序如下:
syms x
x = solve('x^2 + 100 * x + 99 = 0','x')
运行结果:
x = -1
　　-99

2. 解方程组

函数 solve 也可以解二元方程组,调用格式如下:
solve('s1','s2',…,'sm','x1','x2',…,'xn')
其中 s1,s2,…,sm 是方程,x1,x2,…,xn 是变量名.

例 2　求二元一次方程组的解:
$$\begin{cases} 9x + 8y = 10, \\ 13x + 14y = 12. \end{cases}$$

解　程序如下:
syms x y
[x,y] = solve('9 * x + 8 * y = 10','13 * x + 14 * y = 12','x','y')
运行结果:
x = 2
y = -1

二、求极值和最值

1. 求极值

求函数在某取值范围内极值的一般方法是先求函数的导数,然后令导数等于 0,求方程的解,即求出驻点,再与函数图像相结合,判别极值情况. 下面举例来说明.

例 3 求函数 $y = 2x^3 + x^2 - 3x - 2$ 的极值.

解 求函数的导数,程序为

y = 2 * x^3 + x^2 - 3 * x - 2, dy = diff(y)

运行结果:

y = 2 * x^3 + x^2 - 3 * x - 2, dy = 6 * x^2 + 2 * x - 3

求驻点的程序为

x = solve(dy)

运行结果:

x = -1/6 + 1/6 * 19^(1/2), -1/6 - 1/6 * 19^(1/2)

x 取四位有效数字,程序为

x = vpa(x,4), y = 2 * x.^3 + x.^2 - 3 * x - 2

运行结果:

x = 0.5599, -0.8933, y = -3.0151, 0.0522

作函数图像,程序为

fplot('2 * x^3 + x^2 - 3 * x - 2', [-2,2])

title('y = 2 * x^3 + x^2 - 3 * x - 2')

运行结果如图 6 - 22 所示.

由图像可以看出,y = -3.0151 是极小值,y = 0.0522 是极大值.

2. 求最值

在经济数学中,经常会遇到求最值的问题,例如求最大利润等.

在 Matlab 中,求给定函数在所给区间上的最小值点的函数命令是 fminbnd,其调用格式如下:

[x, fval] = fminbnd('y', x1, x2)

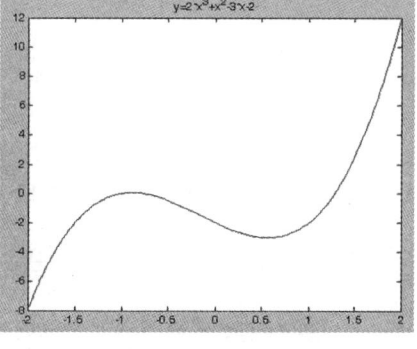

图 6 - 22

说明:(1) y 是函数的符号表达式;输出 x 表示最小值点,fval 表示最小值.

(2) 函数 fminbnd 只用于求函数的最小值点,若求最大值点,则先对函数变号,求出最小值点,即为所求函数的最大值点.

(3) x1 和 x2 是自变量的变化范围.

例 4 已知某产品的成本和收入分别为

$$C(x) = \frac{1}{2}x^3 - 2x^2 + 6x + 5, \quad R(x) = 10 + 105x - x^2,$$

其中 x 为销售量,问:当销售量为多少时有最大利润?最大利润是多少?

解 利润函数为 $L(x) = R(x) - C(x)$.

在 Matlab 中输入程序:

syms R C L x

R = 10 + 105 * x − x^2; C = (x^3)/2 − 2 * x^2 + 6 * x + 5; L = R − C

运行结果:

L = 5 + 99 * x + x^2 − 1/2 * x^3

求最小值程序:

[x,fval] = fminbnd('−5 − 99 * x − x^2 + 1/2 * x^3',0,12)   % y 变为 − y

y = − fval

运行结果:

x = 8.8180

fval = − 612.9080

y = 612.9080

所以当销售量 $x = 8.8180$ 时,利润取得最大值,最大值为 612.9080.

复 习 题 6

1. 求极限 $\lim\limits_{x \to \infty} \dfrac{2x^2 + x - 6}{3x^2 + 5x - 2}$.

2. 用 Matlab 作函数 $y = x\sin\dfrac{1}{x}$ 的图像,并求 $\lim\limits_{x \to 0} x\sin\dfrac{1}{x}$.

3. 作出圆心在 $(4,0)$,半径为 4,且在 y 轴的上半部分的半圆曲线.

4. 画图:当 x 在 $[-3,3]$ 上取值时,作出三次函数 $y = x^3 + 2x^2 + 6$ 的图像.

5. 作出由函数 $Z = \dfrac{\cos(\sqrt{x^2 + y^2})}{\sqrt{x^2 + y^2}}$ 确定的曲面,绘图区域为 $[-8,8,-8,8]$.

6. 绘制函数 $z = \sin y + \cos x, x, y \in [0, 2\pi]$ 的图像,写出程序.

7. 求不定积分 $\displaystyle\int \dfrac{x + 1}{x^2 + 3x + 5} dx$.

8. 求定积分 $\displaystyle\int_0^1 \dfrac{\sin x}{x} dx$.

9. 求定积分 $\displaystyle\int_0^1 x\sin x\, dx$.

10. 解方程 $x^5 - x^4 - 2x^3 + 2x^2 + x - 1 = 0$.

习题答案与提示

第1章习题答案

习 题 1-1

1. (1) $(-\infty, 2]$; (2) $[5, +\infty]$; (3) $(-\infty, 2) \cup (2, +\infty)$; (4) $(-\infty, -3)$; (5) $(-\infty, -4) \cup (-4, 2) \cup (2, +\infty)$; (6) $(-\infty, -1) \cup (1, 5) \cup (5, +\infty)$; (7) $[0, +\infty)$; (8) $[2k\pi, (2k+1)\pi](k \in \mathbf{Z})$; (9) $[-3, -1]$.

2. $f(-3) = 2, f(0) = -1, f(3) = -2, f[f(0.5)] = 2, f[f(-1)] = -1$.

3. (1) 非奇非偶; (2) 奇; (3) 偶; (4) 奇; (5) 偶; (6) 奇.

4. 略.

5. (1) $A = 4x - x^2 (0 < x < 8)$.
   (2) $R(t) = 10 \times 1.08^t, t \in \mathbf{N}; R(6) = 15.9$ (万元).

习 题 1-2

1. $R = -\dfrac{1}{2}q^2 + 4q$.

2. $p_0 = 5$.

3. $R = \begin{cases} 130q, & 0 < q \leq 700; \\ 91000 + 117(q-700), & 700 < q \leq 1000. \end{cases}$

4. $q = -8p + 6000$.

5. $C = 2q + 180$.

6. (1) 150 台; (2) 200 台.

习 题 1-3

1. (1) 错; (2) 错; (3) 对; (4) 错; (5) 错; (6) 对.

2. $\lim\limits_{x\to-\infty}f(x) = 0, \lim\limits_{x\to+\infty}f(x)$ 不存在, $\lim\limits_{x\to\infty}f(x)$ 不存在,
   $\lim\limits_{x\to 0^-}f(x) = 1, \lim\limits_{x\to 0^+}f(x) = -1, \lim\limits_{x\to 0}f(x)$ 不存在,
   $\lim\limits_{x\to 2}f(x)$ 不存在, $\lim\limits_{x\to 3}f(x) = \ln 3, \lim\limits_{x\to 1}f(x) = 0, \lim\limits_{x\to -2}f(x) = e^{-2}$.

3. $\lim\limits_{x\to 0}f(x)$ 不存在, $\lim\limits_{x\to 0}g(x) = 0$.

4. (1) 0;　(2) 0;　(3) 0;　(4) 1;　(5) 0;　(6) 0.

5. (1) $x\to\infty$ 时为无穷小,$x\to -2$ 时为无穷小,$x\to 1$ 时为无穷大,$x\to -1$ 时为无穷大;
   (2) $x\to 1$ 时为无穷小,$x\to 0^+$ 时为无穷大,$x\to +\infty$ 时为无穷大;
   (3) $x\to 1$ 时为无穷小,$x\to 0^+$ 时为无穷大,$x\to +\infty$ 时为无穷大;
   (4) $x\to +\infty$ 时为无穷小,$x\to -\infty$ 时为正无穷大.

习 题 1 – 4

1. (1) 1;　(2) $\dfrac{1}{2}$;　(3) 0;　(4) $+\infty$;　(5) $\dfrac{1}{12}$;　(6) 3;　(7) $\dfrac{2}{3}$;　(8) ∞;
   (9) 0;　(10) $-\dfrac{1}{2}$;　(11) $\dfrac{1}{3}$;　(12) 0;　(13) $\sqrt{3}$;　(14) $\dfrac{1}{6}$.

2. (1) $\dfrac{1}{5}$;　(2) $\dfrac{3}{4}$;　(3) $\dfrac{2}{3}$;　(4) 1;　(5) -1;　(6) -1.

3. (1) e^6;　(2) e^{-3};　(3) e^2;　(4) e;　(5) e^{-1};　(6) e^{-2}.

4. πr^2.

5. $r = \sqrt[6]{2} - 1 \approx 12.3\%$.

习 题 1 – 5

1. (1) 在 $x = 0$ 处连续,在 $x = 1$ 处不连续;　(2) 不连续;　(3) 不连续;　(4) 不连续.

2. (1) $x = 1, x = -1$;　(2) $x = -2, x = 1$;　(3) $x = 1$;　(4) 无.

3. (1) $(-\infty, -3), (-3, +\infty)$;　(2) $(-\infty, -3), (3, +\infty)$;
   (3) $(-\infty, -4), (4, +\infty)$;　(4) $[2, +\infty)$.

4. (1) 0;　(2) 2;　(3) $\dfrac{9}{4}$;　(4) $\dfrac{\pi}{4}$;　(5) $\ln 2$;　(6) e.

5. 1.

复 习 题 1

1. (1) 错;　(2) 错;　(3) 对;　(4) 对;　(5) 对;
   (6) 错;　(7) 对;　(8) 错;　(9) 对;　(10) 错.

2. (1) B;　(2) C;　(3) D;　(4) A;　(5) C.

3. (1) $f[\varphi(x)] = \dfrac{1}{|\cos x|}$, $f[\varphi(\pi)] = 1$;

(2) $y = e^u, u = \arctan v, v = 1 + \sin x$;

(3) 定义域为 $(-\infty, -1) \cup (-1, 1) \cup (1, +\infty)$，连续区间为 $(-\infty, -1)$, $(-1, 1), (1, +\infty)$;

(4) $(-2, 0)$ 和 $(0, 2)$;

(5) 3.

4. (1) $\dfrac{1}{2}$；　(2) $\dfrac{\pi}{3}$；　(3) $\dfrac{4}{3}$；　(4) 1；　(5) $\dfrac{3}{2}$；

(6) e^{-6}；　(7) e^2；　(8) $\dfrac{1}{2}$；　(9) 1；　(10) $\dfrac{1}{2}$.

5. $k = -2$.

6. (1) 15；　(2) 20.

7. (1) a 为任意实数，$b = -2$；　(2) $a = -1, b = -2$.

8. $a = 1, b = -2$.

第 2 章习题答案

习题 2-1

1. (1) $2x$；　(2) 2.

2. (1) $4x^3$；　(2) $-\dfrac{3}{x^4}$；　(3) $\dfrac{3}{4 \cdot \sqrt[4]{x}}$；　(4) $\dfrac{3\sqrt{x}}{2}$；　(5) $-\dfrac{1}{3x \cdot \sqrt[3]{x}}$；　(6) $\dfrac{1}{2\sqrt{x}}$.

3. (1) $x - 4y + 4 = 0, 4x + y - 18 = 0$；　(2) $3x - y - 2 = 0, x + 3y - 4 = 0$；

(3) $x - y - 1 = 0, x + y - 1 = 0$；　(4) $x + y - \dfrac{\pi}{2} = 0, x - y - \dfrac{\pi}{2} = 0$.

4. $\left(\dfrac{1}{2}, -\ln 2\right)$.

习题 2-2

1. (1) $4(2x - 1)$；　(2) $3^x \ln 3 - 2e^x + \dfrac{1}{\sqrt{1 - x^2}}$；　(3) $12x^2 + \dfrac{4}{x^3}$；　(4) $\dfrac{3x^2 - 1}{2x\sqrt{x}}$；

(5) $-\dfrac{1}{x^2}\ln x$；　(6) $2e^x \cos x$；　(7) $\dfrac{1 - x^2}{(1 + x^2)^2}$；　(8) $-2x\tan x + (1 - x^2)\sec^2 x$；

(9) $\cos x - x\sin x$.

2. (1) $2xe^{x^2+1}$； (2) $-2\csc^2 2x$； (3) $-\tan x$； (4) $\dfrac{1}{\sqrt{2x+1}}$； (5) $-3\sin x\cos^2 x$；

(6) $4x^3\cos(x^4)$； (7) $\dfrac{1}{x-1}$； (8) $e^x\sin(2e^x)$； (9) $\dfrac{2}{1+4x^2}$.

3. (1) $\dfrac{3x^2}{2y}$； (2) $\dfrac{3y-2x}{2y-3x}$； (3) $-\dfrac{1}{2\sqrt{x}\sin y}$； (4) $\dfrac{3x^2-\cos x}{3y^2}$；

(5) $\dfrac{y}{e^y-x}$； (6) $\dfrac{1}{x+y-1}$.

习题 2-3

1. (1) $2a$； (2) $\dfrac{1}{x}$； (3) $\dfrac{(x^2-2x+2)e^x}{x^3}$； (4) $2\cos x - x\sin x$；

(5) $\dfrac{2(1-x^2)}{(1+x^2)^2}$； (6) $2\left(\arctan x + \dfrac{x}{1+x^2}\right)$.

2. (1) 6； (2) -1.

3. (1) $a^x(\ln a)^n$； (2) e^x.

4. $f(x) = 2x^2 - x$.

5. 略.

习题 2-4

1. (1) -0.05； (2) -0.01.

2. (1) $(2x+3\sin x)dx$； (2) $e^{\sin x}\cos x dx$； (3) $\dfrac{2}{x}dx$； (4) $-\dfrac{2x}{(1+x^2)^2}dx$；

(5) $e^x(\sin x + \cos x)dx$； (6) $\dfrac{1}{2\sqrt{x}(1+x)}dx$.

3. (1) $2x + C$； (2) $\dfrac{3}{2}x^2 + C$； (3) $\sin t + C$； (4) $-\dfrac{1}{4}\cos 4t + C$；

(5) $\ln|1+x| + C$； (6) $\dfrac{1}{2}e^{2x} + C$； (7) $2\sqrt{x} + C$； (8) $\dfrac{1}{3}\tan 3x + C$.

复习题 2

1. (1) B； (2) D； (3) A； (4) B； (5) C； (6) B；
(7) B； (8) A； (9) D； (10) C.

2. (1) $-\dfrac{1}{2}$； (2) π^2； (3) $\dfrac{\cos x - y}{x}$； (4) $\dfrac{2}{\sqrt{x}}$；

(5) $-\sec^2 x$； (6) $-(1-\sin x)\cdot\sin(x+\cos x)$.

3. (1) $3x^2 + \dfrac{3}{x^4}$; (2) $10x - 3\sin x - \cos x$; (3) $\sin 2x + 2x\cos 2x$;

(4) $-\dfrac{2}{1-2x}$; (5) $-\dfrac{2}{(1+x)^2}$; (6) $-\sin x e^{\cos x}$; (7) $\dfrac{2x}{\sqrt{1-x^4}}$;

(8) $\dfrac{\cos(\ln\sqrt{x})}{2x}$; (9) $\dfrac{e^x}{1+e^{2x}}$.

4. (1) $-\dfrac{e^y}{1+xe^y}$; (2) $\dfrac{4x^3}{2+3y^2}$; (3) $-\dfrac{y^2}{1+xy}$.

5. (1) $6x - y - 18 = 0$; (2) $2x - y = 0$.

6. (1) $\dfrac{2}{x^3}$; (2) $(x^2 + 4x + 2)e^x$.

7. $(0, 1)$.

第 3 章习题答案

习题 3-1

1. (1) 单调减少； (2) 单调减少； (3) 单调增加； (4) 单调增加.
2. (1) 单调增加区间为$(-\infty, 0)$,单调减少区间为$(0, +\infty)$;

(2) 单调减少区间为$(-\infty, -1)$,单调增加区间为$(-1, +\infty)$;

(3) 单调减少区间为$(-\infty, -1)$,单调增加区间为$(-1, +\infty)$;

(4) 单调增加区间为$(-\infty, -1)$和$(3, +\infty)$,单调减少区间为$(-1, 3)$;

(5) 单调减少区间为$\left(0, \dfrac{1}{2}\right)$,单调增加区间为$\left(\dfrac{1}{2}, +\infty\right)$;

(6) 单调增加区间为$(-\infty, -2)$和$(0, +\infty)$,单调减少区间为$(-2, -1)$和$(-1, 0)$.

习题 3-2

1. (1) 极小值$f(2) = -5$；

(2) 极大值$f(0) = 1$,极小值$f(-1) = -2, f(4) = -127$；

(3) 极大值$f(8) = 4$,极小值$f(0) = 0$;

(4) 极大值$f(2) = 4e^{-2}$,极小值$f(0) = 0$;

(5) 极小值$f(0) = 0$;

(6) 极大值$f\left(\dfrac{1}{5}\right) = \dfrac{3456}{3125}$,极小值$f(1) = 0, f(-1)$不是极值.

2. (1) 极大值 $f(-1) = 3$,极小值 $f(3) = -61$;
   (2) 极小值 $f(1) = 2 - 4\ln 2$.

3. (1) 最小值 $f(-1) = f(2) = -4$,最大值 $f(4) = 16$;
   (2) 最大值 $f(1) = e$,最小值 $f(0) = 0$;
   (3) 最大值 $f(2) = \ln 5$,最小值 $f(0) = 0$;
   (4) 最大值 $f(1) = f(-\frac{1}{2}) = \frac{1}{2}$,最小值 $f(0) = 0$.

4. 长和宽都是 50 m.

5. 门宽为 $\sqrt{\dfrac{40}{4+\pi}}$ m.

6. $r = h = \sqrt[3]{\dfrac{V}{\pi}}$.

习 题 3 - 3

1. (1) 1371, 137.1; (2) 25.1;
   (3) 17.5,经济意义:当产量为 50 时,再增加 1 个单位的产量,总成本增加 17.5.

2. (1) 150000 元; (2) 675 元/kg; (3) 700 元/kg.

3. $L'(q) = -0.2q + 60$;
   $L'(150) = 30$,经济意义:$q = 150$ 时销售量再增加 1 个单位,利润将增加 30 个单位;
   $L'(400) = -20$,经济意义:$q = 400$ 时销售量再增加 1 个单位,利润将减少 20 个单位.

4. (1) $\dfrac{1}{p-1}$; (2) -2.

5. 约 -1.85,经济意义:当价格 $p = 6$ 时,价格再上涨 1%,需求量减少约 1.85%.

6. (1) 3, 54; (2) 54,平均成本等于边际成本.

7. 65 元/件.

8. 250 个,425 元.

9. (1) $L(q) = -0.1q^2 + 40q - 2000$; (2) 200 台; (3) 80 百元/台.

10. 1000 吨,5 批,400000 元.

复 习 题 3

1. (1) 对; (2) 错; (3) 错; (4) 对; (5) 对; (6) 错; (7) 错; (8) 对.

2. (1) $(-\infty, -2)$ 和 $(0, +\infty)$,$(-2, 0)$; (2) $(-1, 0)$ 和 $(0, 1)$; (3) 1;
   (4) $f'(x_0) = 0$ 或 $f'(x_0)$ 不存在; (5) -4; (6) 3, 82, -2, -43;
   (7) 0, 0; (8) $f(a), f(b)$; (9) 0; (10) $C'(q) = q$; (11) 190;
   (12) 7, $12 - 0.02q$, $5 - 0.02q$, 250; (13) $2 - 3x$; (14) $-p\ln 2$.

3. (1) B; (2) D; (3) D; (4) B; (5) C;

(6) C； (7) B； (8) B； (9) C； (10) C.

4. (1) 极大值 $f(-1) = 7$, 极小值 $f(3) = -25$；

(2) 极大值 $f(1) = 1$, 极小值 $f(-1) = -1$；

(3) 极大值 $f(\frac{1}{2}) = \frac{3}{2}$；

(4) 极大值 $f(1) = 3$, 极小值 $f(2) = 0$.

5. 18 m, 12 m.

6. (1) $-\frac{p}{6}$.

(2) $-0.5, -1, -2$. 经济意义：当价格 $p = 3$ 时，价格再增加 1%，需求量相应减少 0.5%；当价格 $p = 6$ 时，价格再增加 1%，需求量相应减少 1%；当价格 $p = 12$ 时，价格再增加 1%，需求量相应减少 2%.

7. (1) 5600 元, 5.6 元/件, 4 元/件；10600 元, 5.3 元/件, 6 元/件；17600 元, 5.87 元/件, 8 元/件.

(2) 约为 1612 件, 约为 5.22 元/件.

8. 900 元.

9. (1) $C(q) = 60q + 2000, R(q) = 100q - \frac{1}{10}q^2$； (2) 200 吨； (3) 80 元/吨, -4.

10. (1) $p = 550 - \frac{1}{10}q$； (2) 175 元, -1； (3) 100 元.

11. 300 件, 36 元, 1800 元.

12. 800 件、30 次、约为 12 天、3840 元.

第 4 章习题答案

习 题 4 - 1

1. (1) C； (2) $\frac{2}{3}x^{\frac{3}{2}} + C$； (3) $\frac{3^x}{\ln 3} + C$； (4) $\frac{1}{4}x^4 + C$； (5) $\sin x + C$；

(6) $-\frac{1}{x} + C$； (7) $2\arctan x + C$； (8) $3\sec x + C$.

2. (1) x^2； (2) $\sqrt{x}\,dx$； (3) $\arctan x + C$； (4) $\arcsin x + C$；

(5) $12x^2$； (6) $-\sin x$； (7) $\frac{1}{x}$.

3. (1) $-\frac{2}{5}x^{-\frac{5}{2}} + C$； (2) $\frac{1}{4}x^4 - \frac{4}{7}x^{\frac{7}{2}} + \frac{1}{3}x^3 + C$；

(3) $2e^x + \frac{3}{2}x^2 + \cos x + 2\sqrt{x} + C$; (4) $\frac{8}{15}x^{\frac{15}{8}} + C$;

(5) $2\arctan x - 3\arcsin x + C$; (6) $-2x^{-\frac{1}{2}} - \frac{2}{3}x^{\frac{3}{2}} + 2\ln x + C$;

(7) $2\sin x + C$; (8) $\sin x + \cos x + C$; (9) $x - e^x + C$; (10) $\tan x - \sec x + C$;

(11) $-\frac{1}{x} - \arctan x + C$; (12) $x - \arctan x + C$.

4. $y = 2x^{\frac{3}{2}} + 1$.

5. (1) 错; (2) 错.

习题 4−2

1. (1) 不成立; (2) 成立.

2. (1) $-\frac{3}{2}\cos\frac{2}{3}x + C$; (2) $-e^{-x} + C$; (3) $\frac{1}{12}(2x-1)^6 + C$;

(4) $-\frac{2}{3}(2-3x)^{\frac{1}{2}} + C$; (5) $\ln|1+x| + C$; (6) $\frac{1}{2}\ln(1+x^2) + C$;

(7) $-\cos(e^x) + C$; (8) $\frac{1}{2}\sin(x^2) + C$; (9) $2e^{\sqrt{x}} + C$;

(10) $-2\cos\sqrt{x} + C$; (11) $\frac{1}{2}(\ln x)^2 + C$; (12) $\frac{1}{2}(\arctan x)^2 + C$;

(13) $\ln\left|\frac{x}{1+x}\right| + C$; (14) $\frac{1}{2}\arctan(x^2) + C$; (15) $\arcsin\frac{x}{3} + C$;

(16) $-\frac{1}{3}(9-x^2)^{\frac{3}{2}} + C$; (17) $\frac{1}{2}x + \frac{1}{4}\sin 2x + C$; (18) $\sin x - \frac{1}{3}\sin^3 x + C$;

(19) $2\ln\left|\sec\frac{x}{2} + \tan\frac{x}{2}\right| + C$; (20) $\ln|\ln x| + C$; (21) $\ln|x^2 + 3x + 2| + C$;

(22) $\ln(e^x + 1) + C$; (23) $\frac{1}{3}\tan^3 x + \tan x + C$; (24) $2\arctan\sqrt{x} + C$.

3. (1) $x - 2\sqrt{x} + 2\ln(\sqrt{x} + 1) + C$; (2) $2\sqrt{x} - 3\sqrt[3]{x} + 6\sqrt[6]{x} - 6\ln(1 + \sqrt[6]{x}) + C$;

(3) $2\sqrt{x+1} - 2\ln(\sqrt{x+1} + 1) + C$; (4) $-\frac{\sqrt{1-x^2}}{x} + C$;

(5) $\frac{x}{4\sqrt{4+x^2}} + C$; (6) $\sqrt{x^2-1} - \arccos\frac{1}{x} + C$;

(7) $2(\sqrt{e^x - 1} - \arctan\sqrt{e^x - 1}) + C$; (8) $\sqrt{1+x^2} + C$.

4. (1) $-x\cos x + \sin x + C$; (2) $\frac{1}{2}x\sin 2x + \frac{1}{4}\cos 2x + C$;

(3) $-(x+1)e^{-x} + C$; (4) $\frac{1}{2}xe^{2x} - \frac{1}{4}e^{2x} + C$;

(5) $\frac{1}{4}x^4\ln x - \frac{1}{16}x^4 + C$;   (6) $x\ln x - x + C$;

(7) $x\arcsin x + (1-x^2)^{\frac{1}{2}} + C$;   (8) $-x^2\cos x + 2x\sin x + 2\cos x + C$;

(9) $(x^2 - 2x + 2)e^x + C$.

习 题 4 – 3

1. (1) $-$;   (2) 0;   (3) 2;   (4) 3;   (5) 0;   (6) 0;   (7) $\frac{9}{2}\pi$;

(8) $>$;   (9) 2π;   (10) $\int_0^2 (2t+1)\,dt, 6$.

2. (1) 9;   (2) $-\frac{3}{2}$;   (3) 0;   (4) $\frac{1}{2}\pi$.

3. $\int_0^1 x^2\,dx$.

4. $-\int_{\frac{1}{2}}^1 \ln x\,dx$.

5. $\int_1^2 (x^2-1)\,dx - \int_0^1 (x^2-1)\,dx$.

习 题 4 – 4

1. (1) 1;   (2) 1;   (3) $\frac{26}{3}$;   (4) $\frac{1}{3}$;   (5) $\ln 3$;   (6) $3(e-1)$.

2. (1) 25;   (2) 15;   (3) 1;   (4) 1;   (5) $\frac{\pi}{6}$;   (6) 1;   (7) -6;

(8) $2e-1$;   (9) 1;   (10) $e^\pi + 1$;   (11) $45\frac{1}{6}$;   (12) $6 + \frac{\pi}{2}$.

3. $\frac{2}{3} + e^3 - e$.

4. (1) $\sqrt{3} - \frac{1}{3}$;   (2) 0;   (3) $\frac{1}{4}$;   (4) $\frac{1}{2}(e-1)$;   (5) $\sqrt{2} - 1$;

(6) $\frac{1}{2}$;   (7) $\frac{3}{2}$;   (8) $2(\cos 1 - \cos 2)$;   (9) $\frac{5}{3}$.

5. (1) 1;   (2) 1;   (3) 1;   (4) $\frac{1}{4}(e^2+1)$;   (5) $\frac{1}{4}(\pi-2)$;   (6) $\ln 2 - 2 + \frac{\pi}{2}$.

习 题 4 – 5

1. (1) 2;   (2) 2;   (3) 3.

2. (1) 收敛, $\frac{1}{2}$； (2) 发散； (3) 收敛, 1； (4) 收敛, 2； (5) 发散；

(6) 收敛, 1； (7) 收敛, 1； (8) 发散； (9) 发散.

习题 4 - 6

1. $q(p) = -5p + 100$.

2. $q(p) = 1000(\frac{1}{3})^p$.

3. $C(q) = 10e^{0.2p} + 80$.

4. $C(q) = 25q + 15q^2 - \frac{1}{3}q^3 + 55, \overline{C}(q) = 25 + 15q - \frac{1}{3}q^2 + \frac{55}{q}, 25q + 15q^2 - \frac{1}{3}q^3$.

5. (1) 9987.5； (2) 19850.

6. 400 吨, 3180 万元.

7. 300 吨.

8. (1) 4 百台； (2) 减少 5000 元.

9. (1) $e - 1$； (2) $\frac{4}{3}$； (3) $e + \frac{1}{e} - 2$； (4) $\frac{7}{6}$； (5) $\frac{3}{2} - \ln 2$； (6) 18.

复习题 4

1. (1) B； (2) A； (3) C； (4) D； (5) B；

(6) C； (7) A； (8) C； (9) A； (10) A.

2. (1) $2x$； (2) $\frac{1}{3}x^{-\frac{2}{3}} - 2$； (3) $2^x(\ln 2)^2$； (4) $2^x + C$； (5) 0； (6) $\frac{\cos^3 x}{4x+1}$；

(7) $-\frac{2}{3}$； (8) $F(b) - F(a)$； (9) $-\frac{1}{2} + \frac{\sqrt{2}}{2}$； (10) $\frac{5}{2}$； (11) 1；

(12) $\frac{1}{2}$； (13) 97； (14) 19375, 193.75, 18125.

3. (1) $2\sin(3 + \sqrt{x}) + C$； (2) $\frac{1}{2}\ln(x^2 + 9) + \arctan\frac{x}{3} + C$；

(3) $\frac{1}{2}\sec^2 x + \ln|\cos x| + C$； (4) $\arctan(e^x) + C$；

(5) $-\frac{1}{2\sin^2 x} + C$； (6) $-2x\cos\frac{x}{2} + 4\sin\frac{x}{2} + C$；

(7) $-\frac{\ln x}{x} - \frac{1}{x} + C$； (8) $x\tan x + \ln|\cos x| + C$；

(9) $2\sqrt{x}e^{\sqrt{x}} - 2e^{\sqrt{x}} + C$.

4. (1) $\frac{1}{2} + \ln\frac{3}{2}$； (2) $\frac{3^\pi - 1}{\ln 3} + 2$； (3) $\frac{\pi}{6} - \frac{\sqrt{3}}{2} + 1$； (4) $\frac{1}{2}\ln 2$；

(5) $\ln\dfrac{1+e}{2}$; (6) $\dfrac{1}{2}$; (7) $e - \sqrt[e]{e}$; (8) $\dfrac{1}{9}(2e^3 + 1)$; (9) $\dfrac{5}{2}$.

5. 500 件,2000 元,减少 4 元.

6. (1) $\overline{C}(q) = 2q - 3 + \dfrac{18}{q}$; (2) 9 万元／百台.

第 5 章习题答案

习题 5 – 1

1. 略.
2. $\left(0, \dfrac{9}{2}, 0\right)$.
3. $y + z = 0$.
4. $x^2 + y^2 + z^2 = 1$.
5. $x^2 + (y - 2)^2 + z^2 = 4$.

习题 5 – 2

1. (1) $D = \{(x,y) \mid y \geqslant -x, y \geqslant x\}$;
   (2) $D = \{(x,y) \mid x^2 + y^2 \leqslant 1\}$;
   (3) $D = \{(x,y) \mid -3 \leqslant x \leqslant 3, xy \geqslant 0\}$;
   (4) $D = \{(x,y) \mid x^2 + y^2 \leqslant 4, y^2 > 2x - 1\}$.

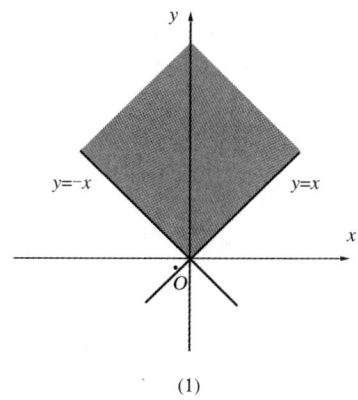

(1)

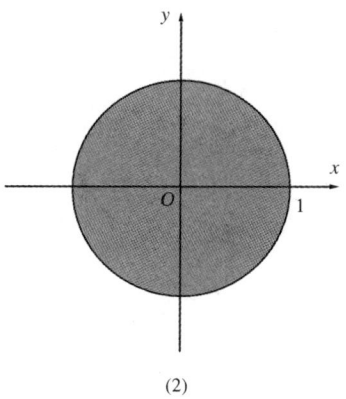

(2)

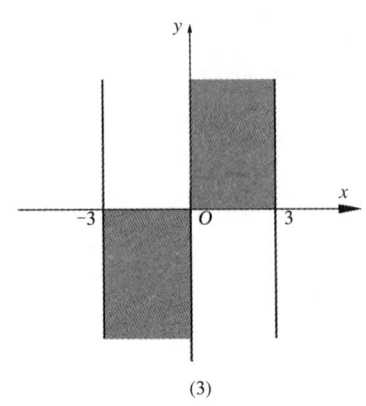

(3)

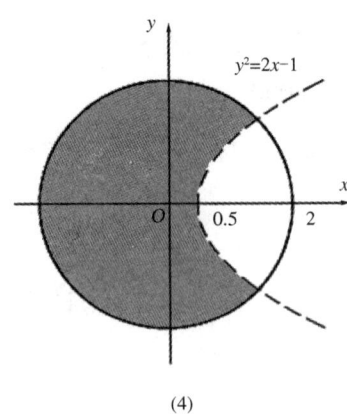

(4)

2. (1) $\dfrac{10}{3}$; (2) 3; (3) 0.

3. (1) $(0,0)$; (2) $\{(x,y) \mid x = 0\} \cup \{(x,y) \mid y = 0\}$.

习 题 5 – 3

1. (1) $\dfrac{\partial z}{\partial x} = e^y, \dfrac{\partial z}{\partial y} = xe^y - 2y$; (2) $\dfrac{\partial z}{\partial x} = \dfrac{-2x\sin(x^2)}{y}, \dfrac{\partial z}{\partial y} = \dfrac{-\cos(x^2)}{y^2}$;

(3) $\dfrac{\partial z}{\partial x} = \dfrac{2}{y}\csc\dfrac{2x}{y}, \dfrac{\partial z}{\partial y} = -\dfrac{2x}{y^2}\csc\dfrac{2x}{y}$; (4) $\dfrac{\partial z}{\partial x} = y + \dfrac{1}{y}, \dfrac{\partial z}{\partial y} = x - \dfrac{x}{y^2}$;

(5) $\dfrac{\partial z}{\partial x} = \sin(x+y) + x\cos(x+y), \dfrac{\partial z}{\partial y} = x\cos(x+y)$;

(6) $\dfrac{\partial z}{\partial x} = ye^{xy}, \dfrac{\partial z}{\partial y} = xe^{xy}$; (7) $\dfrac{\partial z}{\partial x} = \dfrac{y^2}{(x^2+y^2)^{\frac{3}{2}}}, \dfrac{\partial z}{\partial y} = -\dfrac{xy}{(x^2+y^2)^{\frac{3}{2}}}$;

(8) $\dfrac{\partial z}{\partial x} = \dfrac{1}{1+x^2}, \dfrac{\partial z}{\partial y} = \dfrac{1}{1+y^2}$;

(9) $\dfrac{\partial z}{\partial x} = y^2(1+xy)^{y-1}, \dfrac{\partial z}{\partial y} = xy(1+xy)^{y-1} + (1+xy)^y \ln(1+xy)$.

2. $dz = -4dx + 4dy$.

3. (1) $\dfrac{\partial^2 z}{\partial x^2} = 6(x-y), \dfrac{\partial^2 z}{\partial x \partial y} = 6(y-x), \dfrac{\partial^2 z}{\partial y^2} = 6(x+y)$;

(2) $\dfrac{\partial^2 z}{\partial x^2} = \dfrac{1}{x}, \dfrac{\partial^2 z}{\partial x \partial y} = \dfrac{1}{y}, \dfrac{\partial^2 z}{\partial y^2} = -\dfrac{x}{y^2}$;

(3) $\dfrac{\partial^2 z}{\partial x^2} = \dfrac{y^2 - x^2}{(x^2+y^2)^2}, \dfrac{\partial^2 z}{\partial x \partial y} = \dfrac{-2xy}{(x^2+y^2)^2}, \dfrac{\partial^2 z}{\partial y^2} = \dfrac{x^2 - y^2}{(x^2+y^2)^2}$;

(4) $\dfrac{\partial^2 z}{\partial x^2} = -\sin(x+y^2), \dfrac{\partial^2 z}{\partial x \partial y} = -2y\sin(x+y^2), \dfrac{\partial^2 z}{\partial y^2} = 2\cos(x+y^2) - 4y^2\sin(x+y^2)$.

4. 略.

习题 5 – 4

1. (1) $\dfrac{\partial z}{\partial x} = 2x + 2y + 2xy + y^2 + 2xy^2, \dfrac{\partial z}{\partial y} = 2x + 2y + 2xy + x^2 + 2x^2y$;

   (2) $\dfrac{\partial z}{\partial x} = \dfrac{3x^2}{(3x-2y)y^2} + \dfrac{2x\ln(3x-2y)}{y^2}, \dfrac{\partial z}{\partial y} = \dfrac{-2x^2}{(3x-2y)y^2} - \dfrac{2x^2\ln(3x-2y)}{y^3}$;

   (3) $\dfrac{\partial z}{\partial x} = -\dfrac{y}{x^2+y^2}, \dfrac{\partial z}{\partial y} = \dfrac{x}{x^2+y^2}$;

   (4) $\dfrac{\partial z}{\partial x} = e^{xy}\left(y\cos\sqrt{x^2+y^2} - \dfrac{x\sin\sqrt{x^2+y^2}}{\sqrt{x^2+y^2}}\right)$,

   $\dfrac{\partial z}{\partial y} = e^{xy}\left(x\cos\sqrt{x^2+y^2} - \dfrac{y\sin\sqrt{x^2+y^2}}{\sqrt{x^2+y^2}}\right)$;

   (5) $\dfrac{\partial z}{\partial x} = e^x(y + \sin y + x\sin y), \dfrac{\partial z}{\partial y} = e^x(1 + x\cos y)$.

2. (1) $5t^4 + 4t^3$; (2) 0; (3) $e^{\sin t - 2t^3}(\cos t - 6t^2)$;

   (4) $\left(3 - \dfrac{4}{t^3} - \dfrac{1}{2\sqrt{t}}\right)\sec^2\left(3t + \dfrac{2}{t^2} - \sqrt{t}\right)$; (5) $e^{at}\sin t$.

3. (1) $\dfrac{dy}{dx} = \dfrac{x+y}{x-y}$; (2) $\dfrac{dy}{dx} = -\dfrac{1+y^2+xy}{1+x^2+xy}$.

4. (1) $\dfrac{\partial z}{\partial x} = \dfrac{\partial z}{\partial y} = \dfrac{1}{e^z - 1}$; (2) $\dfrac{\partial z}{\partial x} = \dfrac{yz-1}{1-xy}, \dfrac{\partial z}{\partial y} = \dfrac{xz-1}{1-xy}$;

   (3) $\dfrac{\partial z}{\partial x} = \dfrac{z}{x+z}, \dfrac{\partial z}{\partial y} = \dfrac{z^2}{y(x+z)}$.

习题 5 – 5

1. (1) 极大值 $f(2, -2) = 8$; (2) 极小值 $f\left(\dfrac{1}{2}, -1\right) = -\dfrac{e}{2}$;

   (3) 极小值 $f(1,0) = -5$, 极大值 $f(-3,2) = 31$; (4) 极大值 $f(3,2) = 36$.

2. (1) 极大值 $f\left(\dfrac{1}{2}, \dfrac{1}{2}\right) = \dfrac{1}{4}$; (2) 极小值 $f\left(\dfrac{1}{2}, \dfrac{1}{2}\right) = \dfrac{1}{2}$;

   (3) 极小值 $f\left(-\dfrac{1}{\sqrt{2}}, -\dfrac{1}{\sqrt{2}}\right) = -\sqrt{2}$, 极大值 $f\left(\dfrac{1}{\sqrt{2}}, \dfrac{1}{\sqrt{2}}\right) = \sqrt{2}$.

3. $\left(\dfrac{8}{5}, \dfrac{16}{5}\right)$.

4. 长、宽、高分别为 $\sqrt[3]{2}a, \sqrt[3]{2}a, \dfrac{a}{\sqrt[3]{4}}$.

5. 该点为 $\left(\dfrac{1}{2}, \dfrac{1}{4}\right)$, 距离 $d = \dfrac{7}{4\sqrt{2}}$.

习 题 5 – 6

1. 130, 202.

2. (1) $MU_x = \dfrac{\partial U}{\partial x} = 0.6 \cdot x^{-0.8}$; (2) 0.0375;

   (3) $\dfrac{\partial^2 U}{\partial x^2} = -0.48 \cdot 32^{-1.8} < 0$; (4) 0.8.

3. $x = 120, y = 80$，最大利润为 320.

4. $L = 50/2^{0.8}, K = 100/2^{0.8}, \min C = 250/2^{0.8}$.

复 习 题 5

1. (1) $D = \{(x,y) \mid x \neq 1, y \geqslant -x-1\}$;   (2) $D = \{(x,y) \mid 1 \leqslant x^2 + y^2 \leqslant 4\}$.

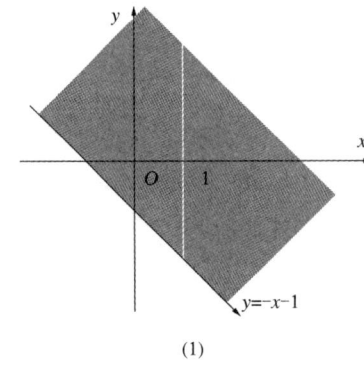
(1)

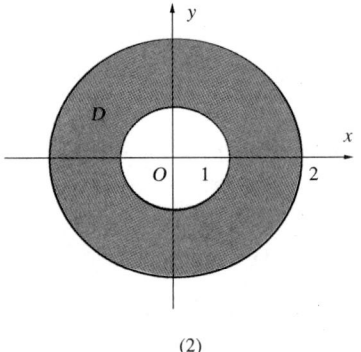
(2)

2. $f(x,y) = \dfrac{x}{y}(1+y)^2$.

3. $\dfrac{dz}{dt} = e^{\sin t - 2t^3}(\cos t - 6t^2)$.

4. $\dfrac{dz}{dt} = \left(3 - \dfrac{4}{t^3} - \dfrac{1}{2\sqrt{t}}\right)\sec^2\left(3t + \dfrac{2}{t^2} - \sqrt{t}\right)$.

5. (1) $z_x = ye^{xy} + \dfrac{1}{2\sqrt{x+y^2}}, z_y = xe^{xy} + \dfrac{y}{\sqrt{x+y^2}}$;

   (2) $z_x = (\ln y)x^{\ln y - 1}, z_y = \dfrac{\ln x}{y} x^{\ln y}$;

   (3) $\dfrac{\partial z}{\partial x} = \ln(xy) + 1, \dfrac{\partial z}{\partial y} = \dfrac{x}{y}$;

   (4) $\dfrac{\partial z}{\partial x} = \dfrac{1}{2x\sqrt{\ln(xy)}}, \dfrac{\partial z}{\partial y} = \dfrac{1}{2y\sqrt{\ln(xy)}}$.

6. (1) $\dfrac{\partial^2 z}{\partial x^2} = \dfrac{-4}{(2x+y^2)^2}, \dfrac{\partial^2 z}{\partial x \partial y} = -\dfrac{4y}{(2x+y^2)^2}, \dfrac{\partial^2 z}{\partial y^2} = \dfrac{4x - 2y^2}{(2x+y^2)^2}$;

(2) $\dfrac{\partial^2 z}{\partial x^2} = 2y + (\ln y)^2 y^x, \dfrac{\partial^2 z}{\partial x \partial y} = 2x + y^{x-1}(1+x\ln y), \dfrac{\partial^2 z}{\partial y^2} = x(x-1)y^{x-2}.$

7. $\dfrac{dy}{dx} = \dfrac{y^2}{1-xy}.$

8. (1) $dz = -\dfrac{x}{(x^2+y^2)^{\frac{3}{2}}}(y dx - x dy);$

(2) $dz = -\dfrac{1}{x} e^{\frac{y}{x}} \left(\dfrac{y}{x} dx - dy\right).$

9. (1) $\dfrac{\partial z}{\partial x} = \dfrac{yz - \sqrt{xyz}}{\sqrt{xyz} - xy}, \dfrac{\partial z}{\partial y} = \dfrac{xz - 2\sqrt{xyz}}{\sqrt{xyz} - xy};$

(2) $\dfrac{\partial z}{\partial x} = \dfrac{z}{x+z}, \dfrac{\partial z}{\partial y} = \dfrac{z^2}{y(x+z)}.$

10. 极小值 $f(-1,1) = 0.$

11. 略.

12. 设底面单位面积材料费为 b, 则水池的长为 $\dfrac{4}{17}\sqrt{\dfrac{5a}{b}}$, 宽和高为 $\dfrac{1}{6}\sqrt{\dfrac{5a}{b}}$ 时, 容积最大.

13. $P_K(1,1) = 6.$

含义: $P_K(1,1) = 6$ 表示当资本和劳动都在 1 个单位时, 每增加 1 单位资本, 产量约增加 6 单位, 称为资本的边际生产量.

$P_L(1,1) = 14.$

含义: $P_L(1,1) = 14$ 表示当资本和劳动都在 1 个单位时, 每增加 1 单位劳动, 产量约增加 14 单位, 称为劳动的边际生产量.

14. 最大利润为 $L(40,24) = 1650.$

15. A 产品生产 3.8 千件, B 产品生产 2.2 千件.

16. $K = 10, L = 60, P = 3833.659.$

第 6 章习题答案

复习题 6

1. $2/3.$
2. $0.$
3. 略.
4. 略.

5. 略.

6. 程序如下:

```
clear
clc
hold off
x = 0:0.02:2*pi;
y = 0:0.02:2*pi;
[X,Y] = meshgrid(x,y);
Z = sin(Y) + cos(X);
surf(X,Y,Z)
shading flat
```

运行结果如右图所示.

7. 略.

8. 0.94608.

9. 0.30117.

10. $-1, 1$.

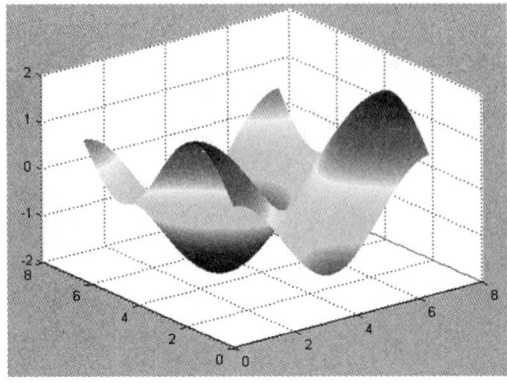

第 6 题图

参 考 文 献

［1］闫杰生.经济数学基础（1）.郑州：河南大学出版社，2013.
［2］邓俊谦.工科高等数学.2版.上海：华东师范大学出版社，2014.
［3］侯风波.高等数学.2版.北京：高等教育出版社，2003.
［4］同济大学，天津大学，浙江大学，重庆大学.高等数学（上册）.北京：高等教育出版社，2001.
［5］段瑞，张绪绪.经济数学.北京：机械工业出版社，2013.